U0131625

世俗启蒙

启蒙—运动—如何
改变—日常—生活

THE SECULAR
ENLIGHTENMENT

（美）玛格丽特·雅各布
（Margaret Jacob）
著

郑植 译

社会科学文献出版社
SOCIAL SCIENCES ACADEMIC PRESS (CHINA)

不只是思想的革新
更是普通人生活革命的见证

谨以此书献给雅各布·索尔、
马特·卡登以及未来

目　录

图片目录

致　谢

请允许我以悲伤的语调起笔，两位亦师亦友的故人未能亲眼见证此书问世：乔伊丝·阿普尔比（Joyce Appleby）和黑利·科尼斯布格（Helli Koenigsberger）在本书的写作期间离开人世。我想念他们。

过去，我亏了许多人情，现在我很高兴能在这里向他们致谢。约翰·扎米托（John Zammito）、杰弗里·西姆科克斯（Geoffrey Symcox）、马特·卡丹（Matt Kadane）、杰克·索尔（Jack Soll）、我的研究生们以及一直与我相伴30年的林恩·亨特（Lynn Hunter）。他们都通读了文稿，修改了其中的错漏之处，提出若干条建议，让我的研究和写作生涯变得更有意义。加州大学洛杉矶分校图书馆及加州大学系统对本书的增益，读者可以在尾注中有所体会。历史系和加州大学洛杉矶分校图书馆的工作人员办事效率极高，待人和善可亲。我的研究助理们都完美地完成了工作，我要感谢保罗·塞拉（Paul Cella）和格蕾丝·巴洛尔（Grace Ballor），他们对我的工作做出了极为卓越的贡献。

序　言

　　启蒙运动是 18 世纪一场以世俗世界为出发点的思想和实践运动。这场运动未必对宗教的意义或情感进行了全盘否定，但是在这场运动的作用下人们的注意力逐渐从宗教问题转向了世俗问题。通过从世俗的角度寻求答案——甚至是对许多宗教问题的答案，启蒙运动极大地扩展了世俗的范围，使之成为越来越多受过教育的人的主要参考框架。在西方世界，艺术、音乐、科学、政治，甚至空间和时间的范畴在 16 世纪、17 世纪都经历了一个逐渐世俗化的过程。启蒙运动在这一基础上，又将其转化为一项国际性的思想事业。肯定这种世俗性的扩张，并非是想要贬低这一时代的诸多宗教表现形式，也并非是说宗教即将被抛弃，将像细菌一样等待被自然神论或无神论的抗生素杀死。

　　人们对现世抱有依恋，现实生活不再以上帝为恒定的参考——这一现象日趋普遍，并成为社会、政治和经济领域创新思维爆发的源泉，我们在接下来的章节中将对这一现象进行讨论。许多人在重视现世的过程中，对地狱不再迷信或者敬畏。尽管地狱的主人——魔鬼，仍然在人们的信仰中占据一席之地，但已不再会被有文化或受过良好教育的人每天挂在嘴边。

　　人们一度用神迹、原罪等概念阐释人类的行为，而在物理科学或有关社会和经济关系的新兴研究的启发下，旧的概念已被新的解释取代。时间和空间的概念都被剥离了基督教的意义，人们更关注改变现在、规划未来，而非死后的世界。他们可以为了欣赏建筑之美来到教堂，可以在周日的早晨读一份报纸，可以对各种不同教派的神职人员投以冷眼。[1] 在世俗思想下，有文化的人可以追求他们在经济或商业领域的成功，可以成为科学或技术领域引领的革新者，也可以从事自由职业、做生意或是在家工作，把自己的成败认为是自身行为或是社会及经济因素偶然带来的结果。

在世俗的环境中，人类生活的目的已经形成，没有必要参照超然的秩序；俗世（暂时）的幸福是人们追寻的目标，随着人们越来越多地使用怀表，这一目标也能被更方便地执行。过去，虔诚的教徒通过查看时间，找出自己的缺点，评定自己能否获得救赎，而在世俗环境中，人们依然过着守时的生活，却在工作或社交生活中找寻乐趣。女人可以在不用操心家务和家庭生活的时候阅读小说，或是在悉心组织的聚会中——讨论废除奴隶贸易、评论来自法国和美国的新闻——获得乐趣，最后在对往生坦然无惧的情况下安然去世。父母试图教育孩子，让他们追求世俗的幸福。

3   认为在 18 世纪的历史进程中可以观察到越来越多的世俗价值观和人生追求是一回事；认为一种目的论的发展过程占据了主导地位——特别是在西方世界，而且它将一直持续下去则是另外一回事。例如，在最近一段时间，后一种说法的拥趸蔑视伊斯兰教，还认为率先完成世俗化进程的民族国家将免于极权主义或法西斯主义黑暗势力的侵袭。[2]

在本书中，读者会听到有关启蒙时代的大量繁杂而新颖的观点。我们将与自由思想家、低派和高派圣公会教士、霍布斯（Hobbes）、斯宾诺莎（Spinoza）、洛克（Locke）、牛顿、温和的苏格兰长老宗信徒、法国唯物主义者、卢梭式的唯心主义者、色情文学作家、路德派泛神论者以及极端反教权的天主教徒相遇。根据他们在政治、社会或宗教领域的相关著作，1750 年之后，新一代的欧洲和美洲殖民者可以设想出完全由人类创造的东西，例如共和政体和民主政体。这种创造性的能量大多出现在城市，因此本书的许多章节都是以城市为背景的。它们虽不是启蒙运动的直接动因，但却推动了启蒙运动的诞生。

有时候世俗化的迹象或是生活在此时此地的表征是微妙的。大约在 17 世纪中叶，荷兰的天文学教授不再教授占星术。占星术仍然被广泛应用，而在大多荷兰历书中，其重要性却在逐渐下降。大约在同一时间，在斯宾诺莎的一生中（他于 1677 年去世），与他同一时代的人几乎很少有人能够理解，更不用说接受他将上帝和自然视为同一的观点。快进到英格兰和德意志的 18 世纪 80 年代，像路德派约翰·赫尔德（Johann Herder）这样具有明显的宗教情感的思想家，或是属于异端的诗人塞缪尔·泰勒·柯勒律治（Samuel Taylor Coleridge）都能够设想一个充满神性的宇宙。在三代人的时间里，基督教形而上学的奠基性原则之一——造物主（Creator）与万物始造（Creation）相分离，灵魂与物质相分离——就遭到了消解。

这种消解也可能是象征性的。18 世纪 70 年代后期，法国共济会的宗教仪式在其"圣殿"（Sanctuary）举行。在圣殿中，有会所导师（Master）的宝座，紧挨着宝座的是一座圣坛，上面放着三盏银质烛台，一本共济会的"法典"，"一本福音书、一只分规和一把曲尺"，而在最显眼的地方，"摆放着法兰西大东方社（Grand Orient of France）①的新《宪章》（Constitutions）"。³斯特拉斯堡的这些共济会弟兄是在嘲笑天主教会的饰物还是在用它们来彰显他们对自己在兄弟会中合法地位的看重？背景由天蓝色的绢布、穗带以及用金银珠宝点缀着的饰带装饰而成。这些属于一个商人会所，他们对其他会所的贵族弟兄几乎没什么爱。当时的演说者颂扬了法国士兵在美国革命战场上的英勇事迹。他还说，诸位弟兄在"宇宙伟

① 法兰西大东方社（法语：Grand Orient de France，缩写：GODF）成立于 1773 年，是法国最大的共济会组织，也是欧洲大陆最古老的共济会组织。

大的建筑师（the Grand Architect of the Universe）的鲜活的形象"下会面。这种关于"伟大的建筑师"的符号和言谈的大杂烩让人多多少少联想到所谓的"基督教遗产"（Christian heritage）的残余，这是所有弟兄都熟知的，但他们之中真的有人相信吗？读者可自行判断。

最后，如何处理"基督教遗产"？早在18世纪20年代，在当时法国胡格诺派流亡作家、德国出版商以及居住在荷兰共和国的雕刻家的社交圈中，出现了一种看待宗教的全新方式。在关于基督教和其他宗教的文献中，对基督教的赞扬总是占绝大多数，有些著作甚至嘲笑其他宗教。很久很久以前，犹太人和基督徒就在众多文本中展开论战，而新教徒和天主教徒自16世纪20年代起就一直争论不休。他们都不喜欢穆斯林。随后，一套法国大型版画作品，贝尔纳·皮卡尔（Bernard Picart）与让·弗雷德里克·贝尔纳（Jean Frederic Bernard）的《世界上诸民族宗教礼仪和仪式》（*Ceremonies et coutumes religieuses de tous les peuples du monde*），于1723年问世，它试图公平地看待世界上的所有宗教。[4] 直到19世纪，这几卷书稿的多种语言版本仍在加印。希望以这种视角去看待宗教的想法可以说是"世俗"的；这一视角侧重于人们的宗教习俗和宗教仪式，而非他们的信仰是真是伪。通过这种比较，这几卷书稿推动建立了"宗教"这一类别，而这本身就是世俗思想的一种表现。现在，宗教是一种跨时空的文化实践，人们可以用世俗的语言来解释宗教了。

本书试图理解本世纪诞生的"世俗"这一标签的主要思想源流。现在，在众多欧洲语言的历史书写中，"启蒙"一词的出现频率激增：激进启蒙（Radical Enlightenment）、温和启蒙（Moderate Enlightenment）、宗教启蒙（Religious Enlightenment），甚至还有天主教启蒙（Catholic Enlightenment）。我也自觉"难辞其咎"。《激进启蒙：泛神论者、共济会成员和共和主义者》(*The Radical Enlightenment: Pantheists, Freemasons and Republican*s，出版于 1981 年）正是我的著作。[5]另外提出一个题目——"世俗启蒙"（Secular Enlightenment），毫无疑问是非常冒昧的。但至少这个题目在历史上可以追溯至恩斯特·卡西尔（Ernst Cassirer）在 20 世纪 30 年代的著作；在当代，也可以在彼得·盖伊（Peter Gay）、弗朗哥·文图里（Franco Venturi）、丹尼尔·罗什（Daniel Roche）和约翰·马歇尔（John Marshall）的著作中找到相关的讨论。在这里，我试图为他们的成果添砖加瓦。

第一章 背景：空间的拓展与重新填充

在1500年到1700年之间，西方人发现了两个新世界：一个在天上，一个在地上。这些发现与商业的大举扩张同步，并进一步推动了商业的发展，将更多民族和地区带入西方的轨道。天上和地上的空间被重新配置。要理解这些重大发现，需要新的思想和语言。

基督教必须面对新的现实空间带来的智力上的挑战。新的科学发现将地球逐出了宇宙的中心，由此让人们对所有传统的解释都产生了疑问。新大陆和新民族的发现则带来了更为直接的影响。为何这些民族信奉着自己的宗教，从未听说过基督教的福音？有些人可以皈依基督教，而有些人则不见得那么容易改宗。传教士发现了几乎多到不可想象的各种信仰，并很快开始争论这种多样性背后的含义。每个人都有"上帝"（God）的观念吗？某些新发现的民族天然就是无神论者吗？在欧洲一直备受景仰的希腊和罗马权威对美洲大陆的存在没有一丝一毫的了解。西方人 无法再依赖基督教神学长期提供的一致性和秩序。这样一来，新的现实空间就为启蒙思想的首次出现提供了土壤。

物理神学（Physico-theology）是其最早的尝试之一，旨在使数学可知世界中的物理实在（physical reality）形成一个有序的整体。其基本目标是传播信仰，颂扬"伟大的建筑师"，重新定义基督教的一致性与秩序。17世纪的新物理学——机械性和数学性是其特征，其中还包括"日心说"——强化了以秩序和天意设计（providential design）为基础的神学。为基督教正统观念服务，成为英国自然哲学家弗朗西斯·培根、罗伯特·波义耳（Robert Boyle）以及艾萨克·牛顿（图1）的目标。他们意图用物理神学反对这个时代的新的异端邪说：无神论、自然神论和唯物主义。在此过程中，形成了一种温和的启蒙思想：拥抱科学、避免基督徒内部关于教义的争论，并赞同宗教宽容。[1] 物理神学的主张构成了英格兰教会（Church of England）自由派共同呼声的一部分。塞缪尔·克拉克（Samuel Clarke）是牛顿的朋友，也是牛顿思想的诠释者，因为他的努力——通过个人联络和翻译布道——这些主张影响了新教欧洲的每一个角落。

到了饱受战火蹂躏的 17 世纪末，人们所需要的不仅仅是基于科学的基督教正统思想。17 世纪的欧洲经历了三场危机（英伦三岛三王国爆发的革命、西班牙对尼德兰北部统治的终结以及三十年战争对中欧造成的破坏），需要人们对政治现实给出新的回答。一批人试图重新定义政治秩序：霍布斯、洛克、英格兰共和主义者以及英联邦党人（Commonwealth men），更不用说在荷兰共和国的格劳秀斯（Grotius）和斯宾诺莎。在这一过程中，他们批驳了基督教正统观念，为社会和政府采取开明做法奠定了基础。每个人都以自己的方式拒绝认同绝对主义君主制和君权神授。他们将国家权力投入到社会安排中，为安全、财产保护和正义提供保障，以换取被统治者的认同（哪怕是默许）。霍布斯甚至将国家权力建立在与人民的契约之上，将国家比作"会死灭的神"利维坦，从而使之与上帝区分开来。

除了战争与革命，空间的秩序和一致性还面临着其他挑战。货币的流通对所有商品的生产和消费产生了革命性的影响，创造了新的交易、历史和事务。在欧洲社会，新的城市联合形式出现了，正如约翰·杜威（John Dewey）在几个世纪后写的那样，这些新形式赋予了参与者"释放迄今为止被压抑的能量"的手段。[2] 一言以蔽之，面对新动态和新的社会安排，欧洲人和后来的美洲殖民者予以了回应，并重新调整了他们对现实空间的理解。仅举一个例子：18 世纪末，托马斯·杰斐逊（Thomas Jefferson）突破了他所继承的古典共和主义观

图 1　艾萨克·牛顿，其理论学说成为启蒙思想的支柱之一（ID# 1775740）
Courtesy of Bridgeman Images.

点，认为共和国可以并不仅仅是一个小国，还可以横跨整个大陆，从大西洋延伸到波光粼粼的太平洋。

帝国主义冲力通过征服和谈判所获得的空间，在征服者和被征服者之间引入了前所未有的权力关系。欧洲民族国家和后来新成立的美利坚合众国拥有先进的武器和军队、船只和马车——随之而来的还有疫病和奴役其他民族的意愿。他们的行为有时十分残暴，一经报道，便使欧洲人被迫了解了那些遥远的民族及他们的习俗。无论是西班牙的绝对主义君主制政权，还是荷兰的共和政府，都已认同或走上了帝国主义道路以扩大他们的权力，而他们的每一次行动都需要空间、民族和天文方面的知识。在西方历史上，对于拓宽空间知识疆界的必要性和迫切性达到了巅峰。

启蒙运动的根源就在于此：商业繁荣发展，受国家支持的扩张行动带来了意想不到的结果。矛盾的是，随着君主专制国家及其神职人员支持者的权力在欧洲的增长（源于他们的全球征服活动），对新的现实空间的创造欲也成倍增加。这两者的联合使空间世俗化，不光消除了它的边界，也祛除了其中的超自然力量，同时破坏了人们对天堂和地狱的信仰以及专制政权的权威。到了 18 世纪 70 年代，从爱丁堡的苏格兰启蒙主义学派到巴黎的法国哲学家，主要理论家们通过规定新的词汇贬低帝国政治、受国家支持的正统观念以及从中受益的神职人员，进一步推动了这一破坏进程。

在 17 世纪 50 年代至 18 世纪 90 年代的大量颠覆性著作的综合影响下，宫廷和君主政体的合法性最终被推翻。从 18 世纪初的地下文学，到雷纳尔修道院院长（abbé Raynal）、狄德罗（Diderot）、卢梭、18 世纪最后 25 年的废奴主义者以及 18 世纪 90 年代的赫尔德和康德，所有对教会、国家"不受约束的权威"的支持，都遭到了挑战、嘲讽、否定，甚至被斥为不道德。

在这个时段的早期，旅行文学作品和雕刻作品都讲述了美洲和非洲的新民族，而《圣经》或古代著作对这些民族完全没有提及。这些民族带来的新奇感是通过他们怪异的行为体现出来的。西班牙征服者在现在的墨西哥发现了原住民，他们施行人祭，几乎不穿衣服，偶尔还会吃人祭的牺牲品。[3] 无疑，新民族和新大陆所开辟的新空间激发了帝国式的幻想。同样重要的是，在长时段（*longue durée*）的视野下，帝国空间（*imperial space*）也允许大胆的、非正统的自由思考，借由这些思考，人们试图弄清先前无法想象的事物。

这些新发现的美洲印第安人的图像，在德国和荷兰的印刷厂广泛流传，其中法兰克福的德·布里家族绘制的作品最引人注目，令人毛骨悚然（图2）。这种描绘只是为了强调伊比利亚教会（Iberian Church）和君主政体所面临的挑战，他们宣称自己的目的是改变当地土著，并使其"文明开化"。伴随着这种道貌岸然的意图，欧洲向全球空间（global space）扩张的最大的讽刺在于，欧洲的宗教确定性和政治权威也不断被削弱。 12

例如，在荷兰的宣传中，他们把西班牙当局描绘成暴君和吃婴孩的食人族（图3）。当人们试图从最近发现的地上和天上的空间中寻找意义时，对欧洲征服和剥削的反抗才逐渐显现。 13

图2　德·布里（de Bry）对食人习俗的描绘。Theodore de Bry（1528—1598）（ID# 164722）. Courtesy of Bridgeman Images.

图 3 费尔南多·阿尔瓦雷斯·德·托莱多（Ferdinand Alvarez de Toledo）①
正在吃婴孩。Courtesy of Wikimedia.

中国、非洲散发的异国情调不亚于美洲，也进入了欧洲人
的视野，但它们引起了截然不同的反应。总体上而言，中国人
因其文明悠久而备受尊重，自由思想者甚至将佛教比作自己的

———————

① 费尔南多·阿尔瓦雷斯·德·托莱多（1507—1582），西班牙贵族、军人、政治
家，是西班牙国王费利佩二世最信任的将领，曾经受命镇压尼德兰资产阶级革命
（又称"八十年战争"）。

自然宗教。这就是雕刻家贝尔纳·皮卡尔和作家兼出版商让·弗雷德里克·贝尔纳在1723年至1743年出版的《世界上诸民族宗教礼仪和仪式》（图4）中所采取的态度，他们首次尝试不偏不倚地了解世界上所有已知的宗教。[4]

14

图4 《世界上诸民族宗教礼仪和仪式》的封面，展示了世界上所有的宗教，只有天主教会被描绘成了负面的。

实际上，比起北美洲和中美洲，非洲对于欧洲人而言，更为陌生，但是即使是在那里，皮卡尔和贝尔纳也试图理解当地人的宗教，哪怕他们从未亲眼见过。在书中，有关于他们祭神仪式的插图，以及有关出生与死亡仪式的文字。皮卡尔和贝尔纳两人因最早尝试将所有宗教相对化而闻名后世。这一尝试与在各大洲工作的基督教传教士的意图完全相反。

大约在 1600 年以后，有文化的西方人（以及很多不识字的西方人）了解到广阔而有人定居的新大陆占据着地球相当大的一部分。西方人对欧洲以外世界的思考已经不可避免地开始了。但是人们对空间的扩展并没有止步于此。观察天体意味着会对其结构产生新的认识——哥白尼体系将太阳置于宇宙中心，即使有成千上万的人仍对这一体系表示怀疑。同样，到了 1700 年，受过高等教育的人都知道，当时已经有了一个数学定律可以解释万有引力是如何排列天体并使天体变得可知的。尽管历书仍在探讨星象对人类命运的影响，但牛顿科学的追随者对这种影响并不看重，因为没有确凿的证据表明这种影响真的存在。

15 曾经天上的空间拥有影响凡人健康和福祉的力量。1687年以后，《自然哲学的数学原理》（*Principia*）中的"空间"则是空荡荡而中性的存在，就像当年亨利八世昔日的修道院土地一样 ①，走向了世俗化。[5]

地上和天上空间的宏观世界框定了欧洲城市微观世界中公共空间的日益多样化。[6] "公共空间"（public sphere）、"市民社会"（civil society）以及"社交性"（sociability）都是用来描述城市居民可以利用的相对较新的空间关联的术语。商人、律师、股票经纪人、沙龙（*salon*）夫人、咖啡馆的常客被不断扩大的贸易集市所吸引，来到了城市。他们留在这里，

---

① 1536 年至 1541 年间，为了争取战争经费，并与教宗决裂，亨利八世下令解散英格兰、威尔士和爱尔兰的修道院，史称"解散修道院"（Dissolution of the Monasteries）。它是英格兰宗教改革的一部分，期间大量修道院的财产被重新分配，修士也被迫还俗。

看或被看，阅读着供应量不断增长的报纸和期刊。他们发明并填充了城市空间，这种空间既非王宫，也非家庭寓所（图5）。当他们为此忙碌的时候，他们表示，他们所做的一切都旨在纠正"专为学习而进行的定期而公开的激励活动"不足的情况。一些小型社团会为其成员出版著作，以增加他们的收入，并建设"一个促进艺术和科学发展的文学共和国。"[7]

　　到了18世纪中叶，伦敦的社交生活完全可以依靠饮食俱乐部 16

图5　18世纪早期的休闲社交场景。Bernard Picart（ID# 516565）. Courtesy of Bridgeman Images.

（eating clubs）及与之相伴的酒吧运转起来。到了 18 世纪 70 年代，约翰·威尔克斯（John Wilkes）经常在晚上与伦敦城（the City）的政府精英聚餐，正如他本人在日记中所写的那样，他频繁地"在一家酒馆同《权利法案》（Bill of Rights）的支持者们会面"。牛排俱乐部（Beefsteak Club）、爱尔兰俱乐部（Irish Club）以及反法俱乐部（Antigallican Club）填补了威尔克斯在伦敦的闲暇时间，而本杰明·富兰克林偶尔也会在那里参加节庆活动。[8] 到了 18 世纪下半叶，时间没过去多久，无论是在伦敦，还是在其他大都会，维护治安或者开展间谍活动都已变得十分艰巨。这座城市也为好奇的人们提供了一场视觉盛宴，正如画家和雕刻家威廉·贺加斯（William Hogarth）所捕捉的那样（图 6）。

17

图 6　威廉·贺加斯笔下的伦敦人。*Gin Lane*, William Hogarth（1697—1764）（ID# 265846）. Courtesy of Bridgeman Images.

1711 年，《旁观者》（*The Spectator*）在伦敦文坛崭露头角，并一炮走红。它的刊名也取得恰如其分。作为旁观者的记者认为自己生活"在这个世界上，与其说是作为人类的旁观者，不如说是作为众多种人之一；这样，我使自己成了一个投机的政治家、士兵、商人和匠人"。他之所以胆敢扮演诸多角色，部分原因是他声称自己曾走遍欧洲的每座城市。[9] 他作为（*métier*）一个爱说闲话、爱讲逸事的人，一个花花公子，彰显了一种新的活力。不出所料，这类来自英国的"旁观文学"（spectatorial literature），在荷兰的城市中最早出现了模仿品。[10] 同样，在诸如波士顿那样的新大陆城市也出现了一些仿作，据称是某个绅士社团的作品。在 1727 年的波士顿，刊物《普罗透斯回声》（*Proteus Echo*）试图满足"全人类"的好奇心——因为人类"对知识的渴望是永无止境的"，试图提供一种"公共用途"（Publick usefulness）。[11]

城市同时也是出版商的"自然栖息地"——未来也有可能成为哲学家的乐土。在 1650 年后的一段时期内，从阿姆斯特丹到巴黎，从爱丁堡到伦敦，各大城市的规模不断扩张，这种势头持续了近一个世纪。在 17 世纪，那不勒斯也是欧洲最大的城市之一。我们知道在这一时期，无论是意大利的书店还是咖啡馆，甚至连帽店都充斥着反教权和反天主教教义的闲话（图 7）。宗教裁判所（Inquisition）在这些流行于公共场合的大不敬玩笑话面前分身乏术，无法将其驱散。[12]

全球空间的串联不光为市民社会搭建了框架，也为商业生活提供了想象的空间。阿姆斯特丹市政厅（Amsterdam City Hall）① 的中央大厅建于 1648 年至 1665 年之间，它的地面由大理石铺成，上面用铜片镶嵌出东西两大半球的图

---

① 1648 年开始修建，并作为阿姆斯特丹市政府使用。当 1808 年法国军队占领荷兰时，拿破仑将此处作为他的住所，阿姆斯特丹市政厅从此改名为"阿姆斯特丹王宫"（荷兰文：Koninklijk Paleis Amsterdam 或 Paleis op de Dam）。

像。大厅内的雕像栩栩如生，展现了"和平"（Peace）、"天意"（Providence）和"公义"（Righteouness）等主题。阿姆斯特丹的商业精英们一边谈论着新闻和全球贸易一边在这里走动。

　　人口规模超过 3 万人的欧洲城市变得越来越多（诸如纽卡斯尔、海牙和柏林），即便它们在城市规模或发展野心上较阿姆斯特丹略逊一筹。斯特拉斯堡、但泽、布雷斯劳的人口约为 4 万，而维也纳的人口约为 10 万。如果乐于求知之士想要买得到书，并找到一间咖啡馆，与志同道合之人在相对私密的角落里聚会，那么只有规模适中的城市才能提供这样的条件——在喋喋不休的人群中，人们开始思考那些全新的、非正统的观点。

图 7　18 世纪人群拥挤的社交场景。（ID# 2987207）. Courtesy of Bridgeman Images.

　　1710 年，在海牙，一个社交群体自称是"禧年骑士"（the Knights of Jubilation）的分部，其负责出版工作的成员将一篇秘文公之于众，这篇文章将耶稣、摩西和穆罕默德称为"三大骗子"。城市空间的居民蔑视当局，在他们的眼皮底下创作地下文学。这类作品成为那个时代散播最激进的观点的载体。

大约在同一年，伦敦和巴黎都出现了夜总会和俱乐部，男性之间可以在那里举行婚礼；侦察部门用"鸡奸者"（sodomites）这个贬义词来称呼这里的常客。巴黎的小团体通常会使用女性的名字，并为新成员举办欢迎仪式。[13] 其他更为体面的巴黎咖啡馆则为吸引富豪和贵族消费打造出了优雅舒适的环境。[14]

法国精英阶层的女性厌恶烟味，因此巴黎的咖啡馆禁止吸烟。英格兰和荷兰的酒吧则没有这方面的限制，同时还为顾客准备了各种报纸供他们阅读。18 世纪的最初十年，在伦敦的小酒馆里，劳动妇女小口饮酒，同时开些粗俗的玩笑。[15] 在更富裕的识字女性群体中，小说和期刊则提供了与启蒙文化相关的、能引起共鸣的文雅知识。

在 1700 年，城市空间为乖张、大胆、自由提供了前所未有的展示舞台，在阿姆斯特丹，数百名来自非洲的自由黑人聚集在一起，其中大部分是男性。[16] 而到了 1730 年，无论是真实的还是臆想的男同性恋都遭到了严重的迫害，数百名男性被调查或起诉，有人甚至被处决。从 1730 年到 1732 年，在阿姆斯特丹，35 名男子因口供中提到的"肛交"行为受到传唤，遭受酷刑的折磨，并被流放。[17]

人们对曾经不为人知的或未曾想象过的事物的认识越来越多，这一发展趋势与商品和必需品贸易的不断扩张息息相关。人们别无选择，只得接受世界可能没有边际，而且在这个世界上，居住着先前未被认识的新的民族。很少有哪处城市空间能够逃离这门新科学的光照，在它的指引下，理论家就人类的本性、文明开化的进程、权威的本质以及在何种条件下应服从权威等问题展开了辩论。一些人来到城市寻找新的养分，试图理解一个发生了巨大变化的空间宇宙。

那么，任何城市空间都能哺育自由思想，这难道就不奇怪吗？在审查制度严格的奥属尼德兰（也就是今天的比利时），像纳慕尔（Namur）这样的小城就有十几家书店。1730 年，当局在对这些书店进行搜查时，发现了他们所认定的那些"劣书"：约翰·洛克和马基雅维利著作的法文译本，以及一些匿名著作、淫秽书籍。1740 年，当地一位制皮商人去世后，人们在他的藏书室里发现了伏尔泰的著作，以及当时时兴的百科全书。[18]

与此同时，在 1728 年的巴黎郊外，一位不幸的教士因为宣称耶稣、摩西和穆罕默德是假先知而被逮捕。[19] 这种说法在当时已经不新鲜了。这位教士随身带着一本《论三个冒名顶替者》（*Traité des trois imposteurs*），此书可能是他当时正在研读的书籍。当局宣称，这位教士已经成为异端分子集会的领头人。十多年前，在遥远的萨克森（Saxony），当局就一直在搜查书店，希望能够没收这本小册子。[20] 我们如今已经知道，1710 年前后，荷兰共和国的自然神论者和泛神论者——自称为"骑士"，互相之间则称"弟兄"——写出了这本书的全部或部分章节，他们的出版商伙伴将其收录在一处，并于 1719 年出版，该版本现今已十分罕见。大约在 1700 年，另一位有着大无畏精神的志士，或许是在哈雷（Halle）用拉丁语写下了同样的观点。时至今日，我们依然无法确认他的身份。

如果说纳慕尔的情况已经十分"糟糕"，那么巴黎简直"无可救药"。整个 18 世纪，警察都在搜捕那些"反对宗教、国家和良好道德"的书籍的传播者，并时不时就能抓到几个。这种非法贸易为启蒙思想的表达提供了条件。1704 年，有个叫安托万·加罗歇（Antoine Galoche）的书商被当局逮捕，此人保存在警察局档案中的信息显示，他贩卖的是一类新的文学作品——色情文学。《回廊中的维纳斯》（*Venus in the Cloister*）这般的书名令人浮想联翩。到了 18 世纪 40 年代，出现了一组七人团伙，他们将一部有关生殖之神普里阿普斯（Priapus）的作品《好家伙修士无行录》（*Dom Bougre*）（讲的是一个同性恋和教士的故事）中的淫秽故事雕刻出来，然后将这些版画向公众传播并贩卖。[21] 其他被警察抓捕的书商也被投入监狱，罪名是兜售"损害国家的书籍"。然而，仍然有一批人专爱讽刺国王路易十五及其情妇。有一位监狱的常客曾说："国王是个低能儿，是个暴君。"甚至还有一名国王的骑兵队长因为散播关于国王及其情妇"极其下流的谣言"而遭到逮捕。[22]

到了 18 世纪 40 年代，法国警察开始对一些新的社交形式采取监视行动——其中一种来自英国。以伦敦为起点，共济会扩张到了欧洲大陆，先是于 1720 年传入鹿特丹，然后又到了海牙和巴黎。不知当局是否知道，1723 年的共济会《宪章》告知弟兄："在过去，共济会成员在每个国家都被要求信奉该国或该民族的宗教，不管它是什么，但是现在我们认为，更合适的做法是让他们信奉所有人都认可的宗教。"这句话很难说是对宗教正统的认可！这一原则被共济会推向了世界："我们属于所有民族、语言、氏族和方言，并决心反对一切政治力量，因为它们从来没有为增进共济会的福祉做出过任何贡献。"[23]

法国当局认为共济会十分可疑，因为共济会的仪式使其看上去像是一种新的宗教，而且共济会吸引了不少贵族成员。这个新出现的秉承普世主义的兄弟会可能在策划一出反对政府的阴谋，因此应该收缴共济会的书籍，并将其传播者投入大牢。我们能够辨认出身份的最初的法国成员之一是"国王卫队的一个黑人"，他也会同其他弟兄在巴黎的一处共济会会所里聚餐。

22

24 君主们为了显示自己的全球影响力，会让非洲人成为他们的士兵或仆从，这已经成了一种时髦的做法；这个黑人则是一名小号手。

到了 18 世纪 30 年代，共济会的影响力已经扩展到了俄国，并在当地的启蒙运动中发挥了重要作用。25 同瑞典的情况相仿，俄国的共济会会所也能够对政府官员施加影响。这些会所同时还促进了英国对俄国的影响，詹姆斯党（Jacobites）在初期曾在推广共济会的工作中发挥了显著作用。到了叶卡捷琳娜大帝（Catherine the Great）统治时期，维也纳的共济会会所也充当了进步知识分子同贵族及廷臣会面的场所。

一些共济会会所成了一个全新的世界性的空间。陌生人得以相聚，跨越了阶级和种族的界限——至少对那些能付得起会费的人而言是如此。很多法国共济会会所逐渐接纳了新教徒，但犹太人和穆斯林从未受到过欢迎。伦敦或阿姆斯特丹的共济会会所则不存在这种不宽容的现象。到了 18 世纪 80 年代，同时接待法国男性和女性的共济会会所在活动场地的中心位置放置了四名女性的塑像。她们代表着世界的四个部分——非洲、美洲、亚洲和欧洲。尽管全球化效应令非西方人窒息，但并不妨碍欧洲人借此把自己想象成真正的世界公民。26

直到 18 世纪下半叶，这些共济会会所依然会引起欧洲天主教徒的疑心。在 1757 年的斯特拉斯堡，当局关闭了一家共济会会所，理由是那儿是淫乱行为的温床。同样的事情甚至发生在了新教占主要地位的瑞士。1738 年，罗马教宗谴责了加入共济会的行为，天主教教徒会因其共济会会员的身份在忏悔时无法被赦罪。而教宗的谴责，并没有拦住天主教徒加入共济会的脚步。加入共济会的天主教教士会被人认为是"开明的"。27 18 世纪 60 年代，在都柏林的共济会中，有 40% 的成员都是天主教徒。28

很多共济会会所非常强调基督教的行为举止，并自我标榜为"美德的学校"。[29] 然而它们所追寻的美德更接近古典共和主义的理想，而非教会的传统教导。共济会的美德集中体现在强大的公共精神、对内部管理的重视，以及将友爱视为会所乃至更大社群的"社会水泥"（social cement）的理想上。[30] 到了 18 世纪 80 年代，法国各个共济会会所会派出代表来到巴黎，这些代表并非按照资产多寡行使投票权，而是以一人一票的形式进行投票。

城市空间也为所有的政府都带来了新的宗教机遇——乃至威胁。18 世纪初，法国军队击溃了居住在南部赛文山脉（Cevennes）的新教徒。从这场迫害中，诞生了一个信奉千禧年主义的团体——法兰西先知者（French prophets），他们在西欧的各个城市进行宣传，预言路易十四（Louis XIV）的死亡和世界末日的到来。荷兰共和国的自由思想家们被他们的荒唐行为吓得不轻。但是在伦敦，艾萨克·牛顿面见了他们，并向他们的记录者（写下预言的人）请教。这位记录者正是牛顿的密友、来自瑞士的新教徒法蒂奥·丢勒（Fatio de Duillier）。[31] 尽管牛顿的科学理论学说成了宗教启蒙的跳板，但大师本人却仍是一名 17 世纪的新教徒，他受千禧年情绪的感染，相信罗马教宗是敌基督（anti-Christ）。然而，恰恰是牛顿宇宙——按照 18 世纪的理解，这是一种可以用几何理论阐释的虚空——成了主流观点。

先知派信徒认为，时间即将终结，空间也很快就要迎来末日。他们把目标对准了敌基督，却出于显而易见的原因避开了巴黎。在巴黎，也可以很容易找到这个时代所谓"狂热"的其他各种形式。一群"抽搐者"（*convulsionnaires*）聚集在圣梅达尔（Saint-Médard）教区一位已故神父的坟墓周围。他们相信这位神父能够施展神迹，他的追随者们也装出自己被他

25 的灵力控制的样子。这些人本来是无伤大雅的，但是被天主教严酷的改革运动——即"冉森主义"（Jansenism）——所吸引的神职人员为了证明自身事业的公正性，也在寻求上帝的干预。法兰西王国视这些神职人员为威胁，教宗也在1713年的一则通谕中谴责了冉森主义。冉森派继续了圣梅达尔的神父及其追随者们的事业。求知欲甚强的德意志路德派旅行家赫尔曼·赖马鲁斯（Hermann Reimarus）慨叹道："就像古圣先贤有他们的西比拉（sibyls）和皮媞亚（pythians）一样，我们有我们的狂热者、灵感论者和抽搐者。"[32] 这些狂热分子一旦被灵力"控制"，无论他们是在巴黎还是在赛文山脉地区，都会对既定权威造成威胁，因此他们受到了当局的打压。

　　冉森派人士以及他们的支持者不屈不挠，他们出版的书籍在与自由思想家和色情作家共用的半地下市场中泛滥。逮捕行动很快展开，人们发现，包括神父在内的同一批人可能在分发支持冉森主义的小册子的同时，也在印发与异端思想和淫秽色情内容相关的书籍。[33] 城市将各种各样的人凑在一起，这很容易向当局传达这样的信息：所有违法的人——色情读物制作者、自由思想家、"抽搐者"，甚至是共济会成员，都能够为共同的事业而战斗，即破坏教会和国家。非宗教人士认为，"抽搐者"和冉森派人士是他们的敌人。但警察却将他们归为一类。警方一向对各种阴谋保持高度警惕，他们甚至设想共济会拥有自己的教宗——正如一些匿名线人所举报的那样。[34]

　　到了18世纪70年代，法国审查人员的耐心已被消磨殆尽，面对以荷兰为中心的国际禁书贸易，他们希望找准时机予以打击："不幸的人怀着不受惩罚的侥幸心理来这个共和制国家寻求庇护，是时候以儆效尤，吓一吓他们了。"[35] 这一次，有位叫施托克朵夫（Stockdorff）的寡妇也在荷兰共和国进行贸易

活动，她被捕后接受了问询，在收集了相关信息之后，当局感
到自身受到了挑衅。施托克朵夫在两名修道院院长的陪同下，　26
从斯特拉斯堡出发，赶了 8 天的路，来到巴黎，开始寻找书市
上所有唯物主义者的著作和色情读物。我们之所以能知道她的
活动情况，是因为警察对她跟踪已久，并抄下了她的购物清
单。她从事的是跨国贸易，牵扯多座法国和荷兰的城市；因此
当局感到很受挫。1795 年，当法国大革命的革命者攻入阿姆
斯特丹时，一股全然不同的法国势力也闯入了荷兰共和国。他
们受到了该市主要共济会会所的热烈欢迎，所有人齐聚一堂，
高唱《马赛曲》。

在 1789 年之前的数十年里，欧洲各地的社团生活，无论
是合法的还是处于半地下状态的，都有所发展。在英国和爱尔
兰，无论是在首都还是在外省，各类新式社团都在蓬勃发展，
共济会只是其中之一。在荷兰共和国，服务于精英人士的饮食
俱乐部与致力于有益改革的社团相互竞争。到了 18 世纪 70 年
代，致力于"实用"（*het Nut*）的社团已经发展壮大，无论是
对荷兰省督（*stadtholder*）还是对统治地方的寡头来说，这
都是一个坏消息。在识字率较低的德意志各邦国，大学仍然主
导着公共领域，而在大学内部，俱乐部和小集团处处可见。从
莱辛（Gotthold Ephraim Lessing）到赫尔德和康德，几乎所
有启蒙思想家都能在某所大学或某个俱乐部找到安身之所。而
唯一能和这些地方媲美的是生机勃勃、时髦无比的柏林普鲁士
宫廷[36]，它为法国流亡哲学家和伏尔泰那样的知识分子提供了
庇护。

在自愿结成的社团中，陌生人可以成为熟人，这种现象在
欧洲的宫廷中也时有发生。在 18 世纪早期的维也纳，萨伏依　27
的欧根亲王（Prince Eugene of Savoy）在低地国家同法国交
战，并功成身退。他的宫廷吸引着来自欧洲各地的旅行者、藏

书家、自由思想家和宗教改革家。意大利人卢多维科·安东尼奥·穆拉托里（Lodovico Antonio Muratori，于 1750 年去世）将改革后的天主教带入了欧根亲王的宫廷，而这也成为奥地利皇帝约瑟夫二世（Joseph II）在 18 世纪晚些时候开展改革的渊源之一。[37]

尽管欧根亲王未曾离开过欧洲，但他拥有一座放眼全球的图书馆，其中收藏的各类图书和手稿超过 15000 种。图书馆内藏有一套近乎无价的"蓝色地图"（Blue Atlas），以 46 页对开页展示了世界的全貌。同时，他还收藏了大量有关俄罗斯和黎凡特等地的旅行文献。除此之外，欧根亲王还收藏了大量历史学著作，涉及斯堪的纳维亚半岛、俄罗斯、匈牙利、克罗地亚、近东、东亚、南亚、非洲和南北美洲等地区。欧根还特别关注了宗教和神学文献，他拥有一部用多种语言写成的《圣经》、一些早期新教改革者的著作或者关于早期新教改革者的作品、一本关于孔子的中文著作的法译本，以及约翰·托兰德（John Toland）等自由思想家的著作。

在欧根亲王的藏书馆内，所有 17 世纪的主要哲学家和科学家都有一席之地，关于土耳其、波斯、东西印度群岛、美洲、黎巴嫩和叙利亚的重要旅行记录也是如此——作者包括让·巴蒂斯特·塔韦尼耶（Jean Baptiste Tavernier）、路易·埃内邦（Louis Hennepin）、让·巴蒂斯特·拉巴（Jean Baptiste Labat）、约瑟夫·拉菲托（Joseph Lafitau）、加尔西拉索·德·拉·维加（Garciliaso de la Vega）以及让·拉-罗克（Jean La-Roque）。在这座图书馆里，欧根亲王还可以查阅由欧洲和阿拉伯地区医生撰写的医学文献。于是，他在维也纳的宫廷里，同时拥有了地上和天上的两个新世界。[38]

第一批全球地图集应景地描述了这座"地球剧院"的景象，理论上讲，在这个前所未有的大舞台上任何人都可以成为演员。[39] 这些书很多都是为新生的欧洲民族国家或是此时已走向世界的贸易公司制作的。它们虽是实用手册，却也给人们提供了异想天开的机会，其中一些的内容是非常粗俗的。

巴黎的老国家图书馆曾为受过特别审查的书目保留了一个专门分类——"来自地狱的书籍"（*le cabinet d'enfer*）。这类书籍绝大多数都是色情作品，有些还以旅游指南或手册之名为其色情内容作掩护。创造出这一分类的图书馆管理员可能推测：那些读者的灵魂总有一天会被带入地狱。1729 年出版的《阿普里斯王子秘史》（*Histoire du Prince Apprius*）——这里的"阿普里斯"就是普里阿普斯——尤其离谱，声称其内容是从"创世以来的世界的精华"中摘取而来。这本书据说来源于普鲁士国王图书馆内的一份手稿，并在君士坦丁堡出版。但这本书里没有一个字是真的。在《阿普里斯王子秘史》描述的王国内，生活着混混、扮成男性的女性（tribades）、"男妓"（batdaches）和袖口骑士（knights of the Manchette）——这是男同性恋间聚会时的行话。"扮成男性的女性是一群存在于幻想中的人，她们不可理喻，纵情声色。"《阿普里斯王子秘史》创造出了一个想象中的世界，其在性方面的行为尺度完全为世人所不容。[40]

这种可能性可谓无穷无尽。心怀不满者从旅行文学中找到了一面镜子，通过从中想象出一个全新的世界——一个遥远的乌托邦——来反思自己的世界。例如，在 1693 年出版的《南方大地新旅行记》（*Nouveau Voyage de la terre austral*）中，作者说所有雌雄同体的"南国人"（Australians）生来体内就有男女两性，而"父亲"这个词对他们来说是陌生的。因此母亲和孩子并不受父亲辖制，而且"男人霸占女性所建立的庞大帝国，与其说是一种合法的权威，不如说是一种可憎的暴政的结果"。[41] 在攻击暴政时，这种性别释义可以被轻易地延伸至

29 　　包括所有男性在内的权威人物。除此之外，连那些上流社会的
人都可以成为浪荡子，为何不能赋予全体人民性自由的权力？
学者们说，往东方或西方去，或者干脆去到非洲——在那里，
做爱是自由的，不会感到羞耻。[42]

　　根据"南国人"的观点，人类本质是自由的。他们对"上
帝"的认识也很模糊："他们相信这一不可测度的存在无处不
在，他们将一切可以想象的敬意都献给了上帝。"然而他们从
来不讨论宗教。当地的老智者——"哲学老人"（*le vieillard
philosophe*）——解释称宇宙是由运动中的原子组成的，除此
之外别无他物。在通往想象中的新世界的旅程中，这位老哲人
告诉我们，实际上，由于新科学的出现，由自然神论向唯物主
义的过渡几乎已经变得毫不费力。

　　就在同一时刻，一位不知名的英国人于 1689 年踏上了前
往鞑靼利亚（Tartary）的旅途，大概是在他的想象中。他发
现"死亡就是停止行动与思考，除此之外没有别的"。鞑靼人
显然不相信有来世。如果有人问他有什么宗教信仰，他大概会
回答他是个牧羊人。[43] 一部分乌托邦旅行文学作品，就是在 17
世纪末以来的匿名著作潮中诞生的，这类作品专门劝导人们放
弃宗教信仰，同时致力于为人们打开不信教的新视野。

　　即使全球探索中各个大帝国的利益并没有渗入到东欧的
部分地区，想象中的旅行也开启了丰富的可能性。对大多数欧
洲人而言，鞑靼利亚遥不可及。鞑靼利亚的大致疆域西起俄罗
斯，并一直向东延伸。然而，还有一个更近的东方：无论是当
时的西欧人还是现在的西欧人都把它称为东欧。目光望向维也
纳，萨伏依的欧根亲王就在它的门前。在 18 世纪，无论是在
识字率还是人口数量方面，欧洲的这一地区都被认为十分落
后。但是情况并非一直如此。

30 　　16 世纪的波兰和立陶宛，城市的工资水平与繁荣程度还

与英格兰相当。但是随着农奴制的施行，到了 1700 年，这里的识字率和人口数量都被西欧远远甩开。由于当地识字率远远低于 10%，在东欧和中欧地区，根本不可能像在伦敦、阿姆斯特丹、巴黎那样诞生出一个生机勃勃的思想市场。[44]事实上，将启蒙主义思想首先带入波兰境内的是德意志的新教徒。也就是说，波兰人完全有能力培育出自己的自由主义者和无神论者。从都柏林到克拉科夫以及其他更远的城市，我们都可以找到早期启蒙主义的影子。[45]

甚至连活动在欧洲和印度各地的亚美尼亚商人，也逃脱不了启蒙运动的影响。这最先表现为他们在马德拉斯（Madras）创办了一份亚美尼亚期刊。《亚美尼亚镜报》（*Azdarar*）于 1794 年在当地创刊，很快在威尼斯和君士坦丁堡也出现了同类期刊。同样重要的是，受洛克和孟德斯鸠著作的影响，这些作品明显展现出一种共和主义思潮。虽然亚美尼亚走向世俗化主要是在 19 世纪，但 18 世纪后期的大众扫盲运动和迎合大众口味的文学作品为这一进程提供了便利。[46]

正如我们在法国和意大利发现的那样，审查制度的效力是有限度的。甚至连西班牙人也无法阻止禁书的进出口贸易。到了 18 世纪 80 年代，人们在布宜诺斯艾利斯都可以找到违禁书籍（至少当时的西班牙宗教裁判所是这么认为的）。有一次，西班牙宗教裁判所对从马德里运往布宜诺斯艾利斯的五箱图书展开搜查，结果发现了一座禁书的宝库。[47]如果连宗教裁判所都无法阻止这项贸易，其他人就更没办法了。

在 18 世纪末的民主革命及其理论、主张的重压下，专制主义王权与教权的确定性走向了崩溃。启蒙运动使这些主张成为可能——有时是通过一种具有煽动性和色情意味的地下非法贸易实现的——而 18 世纪的政府从来没有设法阻止这种贸易。得益于此，机械唯物主义（mechanical philosophy）及其所提出的"充满原子的无尽宇宙"的假说，促进了唯物主义哲学的发展。世界上的所有人民以及他们所遭受的压迫都需要得到相关的解释，需要一种新的语言和理论来阐释他们的处境。无数启蒙思想家都选择迎接这一挑战。苏格兰的哲学家们没有选择"劣根性"一类的解释，而是看到了人类进步的不同阶段；英国的改革家们宣布废除奴隶制，而像卢梭那样的法国启蒙思想家则去追寻民主政治。并非所有的改革者都是唯物主义者。然而，他们当中没有一个人试图通过"神的旨意"或"上帝之手"之类的说法去解释帝国主义的影响、君主专制的性质或是当时为全世界各国人民所呼吁的平等与人权。

到了 1700 年，启蒙运动已在西欧的城市空间中显现出来，并有所发展。关于社会与政府应当怎样发挥作用，以及应当怎样抑制（甚至是杜绝）对权力的滥用，有无数种可能性在向所有有笔和纸的天才们招手。人们（偶尔也有一些女性）以批评家、讽刺作家和理论家的身份加入了这项事业。大多数人缺乏资金支持，于是他们开始寻找赞助人。伏尔泰来到了弗里德里希大王（Frederick the Great）在柏林的宫廷，并在此流连忘返，后来他视弗里德里希大王和他的军队为掠夺者。像皮卡尔和贝尔纳这样知名度较低的人则靠出版和雕刻过着体面的生活。托兰德是辉格党的间谍，1722 年他卧病在床，穷得连看医生的费用都付不起。这群开明人士能够生存下来并很少为了迎合赞助人的口味而改变自己的主张，是非常了不起的。有了一片新拓展出的天地供他们支配，他们便打破了认知的边界，使审查人员倾巢出动；即使遭到迫害、被关进牢房仍设法出版著作，哪怕最终死在病榻上。在这一过程中，他们瓦解了一个又一个基督教正统观念。到了 18 世纪末，自然神论者托马斯·杰斐逊修订了《圣经》，将其中荒诞及非理性的内容剔除了出去。[48] 在某些圈子里，无神论甚至成为一种时尚；空间在真正意义上被荡空了。

约翰·洛克在 1689 年出版的《人类理解论》(*Essay Concerning Human Understanding*)中表示，人类只能知晓那些可以被感知的事物：通过触觉、嗅觉、视觉、听觉。如果空间现在是空荡荡的，那么可以用什么来填充它？大多数西方人仍然信奉的神灵、圣人以及魔鬼究竟住在何方？灵魂去往的阴间究竟在何处？宗教信仰极其虔诚的艾萨克·牛顿说，空间是上帝的"感觉中枢"(sensorium)。1715 年至 1716 年间，德意志哲学家、微积分的发明者之一戈特弗里德·莱布尼茨在同牛顿的追随者塞缪尔·克拉克的一次著名的通信中则回复说，有人认为上帝有"感觉中枢"，这种观点是荒谬的。[49] 伽利略与牛顿的新科学使上帝与宇宙之间、精神与物质之间、空间与身体之间的关系问题变得异常难以解答。

第二章　被重新定义的时间

被称为"启蒙运动"的思想与文化的转变在一个世纪内就完成了，这在当时可谓神速。对 21 世纪的人来说，"在当时"（for its time）是其中最难被理解的部分。当 17 世纪 80 年代启蒙运动开始时，人们对时间的理解与现在完全不同。此外，日常事件中的各种变化——来来去去——对我们来说会显得异常痛苦而缓慢。一切都要耗费更长的时间。从一个地方到另外一个地方，不论是走陆路还是走水路，不论是通过荷兰乡间的运河航运还是修整好的英国公路，花费的时间都差不多。如果一个小时能够行进 4~5 英里，便算得上很快了；而在公海上，"很快"则表现为花费 3 小时 25 分钟完成从多佛到加莱 20 英里的航程。[1] 到了 1770 年，乘坐马车走完 14 英里的路程，可能至少要花费 1 小时 35 分钟，最多则会花费 3 个小时。[2] 在 18 世纪的最后 25 年，英国的帆船制造业取得了技术上的突破，缩短了海上航行的时间。直到 18 世纪晚期，蒸汽驱动才被应用到交通运输中，而到了 19 世纪，这类交通工具才成为常见的旅行方式。走过 18 世纪，西欧人或殖民地美洲人在时间的长河中步履蹒跚，但这并不意味着这是一段没有变化的、静止的甚至乏味的时期。事实上，情况恰恰相反。[3]

在仅仅 100 年的时间里，18 世纪的三代欧美人对时间进行了全新的、世俗的阐释，并在此基础上质疑了所有从前人那里继承的正统观念。他们从基督教的"时间"走向了我们今天所知道的时间。他们并不是通过某种步调一致的方式完成这种转变的。在整个 18 世纪（哪怕是今天）我们都可以找到基督教时间的追随者，然而，世俗时间的表达变得更为普遍、更令人期待。早在 18 世纪之前，即 16 世纪的新教改革（Protestant Reformation）时期，我们就可以发现带来这种转变的部分原因。它的影响遍及整个基督教欧洲：在英格兰，国王关闭了修道院并没收了他们的土地；在低地国家，一场反对天主教西班牙统治的新教徒起义创建了荷兰共和国；在德语地区，爆发了宗教战争。剧烈的变革使现在的时间与过去的差异更加鲜明，而现世中现有时间的整体结构仍然存在。[4]

18 世纪初，不光是普通人，就连许多受过教育的人也认为人类的时间同地球的年龄是完全一致的，人类历史的总和大约为 6000 年。像艾萨克·牛顿这样的哲学家（他在 1727 年去世）认为，上帝在公元前 4004 年前后创造了地球，并且会以类似的方式终结它，尽管只有上帝自己清楚世界末日的确切时间。牛顿的朋友，哲学家约翰·洛克则认为"上帝是在公元前 4004 年的 9 月创造了地球"。[5] 牛顿最终谨慎推测世界末日将在 2060 年末前后来临——也就是说，距离我们现在所处的历史阶段还有一代人的时间。牛顿写道，在随后的世界末日大火灾中，"恶人（可能）将因此受到惩罚"。要想找寻人类时间隐藏含义的关键，主要可以参考圣经的先知书（Prophetic books）以及新教的评论家对这些神秘问题发表的言论。对牛顿以及许多新教千禧年主义者而言，时间终结的奥义在于，当《圣经》中提到的号角响起时，"世上的国成了我主和主基督的国；他要作王，直到永永远远。"[①] 到那时，基督将戏剧性地开始对地上的千年统治，而我们的世界则将永远结束。宗教意义上的时间，也会突然地结束，就像其开始一样。[6]

按照牛顿的理解，基督教时间属于每一个能够阅读并买得起袖珍年鉴的人，也就是说，属于任何一位新教徒。整体而言，新教徒（而非天主教徒）崇尚根据新教国家通常出版的年鉴所推断出的圣经时间线。[7] 例如，在天主教法国出版的年鉴

---

① 出自《新约全书·约翰启示录》第 11 章第 15 节。

并不强调世界的开始，当然也不会着重讨论世界的结束。相反，他们的纪年是以基督的诞生为起点的，一年中的各个日子通常被分配给特定的圣人。他们很少预测未来的事件，天主教从第一任教宗彼得（Peter）开始，以历任教宗传续不断和教理代代相承来进行自证。18 世纪末，在秘鲁的利马（Lima）出版的西班牙年鉴仍然给出了世界开始的日期、基督的生年，而且所有圣人的纪念日也都标得清清楚楚。利马的年鉴对于美洲的新世界或欧洲的旧世界何时会走向终结，没有任何暗示，这与千禧年主义者所秉持的先知书中的预言保持了一致。其实从 15 世纪末开始，西班牙的年鉴就按照圣人的纪念日来分配时间了，并且也没有对时间的终结进行预测。[8]

尽管法国大革命给几处新教地区带来了短暂的动荡，但18 世纪新教徒的日历并没有发生什么戏剧性的变化。数十年来，新教年鉴通常以公元前 4004 年为起点，将读者带到现在，然后增加了对未来的预言。早在 16 世纪末，荷兰新教年鉴就抨击过天主教对圣徒日的迷信，认为圣徒日在《圣经》中毫无根据。然而，尽管天主教与新教对时间的理解不同（新教徒表示愿意对时间的终结进行预测），但是两者对时间的感受使基督教时间与日常经验之间产生了巨大的差异。基督教的时间是凭神的力量安排的，属于神圣的领域，其终结是确定的。而尘世的时间只是在缓缓流淌着，一般是以个人事件、国家大事、国王的出生或死亡、一场战役的胜利或失败、某个宗教节日为结点的。

起初，甚至连那些宗教信仰可能遭到怀疑的异端分子都没能解决这一假定的世界年龄的问题。法国匿名占星家出版了对此进行预测的年鉴，但是他们也出了一本将一年中的每一天与相应的圣人相匹配的年鉴。一本来自共济会的伤风败俗的年鉴也列出了与一年当中的每一天对应的所有圣人。无论是天文学还是占星学，都没有对所谓"人类拥有的6000年历史"发起挑战。

尽管其做法备受争议，但占星家在预测未来方面的表现十分突出。在某些情况下，他们的预测更具准确性。到了17世纪中叶，荷兰的年鉴及天文学学术教学都将占星学的相关内容剔除了出去，所以都不带有预测的功能。因此，在荷兰共和国，占星术的消亡远比英格兰或美洲的大部分殖民地更为迅速。[9] 在苏格兰，一直到18世纪中叶，基督教对时间的阐释都在为解释政治剧变提供可能。英国君主制的支持者将他们的詹姆斯党敌人定义为敌基督，由此确立了汉诺威王朝的神圣性。[10]

唯有在18世纪80年代，政治动乱才短暂地破坏了基督教时间。法国天主教将时间限制在教会年历中，其对时间的阐释被视为定论，但法国大革命最狂热的支持者却对它的全部理念发起了反抗。在一个专门机构为自由、平等的新公民设计出新日历的三年之前，那些不具名的、反基督教的革命的声音便宣称1789年是"理性与自由统治的元年"。在牛顿去世不到一个世纪的时间里，在某些情况下，基督教对时间的阐释已经被推翻，并且被一部分人所摒弃。

在法国大革命爆发之前的几年里，有关时间的新阐释大量涌现。一些年鉴自称"不敬神"，它们没有以圣徒的名字去命名一年当中的每一天，而以某位名人的名字命名，这些名人要么在这一天出生，要么在这一天去世，他们应该被铭记。3月从摩西的纪念日（3月1日）开始，然后是米开朗琪罗（Michelangelo），接着是布鲁图（Brutus）刺杀恺撒的3月15日（the Ides of March），还有一些值得纪念的当代名人，如杜尔哥（Turgot）、托兰德、牛顿、沃拉斯顿（Wollaston）和笛卡儿（Descartes）。到了4月，耶稣和霍布斯都有各自的纪念日。5月份为阿尔贝特·丢勒（Albert Dürer）、康帕内拉（Campanella）和伏尔泰设置了纪念日，6月则纪念了安东尼·科林斯（Anthony Colins）、莱布尼茨、让－雅克·卢梭等人。从整体上看，圣徒以非常简单的方式消失了，他们被不同国籍的博学的思想家、艺术家以及声名狼藉的自由思想家取代了。

巴黎高等法院下令焚毁渎神书籍，认为其内容和对名人的分类是"可耻"且"骇人听闻"的。毫无疑问，该机构断言，所有的世俗活动都是受了"唯物主义"的启发，将会导致"无神论"。这两种"主义"我们会多次提到；事实上，因为它们十分重要，我们将在本书的第四章对其进行单独讨论。无论这些年鉴的思想动因为何，1788年年鉴的匿名作者指出：它提供了"一座和平的圣殿，任何宗教背景的人都可以找到自己喜欢的日子"。突然之间，人们意识到时间是中立的，完全是人类的发明，而不需要《圣经》为其称义。因此，人们用卓尔不群的思想家和艺术家取代了圣徒。[11] 用知识分子和艺术家的名字为日期命名的想法并未被最终完全世俗化的年鉴采纳。事实上，后者更乐于赞颂自然或古圣先贤。

在1793年往后十二年的时间里，法兰西民族一直遵循着一种完全脱离了基督教时间的新历法。共和或革命时期的时间只可能是人类的发明，是人类对世俗时间的大胆宣扬。1790年，有位改革家积极游说，劝说众人将一月命名为"伏尔泰月"，因为"这位人间天才预言了革命的爆发"。[12] 这一想法并未被采纳，但是对很多人而言，大革命时期的经历从未在他们的记忆中远去。一个年轻的英国热情支持者表达了他在时间问题上的强烈感受："当我回忆起这段时间的时候，有两件事令我印象特别深刻：首先是1790年那段非常短暂的时间在我的记忆里仿佛长达数年，但事实上只有几个月；其次是人们讨论的砍头的话题，我记得太清楚了。"[13] 他在各省见识了带有革命色彩的"理性节"，那些领袖怒斥"教士的滑稽表演……［并说］世上既没有天堂和地狱，也没有耶稣基督死而复生，天使或圣灵亦是不存在的"。然后，这位年轻的英国人糊里糊涂地得到了理性女神（the goddess of Reason）的祝福。[14] 基督教时间只是 18 世纪末"美丽新世界"的众多牺牲品之一。漫长的 19世纪见证了许多为改良时间所付出的努力：人们统一了时间，用钟楼报时，在陆地和海洋上都可以得知准确的时间。[15]

到了 1800 年，不仅仅是在法国，时间在很多地方都完全变成了一种没有尽头的人类发明，而且每个人的生活经历都可以用时间串联起来。在 18 世纪 70 年代的美洲殖民地，年鉴不再关注人类时间的终结，而是追逐那些公开的政治议题，且鲜有亲英的情绪。[16] 在同一时期，虔诚的信徒们哀叹"现在盛行的民主、平等原则"是对礼仪的破坏。家境优渥、受过良好教育的贵妇们批驳"现在人们所吹嘘的进步的基础……它意味着每个人都有着同样美好的品质：年龄本身不应是一个人受到尊重的条件，地位也不应对一个人产生任何影响；在婚姻中，赞美应该被赋予女人，而不是男人。讲究古代骑士精神和风流浪漫的时代已经一去不复返了"。在不到一个世纪的时间里，就发生了这样令人唏嘘的转变。尽管 18 世纪的最大激变始于1789 年的法国，但可以想见，比起天主教，新教的宗教情感更能适应那个世俗化的无限未来，这颇具讽刺意味。[17]

世俗的起兴

宗教事务与世俗事务的分野最早出现在 17 世纪晚期的印刷品上。在 17 世纪的最后二十年，英语中的"世俗"一词越来越频繁地被用作形容词。一般而言，这个词最常与天主教的神父相联系——"世俗"是指他不属于任何一个宗教团体。当然，它一直也被用来指代在教堂外演奏的音乐。只有霍布斯将"世俗"与社会联系了起来，但即使是他，也会认为这个词应与"神圣"相对。[18]17 世纪晚期，荷兰历史学家开始区分"世俗的历史"（worldly history）和"教会的历史"（church history）。霍布斯《利维坦》的荷兰语译者甚至通过标题直接展现出了教会标准与世俗标准的两种样貌。[19]

世俗状态，即置身于世俗之中且与宗教或教会相分离，才刚刚成为一种生活方式。霍布斯远非宗教正统性的拥护者，但他却表示上帝是正当理性的仲裁者，他还说"世俗法律（Secular Lawes）指的是那些涉及正义和人与人之间的行为的法律"。他将宗教纳入自己限定的范围内。[20]他还向读者保证，如果有人因被要求同时服从上帝和人世的规则而感到不安，那么这种焦虑"可以通过区分救赎（Salvation）的所需和非所需来消除……在世俗事务中，可以从掌握主权（Soveraigne power）的人那里获得——不论那是一个人还是一群人，同样，在宗教事务上则仰赖教会的权威"。[21]在霍布斯看来，世俗世界和宗教世界的分界线是很清晰的。时人称霍布斯为异端——甚至是无神论者——的原因有很多，其中一个就是霍布斯假设世俗世界和宗教世界之间存在着巨大的鸿沟。

当人们眼中的"无神论者"霍布斯将世俗的主权领域和教会的主权领域区分开来时，那些虔诚的信徒展现出了旺盛的攻击欲。然而，据我们所知，那些以敬虔闻名的作家也提出过这类区分，但没有激起什么浪花。这是因为那些虔诚的人使用了公众认可的语言表述中的一部分去写作。荷兰作家和翻译家西蒙·德弗里斯（Simon de Vries）同样参与了教俗分离这一问题的讨论，他还对笛卡儿和魔鬼的否认者巴尔萨泽·贝克（Balthazar Bekker）发起了严厉的批判。有谁能比一个自称对撒旦罪恶交易知根知底的正统作家更清楚世俗与宗教之间的区别呢？[22] 虔诚的信徒和启蒙人士之间赫然耸现出一条鸿沟，而两侧的思想家们都接受了存在着一个单独世俗领域的事实。

在 1750 年之前的大多数新教年鉴都标明了世界终结的时间，而伟大的艾萨克·牛顿也对此表示认同。早在 1572 年，英国人便开始使用年鉴，至直到 18 世纪 50 年代，这些年鉴还会给出自世界诞生以来的时间年表，例如，年鉴会标明其印制年份是时间伊始以来的第 5581 年，自诺亚洪水以来的第 3934 年，并指出伊丽莎白女王在 62 年前登基（即 1559 年）；总而言之，这份年鉴制作于 1621 年。[23] 有些年鉴在扉页上宣称，其作者是某位占星术士，并适当地对来年的事件进行了预测；在清教徒众多的波士顿，一本年鉴解释说"日蚀、行星相合、奇异的景象、彗星等都是上帝的神谕……有可怕的麻烦……正要降临……这可能是为上帝的子民（People of God）带来其所应许的幸福时光的一种手段"。[24] 年鉴预言了世界末日，让虔诚的信徒受到启迪并战战兢兢，尽管比起荷兰的同类年鉴，英国的新教年鉴更愿意发表带有政治色彩的激进主张。它们反映了 17 世纪 40—50 年代的动荡局势：内战之后国王被杀死，共和国宣布成立，直到 1660 年斯图亚特国王查理二世（Charles II）复辟之后，这段历史才宣告终结。[25]

到 17 世纪中叶，人们可能会惊讶地发现——鉴于众人对世界末日宣告的糟糕体验——英国的年鉴开始留出空白页面，年鉴的主人可以在上面标记自己即将到来的约会。这种世俗空间也出现在 17 世纪荷兰的年鉴中，到了 18 世纪中叶，法国的年鉴中也出现了类似的设置。[26] 可能存在的世界末日并不意味着各种事务应该或可以被逃避，相反，人们更应按时处理它们。美洲殖民地讲德语的人也赞同基督教的时间框架，不过除了展现基督教的时间框架之外，其年鉴也提供了其他有关殖民地的新闻以及各种货币的兑换情报。[27] 世俗内容开始毫不费力地与预言融为一体。在 18 世纪末，地球的寿命——也就是人类的可用时间——也得到了极大的扩展。

42 到了 1750 年，在每年的年鉴中，甚至连创世以来的时间年表都变得不那么常见。相反，年鉴中标明的内容不是英国君主的日程，就是货币汇率，或是马车的来往时间。它们开始就如何校准摆钟或怀表提供建议，并指出日晷显示的"自然"时间与钟表给出的精确时间之间的差距。一份 1797 年的荷兰年鉴指出，上帝创世的说法在很久以前就令人感到惊异，但它又想两面讨好，于是又向基督教版本的时间示好，说创世是在基督诞生前 3949 年。当时，荷兰年鉴还会给出一些有关当地或德意志地区某些城市的市场的信息，以及马戏团进城表演的日期和地点。[28]

哲学家加入其中

年鉴是流行文化的一部分，是到了岁末年终便被弃置一旁的短期用品。然而在 18 世纪，时间也有了它的哲人，他们总是说出一些惊世骇俗之语。这些人对基督教的时间框架兴趣寥寥，并通过计算指出，地球可能经过了数千数万年的时间才形成了今天的样貌。在巴黎启蒙思想圈子的核心地带，乔治-路易·勒克莱尔（Georges-Louis Leclerc）——即后来的布丰伯爵（Count de Buffon，于 1788 年去世）——出版了 30 多部著作，通过列举化石证据及其他证据，指出正统的圣经时间必须被摒弃。在讲述地球的历史时，布丰伯爵认为彗星撞击太阳才是地球诞生的起源。索邦神学院（Sorbonne）对此表示十分愤怒，在此压力下，布丰伯爵不得不做出如下书面声明："我宣布放弃书中关于地球形成之观点，总而言之，就是书中43 一切有悖于摩西叙述的内容。"他告诉朋友，自己宁愿谦卑地匍匐在教会脚下，也不愿被送上绞刑架。然而私下里，布丰伯爵在其未发表的手稿中，估测地球有数百万年的历史。我们目前的观点认为地球大约有 45 亿年的历史。

此外，伯努瓦·德·马耶（Benoît de Maillet，于 1738 年去世）也匿名发表过一篇文章，但时间更早，其内容可能是他受东方思想影响的结果：通过研究化石，他从纯自然的角度解释了地球的起源，他认为地球的历史绵延悠久，长达 20 亿年。[29] 在马耶的叙述中，所有的生命都来自大海。马耶著作的手抄本在启蒙思想人士的圈子内广为流传，其读者就包括布丰伯爵和伏尔泰。相较之下，布丰伯爵的结论少了很多幻想的色彩。在对铁和其他物质的冷却时间进行了多年实验之后，布丰伯爵认为地球的年龄可能略小于 75000 年，而非通常如圣经时间所认为的约 6000 年。[30] 这也是他唯一敢公开发表的数字。

18 世纪的英国与法国不同，没有像索邦神学院的神学教授们那样有权势的教士团体。查尔斯·达尔文（Charles Darwin）的祖父、医学博士、未来的诗人伊拉斯谟·达尔文（Erasmus Darwin）丝毫不畏惧审查，而且在他的朋友之中是有名的不信教人士，他开始研究人类时间与被极大扩展了的地球时间之间的关系问题。伊拉斯谟·达尔文从上一代法国学者关于地球时间的相关著作中得到启发，推测所有的生命形式都是在逐步进化的。正如他在 1802 年出版的《自然的殿堂》（*The Temple of Nature*）中所言，有机生命的形式"随着一代代的繁荣发展，获得了新的能力，得到了更为强健的肢体"。生命是在现在被赋予地球的漫长的时间中进化的。

到了 1800 年，对于那些受到过良好教育的人来说，世界末日论和随后的千禧年天堂论已经失去了市场。随着人们对地球表面可见的自然和物理变化的深入研究，人类掌控的时间也得到了扩展。而进化似乎是下一个合乎逻辑的步骤。《圣经》的内容与地球的年龄或人类的历史毫无关系。1800 年，法国

44

教育家开始出版关于提高时间利用效率的书籍。[31]

在各行各业都能找到为时间的拓展做出了决定性贡献的人，包括登山探险家、古物收藏家和化石遗迹分类家，其中，神职人员表现得尤为突出。他们被迫得出这样的结论：世界存在的时间远远超过《圣经》中所说的 6000 年。与绝大多数仅做地上考察的博物学家不同，那些哲学家与想象力丰富的诗人——他们大胆地扩展了人类的时间——有一个共同点：他们都是唯物主义者。他们认为无论是物理意义上的宇宙，还是人类意义上的宇宙，都完全受物质力量的支配，受物体推力与拉力的支配。实际上，物体能够自己移动。

唯物主义的幽灵

唯物主义者将自然界看作是有生命力的，并且有一套受普遍规律支配的生物机制，因此他们认为地球可能是永恒的。他们还把身体与灵魂、物质与精神混同在一起。在宗教问题上，无论从哪个角度考察，他们都是异端，其哲学假设来自对 17 世纪新科学的解读，也来自医学上的生机论（vitalism），这一医学思想流派在英吉利海峡的两岸都很流行。在一个充斥着各种异端思想的年代，唯物主义比其他任何思想都更突出。它没有为天意上帝（the providential God）或基督教的奥秘留下任何空间。他们让地球拥有看似无限的时间，并打开生物或物种不断进化的大门。无论是伊拉斯谟·达尔文，还是他的孙子查尔斯·达尔文，这两位达尔文都是唯物主义者。[32]

然而，时间在启蒙主义下的延展可以脱离其唯物主义的基础。虔诚的信徒可能不会从字面意思上解读《圣经》中的创世故事，而是将其视为一个历经了数千年的隐喻。不过，唯物主义带来的的影响巨大而持久，犹太 - 基督教传统（Judeo-Christian tradition）下的每一位信徒都不得不面对它。唯物主义假定已经成为人们对生命和时间完全世俗化理解所仰赖的哲学锚点。

大量著作井喷式的涌现，对无处不在的唯物主义观念展开攻讦。特别是在天主教欧洲，神职人员发起抗议，谴责唯物主义以及随之而来的原子论。他们认为"万物……都是机器"这一学说是受到了古希腊思想的影响，有着异教根源。[33] 他们声称，当代唯物主义已经在文明社会扎根，当然，到了 1760 年，在巴黎，这些唯物主义理论已经非常普遍，而且这显然是狄德罗和爱尔维修（Helvétius）等主要哲学家的功劳。在一些针对唯物主义的攻击中，有些言论带有一点防御的意味，有人认为，路易十四统治时期对新教徒的宗教迫害可能污染了信仰之井，使异端思想更加流行。另外，在新教欧洲，从牛顿的追随者塞缪尔·克拉克和理查德·本特利（Richard Bentley）的布道开始，霍布斯和约翰·托兰德等英国唯物主义者遭到了无情的攻击。唯物主义者将人类看作是没有灵魂的机器，这一点反过来又成为唯物主义的反对者们对他们的讽刺。

时间的机器

从 1650 年到 1800 年，从事实层面上来说，机械设备在北欧和西欧地区都变得越来越普遍。正如时间在概念上的扩展一样，钟表和怀表技术的发展也将时间带入了人们的日常生活中。现代的时间思维方式在 18 世纪以最引人注目的方式出现，当时在这两个地方，而且主要是在英国和荷兰共和国，昂贵的钟表非常普遍。相应地，从 17 世纪 80 年代到 1810 年，钟表的价格显著下降。到了 18 世纪末，英国的钟表匠每年约生产 20 万只钟表。最便宜的钟表可以以 1 英镑的价格购得。然而，这一价格还是比当时一名工人一周的工资稍高一点。在整个 18 世纪，随着材料和技术的改进，怀表的价格下降了 75%。曾经

46

只有富人佩戴怀表，此时怀表的持有率逐年增加。³⁴17 世纪后期，新钟表就设置了分针，人们可以感知甚至可以听到时间持续不断跳动的声音。

出身名门望族的荷兰大学毕业生康斯坦丁·惠更斯（Constantijn Huygens，生于 1596 年）在周游欧洲时，每到达一地、每离开一地，都会记下时间。有时，惠更斯会像大多数人一样，通过当地教堂的时钟查看时间，但是正如他日记中所写明的那样，他和随从在旅途中都携带了钟表。³⁵ 他后来成为诗人、日记作家、奥兰治王室（the House of Orange）的亲信，而且也是克里斯蒂安·惠更斯（Christiaan Huygens）——他是荷兰最重要的科学家之一——的父亲。克里斯蒂安·惠更斯又发明了一种新型钟表，利用钟摆来提高精确度，从而使计时方式发生了革命性的变化；在此基础上，克里斯蒂安还完成了一项了不起的发明——螺旋弹簧，它使分和秒变得更为准确、可听，钟表也更便于携带。牛顿是第一批拥有摆钟和怀表的人，当时只有精英人士才会佩戴怀表。惠更斯发明的摆钟一问世，几乎立即就被认定是最能确保分钟间隔相同的方式。

到了 18 世纪中期，钟表仍然是价值连城的物件，一旦被窃，受害者就会立即去法院申诉，由此可见钟表是非常珍贵的。有了钟表，时间就是外在的他者，乃至可以被人观察、注意，而不是随意地度过。另外，怀表也能提示人们如何享受时间：有一块昂贵的玳瑁表被镶嵌在木框中，表面绘有妓院的图景，每次查看时间，妓女的裸体都会映入眼帘。³⁶

起初，有关时间的新技术在法国蓬勃发展，法国国王路易十四试图发展在计时方面的技术创新，用于支持航海事业。很快，发明家们都带着自己的发明来到了这里。不幸的是，路易十四打算将清教徒驱逐出去，随着数以千计的清教徒带着他们的制表技术离开法国，法国也丧失了其在计时领域的领先地位。[37] 克里斯蒂安·惠更斯在 1685 年《南特敕令》(*the edict of Nantes*) 被废止、胡格诺派受到打压之前，就离开了法国。在当时的伦敦，克里斯蒂安·惠更斯的弟弟小康斯坦丁·惠更斯 (Constantijn Jr. Huygens) 经常去钟表店，他在那里可以一睹当时最先进的钟表。当时主要的自然哲学家们也会这么做。小康斯坦丁·惠更斯将"时间管理"一词带到了荷兰。[38] 在 18 世纪的安特卫普 (Antwerp)，刑事审判表明，钟表正缓慢而真切地渗透进每家每户的生活中，无论是在上流社会，还是在平民阶层。然而，在 1800 年以前，大多数欧洲人都是从教堂、城墙或当地商店的公共时钟那里得知时间的。[39]

惠更斯家族加入了荷兰归正会 (Dutch Reformed Church)。在法国，克里斯蒂安自认为是新教徒，也被当作新教徒对待。尽管遭遇过宗教偏见，但在他的家族中似乎没有人在宗教问题上感到烦恼。当他的父亲担忧死亡来临时，康斯坦丁·惠更斯只是祈求上帝接受他，并赦免其一切罪过。[40] 据我们所知，惠更斯家族中没有人因时间的终结或来世而担忧。同时代的英国人十分关注如何以敬畏上帝的方式使用时间，相比之下，惠更斯父子的任何著作都没表现出他们对自己灵魂命运的焦虑。同时，大约在 1700 年，支持简朴自然宗教的荷兰异端人士对基督教的尘世时间观念大加挞伐，并构想了一个遥远的乌托邦，那里的时间要比现在早上数千年（尽管时间不是无限的）："根据欧洲人的计算，[到 1702 年时]世界已经存在了 5702 年，但是[在我们的极乐世界]，为 23038[年]……根据我们的计算……这才是真理 (Truth)；但在欧洲这不是真理。正如你们的弥撒 (Mass)、炼狱 (Purgatory)……在西班牙是真理，但是在我们这儿根本就不是。"荷兰归正会将作者——一名在兹沃勒 (Zwolle) 读过笛卡儿著作的医生——逐出了教会。[41] 这位医生因为对地球时间进行了相对化的讨论

48

而成了异端；就像众多将天主教徒和新教徒相互隔绝的教义一样，这只是众多可以被一方或另一方当作异端的借口之一。

对时间的执着：世俗时间的宗教起源

在对新教的恰当形式缺乏共识的情况下，同时代的英国人远比荷兰人更能让我们看到人们对时间的焦虑及重塑。这个过程可以通过简单抽取一些英国新教徒样本来说明，通过其对时间的新体验，我们可以了解他们的想法。由于他们不能领受那些天主教徒进行的圣事，如忏悔，新教徒有着特殊的时间负担：他们必须对时间的使用进行自我监督，将自身的行为分为有用的、在上帝眼中有价值的行为，或是不敬虔的、需要纠正的行为。

更为复杂的是，到了 17 世纪末，即牛顿生活的时代，宗教性与世俗性的时间观念虽然相互矛盾，但却同时存在。不同的时间"同时"存在于人们的头脑中。[42] 此外，在上一代，英国的清教徒和圣公会信徒之间曾爆发过内战。他们试图确定英国新教的性质，解决教义问题；但是他们没有达成共识。时间的终结及其之后的事情只是一系列充满争议的问题中的一个。在内战期间，激进的新教徒普遍认为，时间将会按照上帝的意旨终结，千禧年（millennium）——由圣徒统治世界的一千年——将会很快来临。温和派人士则倾向于避免采纳这样的教义，因为这类教义将呼吁采取各种革命性的行动。

活跃在 17 世纪 80 年代到 18 世纪 20 年代之间的那代人，是第一批促成并经历了时间世俗化这一幻象的人。通过这些人，我们看到在宗教影响下对时间的焦虑越发被一种淡然所取代，这是一种规训，让线性时间得以作为事件的背景被重现。这些对时间的理解虽然有着根本的不同，但我们可以发现这些理解其实是共存的，或者至少在世俗层面上是重叠的。时间在宗教解释中是外在的、上帝赐予的，但这种解释又恰恰植根于一种准备好将时间看作一种内在于自我，甚至是为自我所拥有的事物的文化中，这种看待时间的方式在人被要求服从于时间前进的步伐时尤其有市场。

或许新教思想中的宗教与世俗时间之间的紧张关系验证了一位理论家的预测：虽然基督教的启示（Christian revelation）"被认为是强加在人类认识上的，但是事实证明，人们其实可以私自占有它，也可以抛弃它，人们可以看透其意义，也可以从内心深处独自体会其所带来的影响"。基督教，尤其是新教，提供了一种"脱离宗教的宗教"。[43] 宗教时间与世俗时间的紧张关系，以及有关是否很快就会迎来时间的终结的争论，迫使信徒将时间看作一个具体实体，他们要抓住它，并在此沉思。

与那些人毫不费力地就接受并按世俗时间生活的人相比，那些焦虑不堪的善男信女对自我与时间的关系的体验明显不同。这种对被赋予的时间的意义的遵循，也就相当于是对时间的历史性的遵循，丝毫不与认为时间的概念是思维架构的基石的观点相悖。[44] 事实上，时间的概念会拥有如此持续的历史性，并会引起如此不同的反应，只能如此解释：仅仅把时间当成一种思维架构是远远不够的，它还构成了支撑叙事的脚手架的一部分。西方人开始接受世俗时间，这种转变意义深远，这是启蒙运动独特而持久的影响之一。但是这是一个逐步发展的过程，时至今日，人们仍然可以找到数以百万计的尊崇圣经时间的信徒。

通过 17 世纪 80 年代至 18 世纪 20 年代新教徒的生活，我们可以进一步理解人们对时间认识的这种转变。那一代人温和的新教情感在时间问题上表现出两股相互矛盾的倾向性：一种朝着审查和监督自己及他人对时间的使用的方向发展；另一种

50

则讽刺地在虔诚但异端的艾萨克·牛顿（及其追随者）的促进下，通过实例将时间视为一种绝对真理，从而推动时间成为一种世俗普遍原则，逐渐被人们所接受。牛顿时间（Newtonian time）——简单地说就是持续时间——是一个绝对的实体，而不是相对于事件的发展而言的。它为现代时间性的理解奠定了基础；时间在世界上成了某段经历被开启与被记得的唯一参照标准。

尽管牛顿本人认为人类会迎来千禧年，然后脱离人类时间，进入基督时间，但是牛顿的绝对时间理论为通过钟表计时、记录并记住生命中的世俗体验提供了依据。渐渐地，到了18世纪，线性时间使世俗变得越发重要；最终，宗教性的事务逐渐私人化和内在化，无论是在时间上还是在空间上，其可见度都下降了。在18世纪的历史进程中，宗教性的时间和空间——或者说是这种叙事——逐年后退。在18世纪初，基督教评论家都在为牛顿时间的非宗教性影响感到不安。这些评论家认为，时间和空间一样，是存在于人的脑海中的一个想法，而非一个独立存在的真实的实体。[45]18世纪末，康德也说了同样的话，但是他认为，这种想法是实在的。

世俗的解放饱受争议，但也在逐步取得进展，它假定对时间的理解是一个统一的、线性的过程，而这种观点需要被修正。更好的表述是，从17世纪70年代以来，宗教人士就在有关时间问题的领域发表了众多著述。渐渐地，在一些人（甚至是大多数人）的心中，世俗的事务将宗教的事务排斥了出去，但这一过程比线性叙述所展示的过程更为复杂。在17世纪的最后几十年里，无论是在英吉利海峡两岸，还是在英属北美殖民地，温和派新教徒都摒弃了僵化的预定论（predestination）思想，不再相信救赎是预先确定的，这一思想学说让虔诚的信徒们要么满怀希望，要么极为悲观。

将僵化的预定论思想弃置一旁，意味着人们将用新的方式理解时间。这种 1660 年之后出现的新的宗教狂热必须在直接否定清教徒所认为的"信仰是救赎的关键"以及（普遍或部分）预定论的前提下才能被精心制造出来。人们在所追求的时间上迸发出的极大热情与早先宗教团体所秉持的热诚与严谨旗鼓相当，只是没有了预定论的束缚。现在人们的注意力转移到了生活与实践当中：如何用教徒般虔诚的态度掌控时间？这将使人们在习惯、习俗和为信仰服务的来往当中变得自律和自制。每一种行为都要受到监督；自我必须被限制在世俗时间所设定的参数之内。这绝非简简单单地将天主教通过善行得救的教义复活，尽管有人可能会说两者之间有着某些相似之处。17 世纪晚期，温和派新教徒对时间的敏感意味着他们需要自我监督和自律来达成善功——不需要圣礼或神职人员的帮助，甚至不需要相信"得救者中的某人注定要死后永生"这样的推论。

52

此时展现出的一个问题也将在以后的章节中反复出现。相较于天主教欧洲，早期启蒙运动的养分在温和的新教地区找到了更为肥沃的土壤。事实上，第一批将启蒙主义理念带入波兰领土的传播者正是信奉新教的德意志人。[46] 在 1660 年斯图亚特王朝复辟、恢复教会权威以及 17 世纪 40 年代和 50 年代的清教徒革命者被击败之后的英国，情况尤其如此。时间的基督教意义仍然留存，但是就像预定论那样，千禧年事件似乎变得越来越没有意义。人们只有在当下努力工作，才能获得救恩。

与对时间的焦虑相伴

日记作家约翰·伊夫林（John Evelyn，于 1706 年去世）来自一个信仰虔诚的家庭，通过他的家庭我们可以看到这一时

53　期温和派新教徒理解和体验时间的方式。他在当时是一位颇有影响力的评论家，他对英国圣公会的热爱甚至超过了对物质的享受。⁴⁷而他又把这份热爱传递给了他的子女，尤其是他的爱女玛丽·伊夫林（Mary Evelyn，1665-1684）——因为罹患天花，她在未满20岁时便去世了。伊夫林的人生格言"爱惜光阴"（redeem the time）也成了这位女儿的座右铭。⁴⁸就伊夫林而言，他对时间的渴望使他成了一名日记作家，其对各大事件的广泛评论最终使他成为17世纪最著名的英国作家之一。玛丽的成就则较为平凡，而且她在未满20岁时便离开了人世。

　　玛丽将父亲所写的《时间使用指南》（*Directions for the Employment of your Time*）牢记于心。父亲告诉她要早起，适当运动——可以在他心爱的花园里，但为了珍惜光阴，即使在那里也不要逗留。他的这一指示，必然建立在她有一个计时装置的基础上，要么是时钟，要么是怀表。玛丽也写了一本小册子，扉页上写着"杂记……记录我的一些计划与思考，以便在诸多场合规划我的生活。趁你年幼，当记念造你的主。"①（Miscelania……Book of several designes and thoughts of mine for the regulating my life upon many occasions. Remember thy Creator in the days of thy youth.）。她还在这一页的底部写下了她的人生格言"爱惜光阴1683年"（Redeeme the Tyme 1683）——仿佛在一家出版社的名字下方标明了出版时间。⁴⁹她在《妥善利用我所规划的时间的守则》（*Rules for spending my pretion stymes well*）中，告诫自己不要懒惰，尤其要提防"赖床"，她写道："这会带来懒惰、愚蠢，使我感官变得迟钝，四肢变得僵硬，时间就此浪费，会耽

---

①　"趁你年幼，当记念造你的主"一句化用了《旧约·传道书》第12章第1节中的话。

误一天里许多神圣且应尽的义务，我本来应该在某些时间进行
家庭祈祷的。"这与她的父亲在他的十七则《时间使用指南》
中所倡导的几乎一模一样。[50]

无论是在家，还是在伦敦，玛丽·伊夫林都非常仔细地计
算时间："按照规定的时间，我将在 6 点前起床去祷告，为了不
耽误早上的时间，我不会在 10 点去做祷告，因为威斯敏斯特
大厅（Westminster Hall）里挤满了律师，还可能存在其他不
便之处。我现在必须要比在家的时候祈祷更久。"她寻求"一
种有条不紊的圣洁的生活……以及虔诚的乐趣。"她希望能够
持之以恒，这样"我总是可以安然赴死"。[51]她祈求主"在恰
当的时候接走"她。她立志"在上帝的帮助下，今后起床的时
间不会晚于早上 7 点，而且在夏天，通常 6 点起床……我应该
在晚上 11 点前按时就寝"。[52]她下定决心不将时间用在娱乐活
动上。[53]

在玛丽·伊夫林关于如何利用时间的记录中，有这样一
种用法特别突出："of ye clock"。通过当时的日记，我们可
以发现其他同时代的人也在使用玛丽·伊夫林的这种用法。[54]
渐渐地，这种用法有所简化，一代人以后，英国作家会用
"a clock"指代某时。[55]慢慢地，"a clock"取代了"by the
clock"，最终到了 18 世纪 30 年代（或者更早），我们的现代
用法"o'clock"成了规范用法。[56]这种缩减化的处理很能说
明问题。只是逐渐地，在一些人当中（并非所有人），由钟表
和怀表指示的时间被内化，随着时间更加走入普罗大众，它成
了寻常的"o'clock"，以便用来记录世俗生活中的每一次招
呼、会面或经历。在玛丽·伊夫林之后的几代人中，像她这样
在世俗层面焦虑的人少了许多。

17 世纪晚期虔诚的圣公会信徒热诚地记录着时间，对自
己时间的利用状况进行自我监督，尽管他们的最终目标是离开

这个世界，去往天堂。永恒是不受时间影响的。这一时期的布道辞告诉玛丽·伊夫林要"思念天上的事，不要思念地上的事"，并告诫她"地上的一切事物毫无价值，而在天上……只要你能够舍弃对这个世界的爱，就能得享上帝属灵宝藏的美善与喜乐"。[57] 在这个世界上，"都是虚空，都是捕风"。[58]《圣经》中有一句话很受欢迎，来自《以弗所书》（Ephesians）第 5 章第 16 节："要爱惜光阴，因为现今的世代邪恶。"

时间的重要性与日俱增。同时代的新教徒虽然不如前辈那么虔敬，但最为坚定，他们对那些被众人认为不适合摆放时钟的公共场所嗤之以鼻。罗伯特·索思韦尔爵士（Sir Robert Southwell）在 1659 年提到普利茅斯（Plymouth）的时候说道："我从来没有在任何旅店或酒馆内看到过时钟，因为在这些地方，没有人会在意时间的宝贵，时钟的存在也会违背这一传统。"[59] 约克夏郡博物学家拉尔夫·托雷比（Ralph Thoresby）要"花上两三个小时"才能醒来，他对自己的罪过感到忧虑，"尤其是以前花了那么多宝贵的时间在毫无益处的事情上"。[60] 他也立志"珍惜更多光阴"，并决定"在钟表上设置报时提醒"。类似的是，敬虔之士也渴望迎来时间的终结："我可以反省我是如何以上帝成果丰硕的礼拜来填满［这一年］的，并在希望中欢欣鼓舞，因为时间终将走向终结。"[61] 然而，非常值得注意的是，在 1700 年之前，几乎没有日记作家对具体的小时数有所关注，他们最通常的情况是记录自己"在晚上"做事，或"在早上"工作。一代人之后，我们至少可以从日记层面上发现人们的时间意识日益增强。到了 18 世纪末，人们每天的日记内容告诉我们，那时的人们是有条件每天在固定时间准时起床的。

玛丽·里奇（Mary Rich）与伊夫林同一时代，其头衔是沃维克夫人（Lady Warwick），她是自然哲学家罗伯特·波义耳（Robert Boyle）的妹妹，她记录了自己在成年后追随上帝并从此舍弃先前闲散、虚荣生活的经历。她在那个时候开始记录时间，"赎回那些过去被浪费的光阴"，并时刻提醒自己"不要被众人迷惑，滥用自己的时间，忽视对上帝的服侍"。[62] 她过去的生活大部分都与恋爱、婚姻、子女出生相关，对时间这一实体没有表现出丝毫的兴趣，突然间，她开始变得极其看重对时间的使用，害怕虚度时光，永远保持"警惕"。沃维克夫人发现"关于永恒的思绪一直萦绕在心头，以至于我非常喜欢在荒野中独处……我不是我了"。以前她只找些"虚荣的玩伴"，但现在家中来往的尽是"神圣而恪守教规的牧师"。[63] 随着她对时间认识的转变，这位夫人说，自己已经不再畏惧死亡。[64] 其丈夫的兄长和他们的父辈去世后，她的小家庭在家族中地位不断上升，她自称对此毫不关心，也不关心财产继承的问题。当想到自己的死亡时，沃维克夫人表示"对我来说，这一点都不可怕，我也不会感到恐惧，而是非常愉悦和高兴"。[65] 虔诚的信徒对时间的严格态度并不是在为他们的世俗生活考虑——情况恰恰相反。

与沃维克夫人同时代的圣公会信徒和出身低微的艾萨克·牛顿一样，把时间想象成一个绝对的东西，一种本身就存在的实体，而不仅仅是事件或事件发生的次序。[66] 尘世的时间要求人们对死亡进行默祷，而对相对意义上的日常生活则应该尽可能地精确计算，以便更好地反映时间的持续性或绝对性。

这种理解要求人们为改革时间付出努力，改进读取时间的方式，这样可以使时间更加统一，更具普适性。甚至连牛顿本人都参与了对历法的改革，使其更加规范和统一。[67] 就像所有与牛顿的宗教信仰相关的问题那样，这些努力充满了讽刺意味。牛顿的时间定义源于他浓厚的宗教信仰，他希望通过创造物来展示造物主的无穷力量，对造物主而言，空间就像时间

56

一样，是他的"感觉中枢"，是他与创造物的联系。用牛顿在《论宇宙的系统》(*Scholium to the System of the World*)中的话说，"由于空间的每一个小部分是永久的，且持续的任一不可分的瞬是无处不在的，毫无疑义，万物的创造者和主人是无时不在的和无处不在的"。①68牛顿的追随者与牛顿本人一样，都赋予了时间真实而独立的地位，渐渐地，这些人所倡导的增强时间的普适性促进了时间的标准化，更重要的是，这使时间变得更加世俗化。

物理学家或占星学家，甚至天文学家所作的年鉴，通常会对未来进行预测，而时间仍受天体运动的控制。早期的年鉴通常有两副面孔：一方面，它们能让年鉴的主人有效地管理时间；另一方面，它还给出了基督教一直以来宣称的地球的年龄，并且对未来做出预测，使那些仍然相信种种奇幻说法的人心怀恐惧。到了1690年，年鉴的制作者还不得不承认占星术具有争议性；然后他们索性直接做出预测。69 至少到18世纪30年代，占星术士仍然活跃在伦敦——或者，我们怀疑他们的退场时间可能更晚。70 对他们及他们的忠实信徒来说，时间一点也不随意。

对时间的重新认识，对当下生活方式的重新认识，恰好与恢复国教地位后的英国圣公会的历史状况相符合。在17世纪60年代的各种布道中，圣公会的神职人员强调"人的全部责任"在于"重新连接道德与虔诚"。71 在1660年英国圣公会恢复国教地位、王朝复辟之后，教会对17世纪50年代流行的"单凭信仰"和"唯独信心"反应强烈，转而强调善功，试图重塑人们心中善行和美好生活之间的联系。约翰·伊夫林记录

---

① 引文译文参见：[英] 牛顿（著），赵振江（译），《自然哲学的数学原理》，北京：商务印书馆，2006年，第649页。

了他所听到的无数次布道，布道者在布道中抨击抽象的信仰观念，敦促会众在生活中切实践行自己的信仰。[72]沃维克夫人在为外甥和外甥女祷告时也表现出了她对此的敏感："哦，让他们不要成为善人，而是要行善。"[73]这种对实践和善行的强调导致人们强迫自己关注时间，正如我们通过伊夫林家族所看到的那样。

58

这一时期备受尊敬的精神领袖杰里米·泰勒（Jeremy Taylor）宣称，清教徒几乎毁了基督教："那些无知的传教士，认为所有的宗教都是布道，所有的布道都应该是对真理和旧统治者的控告。"[74]实际上，他想让那些虔诚的信徒相信，那些憎恨主教的人以一己之力摧毁了君主制度。为了使教会和国家恢复从前，他为精准管理时间开出了药方："要想挽回逝去的时间，唯一的方法就是进行冥想和短暂的心祷。"[75]他要求信徒审察自身："劝告自己、责备自己、反省自己、公正地评判自己……如果放纵自己的欲望，玷污了自己的良心，就会失去上帝的恩典。"[76]他敦促他的会众追求主对他们的呼召，不要懈怠，因为对于"一个忙碌的人来说，诱惑很容易随他的一系列事务一起攀上来"。[77]随之而来的便是详细的规则，包括要求人们节制饮食，过贞洁、谦卑、知足的生活，顺服上级，阅读和聆听上帝的圣言——总之，这些规则支配了人们醒着的每一分钟。每时每刻都要省察良知，并不断进行自我监督，这样才可以想象得到天堂里的永恒。[78]泰勒所倡导的东西，与开明的世俗主义毫无关系。

在泰勒布道的数十年之后，我们对宗教人士及时间的认识的最具权威性的参照（*locus classicus*）出自一个来自利兹的布料商人约瑟夫·赖德（Joseph Ryder）之手，他是一位异见人士。从18世纪30年代开始，一直到18世纪60年代，赖德留下了41卷不同凡响的日记。在这些日记当中，他对自己的世俗欲望会不会损害甚至使他失去获得上帝救恩的机会进行了长时间的思考。赖德对时间的理解——他对"时间"一词的使用——引起了我们的注意。在日记中，他留下了关于自己用钟表查看时间的诸多蛛丝马迹。在日记的开头，他就提到，自己同朋友聊了一刻钟的闲话。[79] 他还写下了他对《马太福音》（Matthew）第 8 章第 17 节的理解："如果基督与他的子民同在，就会大大减轻他的子民在时间旅途中的负累。"[80]

在赖德看来，"我的时间在上帝的手中，我向上帝祈祷，不是让他带我离开这个世界，而是让［我］远离邪恶"。[81] 他指出，当围绕"玄妙的人生的诸多事情"展开太多讨论时，时间就被"无益"地耗费了，当"尘世的各种事情占据了我们的时间"时，他感到懊悔。他还忧虑"时间上的事情"会使他不能专心于安息日（Sabbath）的义务。[82] 时间带来了烦恼和忧虑，"与时间有关的事情……占据了我的注意力"；他恳求上帝"对安息日的时间进行改善"，并认为"世俗的事务"使自己没有时间忏悔。[83] 赖德记录了自己在利兹的长老会教堂里听到的布道——可能是英国圣公会传教士做的，玛丽·伊夫林在七十年前（或更久之前）也曾认真聆听过他们的布道。赖德听到当时的布道者说："时间是短暂的……它来告诉我们如何更好地看待时间，即警惕对自己的世界过度关注。"[84] 在赖德看来（他和牛顿一样），时间是本身就存在的东西，它是绝对的，是与他相分离的。但是，这并没有让赖德考虑改革历法，即便经历了 1752 年的大改革，英国的日历上被抹掉了 11 个夏末日，他也未曾想过这件事。①[85] 当他同时代的许多人出于统一

---

① 1751 年 5 月 27 日，大不列颠王国议会颁布《1750 年历法（新式）》[Calendar (New Style) Act 1750]，规定大不列颠王国本土及其海外殖民地从 1752 年元旦开始，由儒略历改为格里历，并且为了弥补先前的误差，将 1752 年 9 月 3 日到 9 月 13 日直接抹去。

规划的考量，愉快地接受了这种变化时，赖德却在时间面前找
到了更深层次的意义。[86] 对他而言，时间只是助长了他的焦虑，
让他想要更好地敬拜上帝。

　　这种对时间的焦虑在新教思想中历史悠久，甚至可以说
在整个基督教思想当中都存在着这样的焦虑。托马斯·特纳
（Thomas Turner），一个来自萨塞克斯（Sussex）的食品杂货
商，是约瑟夫·赖德同时代的人，他相当普通，跳舞、赌博和
酗酒，对于自己的信仰可能也没有那么虔诚，却在 29 岁的生
日到来时说："愿我随着年龄的增长，善行更加完满；因为人
生的退场之日越发临近，我每天都更加憧憬往生后的幸福，对
浮生的愚顽与虚荣更加彻底地死心。"[87] 即使是 18 世纪中期的
圣公会信徒，几乎只对世俗生活感兴趣，也会想要跳出时间，
得到永恒。他们会规劝自己"抓住现在的每一分钟，当我离开
时，我可以永远过上幸福、快乐的人生"。[88]

准时

　　几十年后，个人时间的记录者才可以既精确又随意地安排
的时间，时间没有任何宗教含义，只在记录事件时发挥作用。
让我们来到几十年之后，一位日记作家的记录可以说明这一
点，他记下了他的每一天，或许已与我们现在所记的日记十分
相像。即将步入政坛的威廉·温德姆（William Windham），
从 1783 年 7 月 13 日开始，也以类似的方式记下了他的日程：

　　　9 月 27 日，大约下午两点回到牛津；28 日在咖啡馆
　　一直交谈到晚上 8 点；29 日一直待在班克斯家，直到晚
　　上 8 点；10 月 11 日，伯克先生于下午 1 点来访，打乱了
　　我的日程安排……我晚上 8 点回去……在咖啡馆待到将近
　　10 点；9 月 19 日……我在早餐之前出门散步；早上 9 点

半时回来——短暂拜访了普赖斯（Price）——12点的时候与……一同前往伍斯特学院（Worcester College）。直到吃晚饭才从天文台回来，大约一个半小时……在万灵学院（All Souls college）就餐……7点半左右醒来……翻书，思索闲事，直到上午10点左右……8点起床，下床……刮胡子，大约8点半到11点忙了一些杂事……早餐前，喝水、骑马，在10点至12点之间回家……12点半从弗罗斯特（Froster）那里收到了文章，出门……回来后，只有换衣服的时间，直到12点半睡觉。[89]

通过温德姆对时间的关注，以及围绕时间展开的生活安排，可以说是既精准又枯燥，既世俗又前卫。所有关于时间管理的布道，一旦剥离其宗教意义，就会使人陷入和温德姆一样的状况：他的时钟准确到每一分钟，并且一直处于忙碌的状态。

面对时间的世俗化这一复杂的问题，有时人们会想办法减缓自己的焦虑，关注时间与救赎之间的关系。对于英国现代早期的温和派清教徒而言，时间呈现出一种悖论，因此也是焦虑的来源。无论如何划定时间（不管通过日历、季节、节庆还是集市），人们都要留心时间；如果浪费时间，就会遭到嘲笑，而有效利用时间则会受到赞扬。[90] 虔诚的人在这个世界上的一举一动都必须被审视，以确定其是否符合德行，是否有意义，所有的行动都会对他们之后的时间产生影响。

17世纪晚期带有宗教色彩的日记和布道辞体现出一种讽刺：无论以何种方式感知，无论记录节奏多么松散——在清晨、在傍晚、在中午——时间都在一步步融入人们的生活。人们必须解决这个问题，并为其进行冥想。正如我们在沃维克夫人的自传、约瑟夫·赖德的日记以及无数新教徒的自述中所见证的那样，这是典型的新教徒灵魂的奥德赛，似乎需要在没有上帝恩典的情况下、在徒劳的追求中度过一段时日，正如一位在 18 世纪初期信奉英国圣公会的日记作家所写的那样，这段人生"充满罪过，毫无益处"。[91] 这段邪恶的时光为"讲述在我随后十至十一年的人生中，主与我争战的兴起、发展、中断、复兴和结果"提供了背景。[92] 真正重要的是灵魂在时间历程中的发展——只要叙事朝着正确的方向演进——从罪恶与虚荣中适时地得救。

从词语及其用法出发，有助于我们理解 18 世纪人们对时间的认识轨迹。大概在 18 世纪中叶之前，如果说一个人"准时"，那就意味着这个人一丝不苟、做事精准，注意每一个细节或小问题。有些人可能会将其理解为"守时是一种良好的教养"。[93] 而到了 1777 年，戏剧家谢立丹（Sheridan）在其剧作《造谣学校》（*School for Scandal*）中对一个人的时间意识进行了毫无保留的赞美，甚至将这种品质视为男性的特质："噢，夫人，守时对上流社会的女士来说是一种很不时髦的操守。"显然，"准时"——在时钟的分针转到指定的时间时，人也到达指定的地点——已经成了一种价值观。但这并不是每一个人都能做到的，而且渐渐地，宗教思想家们试图从不同的方向解决由时间引发的焦虑。

在 18 世纪后期，时间可以被视为一个学术议题，学术期刊会报道"形而上学者"有关绝对时间和相对时间的争论。时间已经在很大程度上褪去了宗教色彩，变成了生活的背景，似乎永无尽头，人类的世俗历史也以此为线索展开。可以感知时间意味着能够实际记录出生的时刻，"路易莎·哈丽雅特·雷尼森（Louisa Harriet Renison）生于 1808 年 9 月 2 日／差 20 分钟 6 点……1809 年 8 月 31 日星期四，当天差 10 分钟 2 点去世。"[94] 而记下这些时间不能为这个未满一岁的孩子的死亡带来丝毫慰藉。难怪人们对钟表产生了强烈的好奇心，尤其是那些尚未拥有钟表的人。[95]

过着完全世俗化的生活

要想理解同时代的人是如何在世俗层面生活的，需要找寻一些印刷文本之外的证据。我们需要进入一个更私人的世界。小康斯坦丁·惠更斯是英格兰国王兼尼德兰执政、奥兰治的威廉（William of Orange）的秘书，从他的日记中我们可以找到一则非常有趣的事例。日记以惠更斯从 1649 年开始的"壮游"（Grand Tour）开篇，但对我们来说，1673—1683 年以及 1688—1697 年这两个时间段的记录是最吸引人的，对在新文化模式下所发生的转变的研究也最有意义。惠更斯家族的日记（由惠更斯父子所写）未被作者出版，这些日记可以同塞缪尔·佩皮斯（Samuel Pepys）的日记作比，两者都展现出几乎无限的世俗活动，并对性事进行了详细的描述，有时还会使用暗码。[96]

小惠更斯与英国和荷兰共和国一系列政治事件中的主要参与者有着更为密切的联系。他的日记能够让人近距离观察光荣革命及英荷两方主要参与者的动态。[97] 单这一点，就可以说明这部日记有着极高的价值，但是，相关领域的学者对这部日记所展现出来的完全不尊重宗教或宗教信仰的情绪感到震惊，即使在 1688 年 11 月的紧张时刻亦是如此。尽管惠更斯在哲学和古典学方面很有造诣，但宗教从来就不是其所感兴趣的话题。他受到过良好的教育，曾在莱顿大学修读法律，拥有一座藏书量超过 5000 册的宏伟的图书馆，所藏之书多与文学、法律、哲学和科学相关。但是没有任何证据表明，惠更斯曾被自己听到或可能读到过的任何布道所打动，即便是和奥兰治的威廉一同聆听的吉尔伯特·伯内特（Gilbert Burnet）的布道——后者称荷兰的侵略行动是天意的展现，并为其辩护。在尼德兰南部的军事行动中，惠更斯经历了一场强烈的地震，虽然他在地震发生时十分害怕，但在日记中他只记录了自己对地震自然成因的兴趣，这也是他接下来所研究的主题。[98]

惠更斯的图书馆藏书丰富，在他死后，这些藏书曾被编目出售，他的藏书可以帮助我们了解一个受过良好教育、爱好广泛的平信徒的阅读兴趣。当然，惠更斯藏有巴尔萨泽·贝克的著作、各种版本的《圣经》以及关于《圣经》的解经学、语言学评著，其中里夏尔·西蒙（Richard Simon）的评著尤为引人注目。[99] 在法律和科学领域，他拥有大量藏书——事实上，17 世纪所有主要自然哲学家的著作都在这里。历史书、旅行记录、（多种语言的）诗集、寓意画集（Enblem books）、考古记录、钱币、欧洲各国旅行指南、法国戏剧集以及关于 17 世纪历史的诸多记录，尤其是有关英国的历史以及各个国王和宫廷的风流韵事（*amours*）。图书馆内还藏有大量没有作者、在科隆出版的淫秽书籍——几乎完全可以肯定，这些书是由虚构的"皮埃尔·马尔托"（Pierre Marteau）出版的，更值得一提的是，藏书中还有许多对开本、四开本、八开本、十二开本的违禁书籍，以及一些来路不明的手稿。在违禁书目中，我们找到了所有常见的违禁作者的著作：霍布斯、福斯托·索齐尼（Faustus Socinus）、斯宾诺莎，还有瓦尼尼（Vanini）、贝弗兰（Hadriaan Beverland）、索齐尼派教徒约翰·克里尔（John Crell）、托马斯·布朗（Thomas Browne）等人的作品，尤其在荷兰语文本中，还有各种抗辩派（Remonstrants）的作品，以及其他关于奥尔登巴内费尔特（Oldenbarnevelt）的生平与死亡的著作、各种与政治相关的荷兰著作集，这些著作通常也是匿名出版的。最有趣的是，在这些书中，除了阐释《新约》或《旧约》中的某一卷的著作之外，几乎找不到其他讲道文本。这似乎说明，惠更斯更愿意在阅读中获取知识或愉悦身心，而不是获得精神上的"净化"。

惠更斯身边的人，也体现出其藏书所表现出的世俗性。在宫廷中，小惠更斯可以"整夜都在说荤话"，而八卦谣言——往往是与性事有关的消息——更是家常便饭。惠更斯的日记还对阿姆斯特丹妓院进行了生动描绘，这些细节有些取自他的朋友讲给他的故事。异装癖、私生子、老鸨与皮条客、性病与强奸、"非正常"性行为（包括关于奥兰治的威廉的传言），惠更斯对这些内容都进行了大量地记述和评论。这个时代出现了全新的小说体裁——色情小说，同佩皮斯一样，惠更斯也收藏并讨论了许多色情作品。淫秽的东西生来就与世俗混为一体，随着仆人、朋友、书商、家庭成员的往来四处流传。[100]

在惠更斯家族内部，有其父必有其子，至少在有关宗教问题上是如此的。小康斯坦丁·惠更斯的儿子丁斯·惠更斯（Tiens Huygens）是莱顿大学的一名学生，他的生活状态让他的父母感到无尽的悲伤、愤怒和担忧。他酗酒，总是神志不清，最终英年早逝，小康斯坦丁·惠更斯这一支血脉也就此绝后了。在日记中，小康斯坦丁·惠更斯并没有对儿子的放荡生活和极度不幸做出任何解释。很多虔诚的信徒都会把这个儿子的命运——其去世的日期和安葬地点不详——看作这是他当得的报应，并将其过早离世归咎于他那世俗的父亲。没有证据表明，小康斯坦丁·惠更斯接受了这份罪责或是放弃了自己的世俗追求。在 18 世纪 70 年代，像惠更斯这样人还有很多。

在第二章中，我们已经提到了威廉·温德姆。他生活在伦敦，善于交际，怀有政治野心，并精心管理着自己的时间。他对时间见缝插针的利用与我们现在毫无二致。就在一个世纪以前，我们也见到了荷兰王室的近臣小康斯坦丁·惠更斯，他经历了 1689 年的光荣革命，享受着世俗的乐趣——流言、荤段子和军事活动，他从来不思考自身行动的宗教意义。这些早期现代世俗社会中的人物展现了在无限的时间和空间中、在此时此地的生活状态，并指明了在这个世界上的新的生存方式。对于伏尔泰、大卫·休谟（David Hume）、伊曼努尔·康德这样的启蒙人物，我们知之甚多，但是面对那些知名度较低的普通人，那些受过良好教育的 18 世纪的人，我们将他们描述为启蒙人士是否合适呢？他们可能不像那些伟大的哲学家，是值得并且也会被人拿来单独讨论的思想家，但是正是这些普通人，使我们看到了启蒙运动在更"普通"的生活中发挥了怎样的作用。

他们是世俗的、开明的，在利用时间与空间的方式上，与那些宗教信仰非常虔诚的同时代的人截然不同。我们需要知道在启蒙思想的影响下普通人的生活是什么样的，我们将在某种程度上随机选择事例，深入研究一些通常鲜为人知但又能展现启蒙价值观的人物故事。作为不同活动的参与者，这些男男女女展现出了一系列不同于宗教动机的利益考量。我们可以说，他们的日常生活是世俗而开明的，同时，他们对自己的宗教背景也没有过多的恶意。世俗性同宗教性一样，不仅仅是一套主义或是异端邪说；世俗性意味着在这个世界潇洒自在，很少顾虑其他。他们的生活与（我们在本书第二章专门讨论过的）生活在 18 世纪中叶的布料商人约瑟夫·赖德的生活迥然有别。

而且，他们可以出现在任何地方。路易丝·戈特舍德（Louise Gottsched）的丈夫是一位文学家，曾将法国唯物主义者爱尔维修的著作引入德意志。路易丝·戈特舍德在向一位好友写信时表示，出版于 1759 年的爱尔维修的《论精神》（De l'esprit）"展现出了一种伟大的精神，是对偏见——无论这份偏见是来自传统还是来自宗教——的挑战"。她的丈夫，哲学教授约翰·戈特舍德（Johann Gottsched），则要谨慎得多，但他对这些作品也没有敌意。而曾经在荷兰学习的德意志医生阿尔布雷希特·冯·哈勒（Albrecht von Haller）从爱尔维修的著作中嗅出了斯宾诺莎主义和唯物主义的味道，并对其进行了严厉的批判。像约翰·戈特舍德这样立场温和的人愿意将法国哲学家的著作介绍到德意志地区——他们从皮埃尔·培尔（Pierre Bayle）的著作开始，却仍然拒绝接受 1750 年以后流行的唯物主义中所蕴含的激进的世俗立场。这群来自英国、英属北美殖民地以及欧洲大陆的西方国家的文化人，为我们提供了研究的样本，我们将从那些开明而立场温和的人开始讨论。[1]

亨利·彭鲁多克·温德姆（Henry Penruddocke Wyndham）——他生于 1736 年，与威廉·温德姆并非亲戚关系——让我们得以了解受过教育的男男女女是如何汲取启蒙主义思想的。温德姆是一位绅士旅行家，在那个刚刚时兴旅游的时代，他深入威尔士，在一定程度上是因为威尔士地区被人忽略的美，而人们也总是错误地认为威尔士人是粗鲁而落后的。他没有使用更过分的"未开化的"（unenlightened）的说法。他详细介绍了来自罗马时代和诺曼征服时代的威尔士古物和教堂之美，以及为"从凡夫俗子野蛮而极具掠夺性的好奇心下"保护这些古物所付出的努力。[2]

温德姆认为古罗马人一直在传播文明；在艺术和建筑领

域，他们"通过艺术……远比通过刀剑获得的多"。罗马艺术和建筑的完整性令他激动万分，相比之下，"现代教堂中盛行的七拼八凑的建筑风格……完全入不了我的眼"。[3] 早在 20 世纪 60 年代，彼得·盖伊便将启蒙运动描述为"异教的复兴"。这种认识在温德姆对其旅行的思考中得到了体现——他在英国和欧洲大陆旅行时参观了风格迥异的天主教教堂。同天主教欧洲的其他启蒙主义思想家一样，温德姆最为看重的就是异教建筑的齐整与规律性。面对一座被地震毁坏的现代城市，只要有一丁点机会，温德姆也会像 18 世纪中叶葡萄牙的开明首相那样，将里斯本重建为一座能够反映几何秩序与设计整体性的城市。[①][4] 18 世纪中期的都灵所采用的就是这种风格。

温德姆从年轻时开始旅行，足迹遍及整个英国、爱尔兰以及欧洲大陆的大部分地区。他经常对比、讨论教堂的建筑美，但他从未说过自己会停下来做礼拜。他喜爱城堡和公馆恢弘的气势，然而在爱尔兰，他还指出了社会的不公："一方面贵族摆出比王侯更为奢侈的派头，另一方面穷人过得比狗都不如！这太可耻了，太不人道了。"[5] 本来这样的句子应该由卢梭写出。在西西里，温德姆对随处可见的骇人的贫困景象大加挞伐，街上的孩童赤身裸体，满身污垢。这种对穷人的崇高感情并不能掩饰他对平民的普遍厌恶——特别是那些拥上旅行者的马车的商贩——他称呼他们为"这个世界的牲畜"。[6]

礼貌和客气仍然是温德姆所定义的体面社会的理想范式，他一有机会就对此进行赞扬。[7] 这些品质作为迷信和野蛮的理性屏障而存在。这位信仰新教的英国游客发现法国的宗教习

---

① 庞巴尔侯爵 (Marques de Pombal) 塞巴斯蒂昂·若泽·德卡瓦略-梅洛（葡萄牙语：Sebastião José de Carvalho e Melo, Marquês de Pombal e Conde de Oeiras; 1699 年 5 月 13 日—1782 年 5 月 8 日）在 1755 年大地震后制定了里斯本的重建计划，以网格模式重新规划了街道。

俗中存在着"偶像崇拜"（idolatry），他在一间教堂中看到，"他们主要的偶像是……一个古老而丑陋的木制十字架，据说它以前能说话。信众们每天匍匐敬拜，他们都承认这一神迹的存在。"[8]温德姆总会注意到那些他所认为的落后现象。在意大利，即使死者死于天花也要打开其棺椁，这一习俗令他疾呼："这是何等的荒唐和危险啊！"在某地，他看到一幅把耶稣描绘为圣凯瑟琳（St. Catherine）的新郎的画像，认为画像处处都散发着渎神意味。[9]在英国，他认为卫斯理宗（Methodism）带来了"非常恶劣的影响"，其"呆板的讲道者"传播着"有毒的信条"。[10]对于很多认同启蒙运动的人而言，卫斯理宗及与之相类似的、富于感染力的宗教形式都是"狂热"的，虽然没有法国的先知派和"抽搐者"那么糟糕，但这种形容也充满了贬义。

随着旅途的展开，我们这位开明的绅士展现出了其在美学方面的成见，他认为古罗马人在这方面的成就要高于信仰基督教的现代人。他所展现出来的美学情感更多是古典的，而非基督教的，他从不吝于指出小教堂或主教座堂的丑陋；唯有罗马人留下的古老遗迹才能给人启迪。也就是说，温德姆的启蒙倾向使他认为新教的教堂建筑要比天主教的更美。[11]人们在使用"现代"一词时往往带着正面的含义，呈几何形状布局的城市也会被认为是赏心悦目的。在旅途中，温德姆也表现出了对科学的兴趣，他会谈论用于测量冷热的温度计，或是某所大学的声誉因为科研水平的下降而被败坏了（如他对莱顿大学的评价）。[12]公共图书馆的建立，为预防天花而进行的早期接种实践，都得到了温德姆的特别赞扬。

温德姆可以说是温和的启蒙主义者的代表，他对唯物主义和无神论没有表现出什么兴趣。很多人都是如此，他们寻求的是一种远离新教预定论或天主教宗教裁判所（Catholic

Inquisition）的严肃的美。正如我们所看到的，异域风土为阐述以前从未想象过的东西提供了可能；这还让人回想起那本声称南国人兼具男女两性特质的小册子。有很多这样的启蒙运动者，他们就像那位游历广泛、写下《特里梅德》（*Teliamed*）的法国人那样，想彻底修正地球的年龄。由于有时候我们不知道他们的确切身份，我们可以认为这些匿名作者便是某些受过启蒙主义思想熏陶的普通人。

这些匿名作者在 18 世纪中叶试图明晰一种自我管理的中间路线（*via media*），从而实现在社会中的幸福生活。顺便一提，伯努瓦·德·马耶的《特里梅德》可能为《印度哲人》（*Le Philosophe Indien*）一书带来了启发；这两本书都据称是出自一位印度哲学家之手。[13] 这是一种常见的启蒙时期的写作手法。《人类生活的经济学：翻译自一份印度手稿，作者为一位古代的婆罗门》（*The Oeconomy of Human Life: Translated from an Indian Manuscript, written by an Ancient Bramin*）——其法语书名就是《印度哲人》——的实际作者被普遍认为是英国出版商和诗人罗伯特·多兹利（Robert Dodsley）。他在伦敦过着隐秘的生活，声称自己从古代的婆罗门那里学习了哲学和宗教方面的知识，并曾经到中国游历。

在欧洲大陆，人们认为《人类生活的经济学》法语版作者是英国贵族切斯特菲尔德勋爵（Lord Chesterfield），该书在一系列秘密著作中占有一席之地，这些作品从唯物主义中受到启发——可以上溯至 18 世纪 40 年代。该书倡导的是一种完全意义上的自然宗教，尽管它旨在通过有神论的观点引导人们在社会中过上幸福的生活。该书还声称其作者是古代的婆罗门，而非当代的英国人。德意志的异端搜捕人员追踪了该书的各种译本，并将其与其他展现自由思想的文本归为一类。[14]

"印度哲学家"的有神论中含有斯宾诺莎主义的成分；他

称颂上帝的智慧，指出："他降下的奇迹是他用自己的双手打造的。请听听他的声音。"[15] 上帝由此被赋予了人格，"主是公正的；他以公平和公正审判世界……无论长幼，无论贤愚……都参照他们的品行被公平对待"。[16] 这并非唯物主义者的上帝，也不能被三大一神论宗教① 中的任何一个所认同。在翻阅过多个版本、译本，各种印刷本、手抄本——包括德语译本、匈牙利语译本、威尔士语译本等版本——之后，我们无法将任何文本与启蒙运动联系起来。在 18 世纪，该书出现了 200 个版本，1800 年以后，又有了 100 个新的版本。[17] 我们可以把《人类生活的经济学》中的情感描述为开明的宗教之"光"，它与物理神学相近，但实际上与有神论相去甚远。该书旨在为美好的世俗生活提供一份指南。

这位婆罗门哲学家主要为懒惰、嫉妒、说大话、嘲弄别人所带来的危害开出了药方，当然最重要的是，面对"命运的恶意"，要怀有无畏之心。[18] 该书所展现的基本道德准则深受具有共和主义倾向的新斯多葛主义（neo-stoical）的影响：它对奢侈浪费、动怒与纵欲进行了批判。这些美德同样也适用于妇女，尽管她们首先被视为家庭的守护者和丈夫的慰藉。这位匿名作者所鼓吹的信条建立在世俗生活及约束个人的世俗追求之上。他或者她可以拥有宗教信仰，而不需要教士、教会、讲道或圣约书。对于这样的读物，像温德姆这样的人也可以愉快地阅读，而不会感到不快。

作为新的自然宗教的假定创始人，多兹利匿名出版了保罗·怀特海德（Paul Whitehead）的一本著作，从此开启了自己的职业生涯。《风俗：一部讽刺诗》（*The Manners, A Satire*）公然批判英国宫廷，通篇洋溢着共和主义情感，高呼"拥有三

---

① 这里指的是犹太教、基督教和伊斯兰教。

重快乐的爱国者，没有宫廷可以贬低他们的价值，没有什一税压榨他们，没有哪颗星辰可以令他们失色。"① 就是因为这一著作，多兹利被抓捕入狱，后来多亏一位颇有影响力的朋友才得以获救。多兹利后来几乎出版了所有著名作家的作品，从塞缪尔·约翰逊（Samuel Johnson）到埃德蒙·伯克（Edmund Burke），更不用说他还成了伏尔泰在英国的出版商。尽管他对宗教的看法难以确定，但是人们似乎最愿意将他看作自然神论者。[19] 有一次他给朋友写信，谈到他即将参加的洗礼，他表示，这"既严肃又愚蠢"。[20] 正如我们在研究诸如皮卡尔和贝尔纳等荷兰出版商和作家时所看到的那样，追求美好的生活，并不意味着要把精神上的启蒙主义偏好排除在外。[21]

并非只有多兹利这样的纯理论型哲学家对新鲜事物和异国情调持开放态度。旅行家，甚至是为帝国服务的水手也是如此，到 18 世纪中叶，他们可以在他人身上认识到一种共同的人性——例如欧洲人在格雷岛（isle of Goree）遇到的非洲人，这座西非的小岛是最早的奴隶贸易据点之一。塞缪尔·迪金森（Samuel Dickenson）是英国"敦刻尔克号"（the Dunkirk）的随船牧师，在谈及非洲人时他这样写道："关于他们的行为举止，在我看来，［他们］是安静、没有攻击性、好脾气的人。我在其中一些人的身上感受到了极大的感激之情，我认为，他们的好感很少像欧洲人那样需要通过亲切和节制的表现来赢得；因此，如果欧洲人不能和他们和平相处，那就是欧洲人的错。"迪金森知道那些对"黑人"（the Negroes）的

73

---

① 这里的"爱国者"（Patriots）指的是英国第一任首相罗伯特·沃波尔（Robert Walpole）的政敌，他们自诩为"爱国者"，认为沃波尔太过讨好法国和乔治二世的汉诺威宫廷的做法不够"爱国"。这种论调在 18 世纪 30 年代颇有市场，当时沃波尔竭力避免英国参与西班牙王位继承战争，而国内的反对者们普遍认为这是一种不爱国的行为。

固有偏见，因此他寻求了一种自然主义的解释："据说，他们和其他黑人一样，非常懒惰，但是这可能是因为他们的欲求很少，而且这里的每个家庭都可以轻易地获得所有生活必需品，这使他们不用付出太多的艰辛，在如此闷热的气候下，这本身就是一种特殊的福气。"[22]

作为一名虔诚的基督徒，这位开明的牧师将岛上男男女女的劳动同欧洲妇女的劳动进行了比较。他认为，相比之下非洲人只缺少两种特质。"增加基督教知识，以驱逐迷信，提升道德水平，用幸福和荣耀的光明前景让他们充满希望"；以及一套良好的政府系统，"以限制君主的权力，这样可以使他们摆脱其专制与暴政"。[23] 尽管当地一夫多妻制盛行，但迪金森却称岛上的妇女"品格出众"，对她们的丈夫十分忠诚。

迪金森对当地的风俗习惯、职业、食品供给、谷物和酒的种类、树木、植物及动物等方面进行了调查，使他可以将自己在戈里岛看到的相对繁荣的状况同在爱尔兰目睹的极度贫困对照起来。[24] 在整个 18 世纪，英国人都保有到王国其他地区寻求进步的习惯。苏格兰总是吸引着他们，英国旅行者走过了一座又一座城镇，一个又一个郡，在商业和制造业寻找机会。无一例外，这些都象征着活力和进步。[25]

最令 18 世纪的欧洲人感到困惑的是：如何解释欧洲内外的相对贫穷或富裕？如此巨大的差异要求人们仔细地去研究，所有试图探究这些问题的人——从我们谈到的随船牧师，到亚当·斯密和苏格兰的哲学家们——都开始花时间进行科学观察。迪金森详细描述了他在非洲看到的动植物："塞内加尔佛法僧（Coracias Senegala）是一种奇特的候鸟……会在特定的季节来到这个国家：它是松鸦的一种"，同时，他还引用了威廉·丹皮尔（William Dampier）和米歇尔·阿丹森（Michel Adanson）等旅行家的作品。他在造访法国时也采用了同样的方法，提到了"在里昂观察到的植物"，等等。同温德姆一样，这位遍游四方的牧师鄙视罗马天主教的各种成规，而沉醉于法国南部城市尼姆（Nîmes）的罗马遗迹。他感叹道："古代辉煌的遗迹所受到的时间的侵蚀更多……其设计上的简朴、宏伟与和谐令每一位到访者肃然起敬。"[26]古代遗迹带来的喜悦之情与对科学的执着追求相辅相成，教育也不仅关注神学，还关注博物学、植物学和机械学。

在国外，这些开明的旅行家很容易就会认定当地的居民是劣等的。就像苏格兰的哲学家们将人类的变革与发展划分为不同阶段一样，这位随船牧师也以仁慈的眼光展开了他的观察与分类。正如他为非洲人辩护一样，迪金森也赞扬了法国人的仁慈与慷慨，因为"他们的民族性格常常被人误解"。[27]在与外国人打交道时，我们开明的旅行家展现了一种世界主义的倾向，一种接受和欣赏不同之处的意愿，就迪金森而言，他认为法国南部给予了人们来自"令人愉悦的应许之地（land of Promise）的祝福"。他甚至称赞自己遇到的土耳其人："他们非常干净整洁……虽然很懒，但勇敢、诚实。"[28]

在一个重视启蒙教育并对科学追求持开放态度的家庭中，任何年轻人都会想要去探索知识。理查德·洛威尔·埃奇沃思（Richard Lovell Edgeworth，1744-1817）所接受的就是这样的教育，他的女儿玛丽亚（Maria）也成了19世纪上半叶的著名小说家。在一本回忆录（由玛丽亚为他完成）中，他讲述了自己小时候在母亲的教导下对学习的执着。埃奇沃思是英国的首批工业家之一，尽管他坐拥土地财富，没有必要靠工业谋生。而他与那代工业家的共同特点是对科学充满热情，在机械和发明创造的领域尤为如此，而这一点是受到了他的母亲的鼓励。[29]

埃奇沃思家族为自己对爱尔兰人的宽容态度感到自豪——

他们对自己作为新教地主而享有的特权地位没有感到丝毫不适。他们寻求对自身和自身所属阶级有利的改良。除了各种科学出版物之外，理查德·埃奇沃思还留下了一系列珍贵的讲稿笔记，这些都是他于18世纪90年代在爱丁堡做研究时留下的。爱丁堡大学通常是抱负满怀的工业家庭的首选，这些笔记清楚地表明了当时科学讲座的先进水平，其中还包括对蒸汽机的展示。[30]它们为我们提供了一个了解爱丁堡启蒙主义运动的窗口。

事实上，在动荡的18世纪90年代，爱丁堡和格拉斯哥的大学几乎处处弥漫着启蒙主义的气息。对17世纪中叶英国革命的处置结果表明，引发这场动乱的不是清教徒或议会（Parliament），而是国王。政府依靠和人民缔结的社会契约建立，而且显然，它也能被同一批人或者他们的后一代人推翻。学生们或者沉湎于色情作品，或者成了法国大革命的热情支持者——一些来自如瓦特家族等主要工业家庭的子女则在这类社团里充当先锋或核心人物。在爱丁堡，他们就与威廉·华兹华斯（William Wordsworth）、柯勒律治、罗伯特·骚塞（Robert Southey）等青年诗人——这些人后来被称为英国浪漫主义者（English Romantics）——联合起来，共同支持启蒙主义下的法国政治运动。

在激进时期，这些心怀抱负的诗人和政治家在对奴隶制的憎恶、对共和政体甚至民主政体的偏爱以及对有组织的宗教活动的彻底鄙视等方面，与18世纪中期的法国唯物主义哲学家不分伯仲。他们体现出——通过他们的一举一动、一呼一吸——世俗的冲力。他们追寻着他们的教授的步伐。从18世纪50—90年代，约翰·安德森（John Anderson，于1796年去世）从一位格拉斯哥的教职员工逐渐成长为一名法国大革命的热诚支持者。[31]他在他的自然法学课上讲授了大量颠覆性的理念——格雷戈里·瓦特（Gregory Watt）也在听课的人当中——

他称"长子继承制度是一个荒谬又邪恶的制度……一个人有责任平等地供养他所有的子女"。[32] 这些对既定社会秩序的攻击不应被简单地视为一时的戏言;安德森与启蒙运动一样都有着远大的前途。

安德森以近乎诗意的笔调展开了其道德哲学论述:"人的主要特征在于具备提升智力的能力……其所能提升的程度是无限的,只会随着他生命的终结而告终。人可以将自己获取的知识传给他的后代,这样人类就可以不断积累知识……至高无上的存在乐于赋予某些人非同寻常的力量,以便他们能够指导他人。"知识的增进无处不在,在物理学和化学方面尤为明显。[33] 即使是下层阶级也成了进步的受益者:"机器的适当应用可以大大减轻劳动负担。同样地,比起人力,机器可以达到更高的精准度。人类借助机器,可以克服原本无法克服的障碍……完成不可能完成的事情。"[34] 接着,他继续对现代性进行赞美:"对机械学再怎么称赞都不为过,因为它〔已〕相当完美,乍一看我们还以为它什么也做不到……机械学对人类的帮助是难以置信的。"[35] 在 18 世纪 90 年代及以前的格拉斯哥,像格雷戈里·瓦特这样的年轻人可以加入与政治激进主义相融合的启蒙运动,并与政治、经济的进步热情拥抱。

按照苏格兰启蒙运动(Scottish Enlightenment)的相关准则,对历史的叙述是阶段性的,其最后阶段是现代商业社会。[36] 但是相对于标准的说法,安德森的讲座提供了一种不一样的答案:"商业与制造业的进步在这一时期变得非常迅速。"只要有可能,安德森关于历史阶段的讲座就会将制造业和商业作为现代政治发展的一个关键部分来论述:"技术与制造业得到改进的结果就是财富的大量增加……由此制造业促进了大城镇的诞生。在粗鲁的国家,这种情形是不存在的。"[37] 制造业创造了奢侈品,反过来又刺激了工业的发展。来自工业家庭的学生兴致高昂。他们对某些历史学家所说的"工业启蒙"（Industrial Enlightenment）已经颇为熟悉了。[38]

欧洲大陆的生活

英国与欧洲大陆的不同之处在于工业基础的发展程度，在瓦特和埃奇沃思生活的年代，英国的工业基础水平超过了西欧的任何国家。在社会和政治实践方面，情况则更为复杂。在法国、伊比利亚半岛、奥地利帝国和其他德语地区，专制政府和君主制政府势力庞大。荷兰共和国是一个特例。它的繁荣程度与英国相仿，在 18 世纪的大部分时间里，其地方政府机构都占据了主导地位，直到 1795 年法国入侵时才被中断。尽管与英国相比，荷兰更倾向于寡头政治，但荷兰社会（尤其是在 1750 年以前的那段时期）展现出了惊人且激进的世俗性。我们可以从小康斯坦丁·惠更斯的日记中找到相关证据，但鉴于他拥有较高的社会地位，我们可能会倾向于将他的世俗化归因于其出身显赫，享有特权。

但我们很难对荷兰自由思想家伊莎贝拉·德穆尔洛斯（Isabella de Moerloose）产生这样的误判。伊莎贝拉可能出生于 1661 年（这一时间无法确定），但是我们知道她出生于根特（Ghent），曾是一名天主教徒，最终嫁给了一名泽兰（Zeeland）的新教牧师。她与小康斯坦丁·惠更斯是同时代人。她还有高度的文化修养，能用法语写信。这一点与她嫁给一位牧师一样，使她有别于她的平民邻居。她最终因异端罪和精神问题遭到监禁，这使她的社会地位一落千丈。

在发疯之前，伊莎贝拉出版了一本超过 600 页的自传，明确地表示出自己对天主教神职人员的失望，事实上她对有组织的宗教制度大多不屑一顾，而且愿意坦率地谈论关于性的话题——从月经、体外射精到口交无所不包。[39] 这部罕见的作品给她带来了极大的麻烦，尽管这已经不是她第一次与虔信者的监管机构交手了。后来的荷兰自由思想家将她认定为自己的同路人（她可能死于 1712 年），并将她与瓦尼尼、各种斯宾诺莎主义学家（Spinozist）以及约翰·托兰德放在同一行列。[40]

她的地位是怎样被抬升至这一高度的，我们并不知道，我们不知道她读过什么书，也不知道她与谁讨论过她的想法。但她的牧师丈夫在 1692 年去世之前应该知道当时的宗教争端，也清楚像巴尔萨泽·贝克这样的改革者为禁绝恶魔和女巫的信仰所做的努力。显然伊莎贝拉也知道这些信仰，甚至接纳了它们，而她的母亲则认为女儿可能已经被迷惑了。17 世纪 90年代，伊莎贝拉在阿姆斯特丹附近开办了一间学校，当地神职人员发现她教授的内容"非常渎神，非常可憎"。她被戴上镣铐，以异端罪的名义被押入当地的监狱——斯宾胡斯（*het Spinhuis*）。她被一直关押在这里，直到罹患精神病被转入另一所监狱。1712 年，伊莎贝拉时年 50 岁，她从现存的档案中消失了。[41]

在这一时期，很少有荷兰人的自传能被留存下来，而且没有一部自传像伊莎贝拉的自传那样在个人信仰或性行为上那么富有启发性。如果我们利用目前对其他"未知"异端的了解，我们可以推测，伊莎贝拉之所以会形成这样的信仰，一部分源于当时在荷兰可以听到和读到的东西，另一部分则来自传统信仰中的异教信仰与神职人员希望信徒所信的东西之间发生的冲突。伊莎贝拉的与众不同之处在于她有勇气传播自己的观点，也不看重教会与国家的权威。在这一立场上，她同荷兰的其他异端人士非常相近，这些人大多是些斯宾诺莎主义者。

不过，不论伊莎贝拉的思想多么异端，把她描述成一位宗教思想家可能是最为贴切的。她曾经动过当修女的念头，后来又脱离了天主教会。在她生活过的每一座城镇，她都引得神职

80

人员不满，与他们争论《圣经》里的内容，而且常常公开表示自己对他们的蔑视。而后来那些我们更为熟悉的启蒙思想家，无论是大名鼎鼎的，还是稍逊一筹的，都会重现当年伊莎贝拉的人生历程。伊莎贝拉将自己的自传称作了解自我的途径以及为其他女性而写的指南（尤其是在性的问题上）。她是一名不幸落入宗教当局手中的探索者。

我们有充足的理由认为，在同一时期，荷兰的宗教论争状况要比英国激烈得多。伦敦的《旁观者》于 1711 年发行，其笔调轻松活泼，喜欢谈论八卦消息。不到十年后，其在欧洲大陆最早的效仿者之一《小事报》（*La Bagatelle*）在 1718 年创刊，它由荷兰记者尤斯图斯·范埃芬（Justus van Effen）用法语撰写。其开放性的内容既确保了杂志的可信度，也不会给观点贴上正统或异端的标签。只有"传播福音的牧师"才会到处贴标签，他们被他们的"集体狂热"欺骗了。《小事报》在序言中对宗教真理的本质发表了一番枯燥却翔实的感言，这也从侧面表明这是一个多么折磨人的话题。

18 世纪 30 年代，尤斯图斯·范埃芬发现道德败坏的现象随处可见，他逐渐转向保守。事实上，在这十年中，人们对各种事物的怀疑程度愈发深切。在这一时期，男性会因同性恋遭到指控，也是在这十年间，由于木质大坝遭到虫子的啃食，荷兰面临着被海水淹没的危险。更加雪上加霜的是，有迹象表明荷兰的经济正走向衰落。人们对世俗进步产生了悲观情绪，这种情绪部分是由宗教当局酝酿出来的。

在整个 18 世纪上半叶，荷兰归正会认为自己被各种异端分子所包围，当然这些异端分子都是反三位一体论（anti-Trinitarianism）的，其中也有斯宾诺莎的追随者。荷兰归正会甚至还认为新教虔信派教徒汲取了斯宾诺莎主义的思想。[42] 毫无疑问的是，一种对斯宾诺莎的解读方式——他在寻求与上帝合二为一——在整个 18 世纪的启蒙主义的各种圈子中普遍存在。我们可能会惊讶地发现，在欧洲启蒙运动当中，荷兰的贡献相对较少，但是比起 18 世纪上半叶的情况，这一看法在 18 世纪下半叶更能站得住脚。

　　18 世纪上半叶，荷兰是英国以外最早接受和教授牛顿的科学学说的地方之一。以威廉·雅各布·斯格拉维桑德（Willem Jacob s'Gravesande）为首的牛顿学说在荷兰的追随者们并没有在国内培养出他们自己的牛顿。在 18 世纪下半叶，荷兰的科学在很大程度上仍然是由其他国家的研究衍生而来的，但是它在性别议题上则是包容的。据我们所知，欧洲第一家妇女科学协会于 18 世纪 80 年代在泽兰创立。该协会持续活跃了近一百年。[43]①

　　荷兰共和国在 1747 年至 1748 年间经历了革命，其领导人之一是让·鲁塞·德梅西（Jean Rousset de Missy），他是一位启蒙思想家，自称泛神论者、共济会成员。他和他的追随者要求建立一个英国式的政府，将更大的权力赋予中央政府，而不是地方寡头。鲁塞后来因此被迫流亡。人们要求改革、终结寡头统治的呼声被压制了下去。又过了一代人的时间，共和国逐渐走向衰落，这一地方性问题才得到解决。18 世纪 80 年代，南、北尼德兰一齐引领欧洲进入了一个民主革命的时代。在 1789 年巴黎爆发大革命之前，布鲁塞尔和阿姆斯特丹都爆发了革命。② 普鲁士的保守势力发起干预，阻止了阿姆斯特丹的革命政变，但是到了 1795 年，法国的革命军队先是占领了

---

①　这个协会指的是"妇女自然知识学会"（荷兰语：Natuurkundig Genootschap der Dames），其存在时间为 1785—1887 年。

②　这两场革命分别指的是在布鲁塞尔爆发的布拉班特革命（法语：Révolution brabançonne；荷兰语：Brabantse Omwenteling，1789—1790）以及在阿姆斯特丹爆发的爱国者运动（荷兰语：Patriottentijd，1780—1787）。

布鲁塞尔，然后攻下了阿姆斯特丹，将民主带到了低地国家的南部和北部。

然而，荷兰人持续向全球拓展的脚步，经历了一个先扩张后衰退的过程，尤其是在与英国和法国竞争的地区。英法两国的势力都向东延伸到了奥斯曼帝国和印度，同时还收获了北美的殖民地。[44] 在那里，荷兰人逐渐退场，英国人和法国人则固守其在北美的殖民地，而南美的大部分土地则由西班牙人把控。

西班牙人在拉丁美洲波澜壮阔的征服史也使他们参与到了全球探索和地图绘制的事业之中。通过已出版的西班牙旅行者的日记，我们可以了解到，在他们与当地土著接触的过程中开明的价值观念对当地的渗透，或是在当地的缺失。很明显，对科学的重视也渗透到了西班牙帝国主义扩张的事业中；一切都需要被测绘、观察与阐释。[45] 似乎没有任何边界是不可逾越的。西班牙的旅行者向政府汇报了加利福尼亚和路易斯安那地区的情况——以及现代化的需要。秘鲁和智利以及欧洲的大部分地区都被他们仔细地考察过。[46] 总体而言，西班牙旅行文学与由其他语种写成的大量文学作品联系很少，但是都洋溢着一种求知的欲望，不理解这种好奇心就无法理解启蒙运动。

俄国旅行者也怀有类似的好奇心，对他们而言，外国虚构作品提供了一种情感表达的框架。小说便是这类表达的模板，从卢梭的《新爱洛依丝》（*La Nouvelle Héloïse*）到歌德的《少年维特之烦恼》（*Sorrows of Young Werther*），通过这些作品，俄国读者感到自己与一种普世的西式情感联系到了一起。[47] 共济会会员在旅行途中也可能将新思想从西方传播到东方。

一位几乎默默无闻的年轻路德派神学家也有着这样一颗好奇心，他讲德语，在拉脱维亚的港口城市里加（Riga）的一所

学校担任教师和图书馆管理员。将伟大的约翰·赫尔德与一位
不为人知的旅行者或异端分子联系在一起，似乎有些古怪，而
且当我们阅读他写于1769年的旅行日记（赫尔德在世时未曾
出版）时，我们几乎很难意识到他后来会成为一位杰出的思想
家。我们看到的是，一个已经对启蒙运动中的主要作家了如指
掌的年轻人，渴望在启蒙的改革浪潮中找到一席之地。赫尔德
曾在哥尼斯堡大学随哲学家康德学习，深知自然哲学和数学的
重要性。他怀着对新事物的极大热情，操着不太熟练的法语，
启程前往了法国。

　　和我们在本章中讨论的其他许多欧洲旅行者一样，赫
尔德也表现出对古希腊人、古罗马人及其文明的热情。赫
尔德对旅行的沉思折射出他对所有古代文明的共同感情——
这种情感不带有任何偏见。面对库尔兰公国（Duchy of
Courland）①的"贫乏"——一片离里加不远的"道德与文学
的荒漠"，赫尔德主张对其进行全面改革。这个地方需要一
座图书馆；当地的贵族需要共济会；而整个地区可以通过他
来指导教育。当地还需购入一些科学仪器。一旦库尔兰接受
了启蒙思想，其文化便会传播至匈牙利、波兰和俄国；"乌克
兰将会变成一个新的希腊。"赫尔德相信，孟德斯鸠、卢梭、
休谟和马布利（Mably）的世纪甚至可以推动俄国进行改革。
除了俄国人，没有其他人可以为他们做到这一点；"是时候轮
到俄国采取行动了。"[48]

　　比起我们已经讨论过的旅行者和探索者，赫尔德更能让我
们看清这一时期那些具有煽动性的思想家所掀起的思想斗争。
显然，他对他们十分熟悉，他对自由探索的献身精神是真诚
的，他对宗教狂热的恐惧是深重的。他发现，宗教狂热助长了

---

　　①　全称为"库尔兰和瑟米加利亚公国"（德语：Herzogtum Kurland und Semgallen）。

84 一种要将图书馆和印刷厂付之一炬的情绪。[49] 但是启蒙思想家们也没有得到赫尔德的完全认可。他有时会说，这些人因为撰写百科全书、编纂词典而降低了身份，法国文学最好的时代已经一去不复返了。虽然赫尔德在其他方面对孟德斯鸠赞不绝口，但他还是认为孟德斯鸠陷入了伪哲学，堆砌出一个又一个似乎最终会自相矛盾的例证。最终，赫尔德希望德意志哲学和文学能够达到法国人的标准——尽管这套标准还没有那么完善。[50]

赫尔德对古代和当代文明的思考表明，他并不认同欧洲的优越性，而是愿意认为所有民族都有智力创造的能力。在开明的旅行者中，甚至在赫尔德身上，都能找到一种开放的心态和好奇心，这种心态逐渐促成了人类学的诞生，也进一步成就了18世纪最后二十五年的德意志及荷兰共和国诸多地方日益强烈的改革意愿。[51]

18世纪末的改革运动最终屈服于法国大革命释放出的怒火。在18世纪90年代，英吉利海峡两岸的任何人都无法躲过这场革命带来的影响。赫尔德直到19世纪才去世，我们发现，他年轻时便投身于开明的价值观与实践，与他对法国大革命的精神理念的认同是一脉相承的。在法国大革命爆发之后，赫尔德对共济会和国家进行了深入思考，他回到了其在1769年旅行日记中曾简要提过的主题，即他希望库尔兰的贵族能够通过加入共济会走向文明开化。

1778年，赫尔德的同时代人、共济会成员戈特霍尔德·莱辛发表了一篇有关共济会的对谈，实际上成了一种对具体行动的召唤。《恩斯特与法尔克》（*Ernst und Falk*）呼吁共
85 济会会所致力于世俗改革，莱辛认为，许多会所已经堕落。1793年，赫尔德在开始自己对共济会的思考的同时，也强调了世俗行动的重要性，"虽然他们做了……这世上可能有的一

切善事"。赫尔德本人就是一名共济会会员。他从法尔克提出的问题讲起：是人为国家而生，还是国家为人而生？接着，他像法尔克一样，注意到了国家给人与人之间带来的所有分歧。最后，他呼吁结成一个由全世界所有有思想的人构成的社会。52①

赫尔德对世界主义和乌托邦式的秩序的拥护，是共济会语言被用于推进市民社会的一种充满活力的形式的理想的另一个例子。这种秩序也完全符合 1700 年之前的世俗冲力的逻辑，它促进了人们对市民社会与国家的关注。在法国大革命之后——极右派将这场革命归咎于启蒙思想家和共济会——赫尔德在共济会中看到了一条通往渐进式改革的世俗之路。莱辛把德意志地区的共济会会所视为可以实现新的民主理想的地方，很多人跟他有着同样的想法。53

欧洲大陆的男性可以在上流社会的共济会会所里相互结识，而女性则可以到这里参观、阅读。对于那些思想开始转向这个时代崭新的进步理念的人而言，对英语文本的热爱——只要他们具备将英语作为第二语言阅读的能力——打开了另一个世界的大门，其效果好比旅行为赫尔德带来的影响。

1711 年 6 月，《旁观者》日报首先在伦敦问世，它只发行了 18 个月，致力于对时事政治进行评论和道德说教，刊登小道消息或俏皮话。它明确地迎合了女性读者群体，包括受过教育、懂英语的法国女性。路易丝-苏珊娜·屈尔绍（Louise-Suzanne Curchod，生于 1737 年）是法国著名财政大臣雅克·内克尔（Jacques Necker）的妻子、同样著名的斯达尔夫人

---

① 引文译文参见：《关于一个不可见的可见社会的谈话》，[德] 戈特霍尔德·埃夫莱姆·莱辛（著），朱雁冰（译），《论人类的教育》，北京：华夏出版社，2008 年，第 214 页。

86 （Madame de Staël，生于 1766 年）的母亲，她喜欢阅读《旁观者》后期的作品。《旁观者》启发了她创办自己刊物的想法，用她自己的话讲，这份刊物将涵盖各种主题，包括文学评论（首先评论的就是伏尔泰已出版的书信集）。

苏珊娜·内克尔希望创办一种"内在的旁观者"，一面外部世界的内部镜子，一份记录"一切有用之物的"登记簿，"……〔它将是〕我们的情感、感恩、财富、健康与幸福的编年史"。除了《圣经》，这份刊物将会使其他一切道德指南变得多余；它为人们提供了一种省察自身的方式。内克尔夫人是一位新教徒，她通过内在的自我省察和对世界的探究完成了自我启蒙。然而，她是一名有神论者，尽管在她那个时代唯物主义才是沙龙中的流行话题，但她从未参与。[54]

赫尔德云游四方；内克尔夫人用英法双语阅读。两个人都找到了当时知识创新的相关路径。内克尔夫人崇拜伏尔泰，她提议让乌东（Houdon）为伏尔泰制作雕像。这件完成于 1778 年的半身像后来举世闻名，现藏于纽约的大都会博物馆。[55] 赫尔德——正如我们所知道的那样——与孟德斯鸠神交已久。两人都用启蒙精神阐释了法国大革命的意义，但是又都与巴黎保持着安全距离。

一些既没有参与巴黎的沙龙生活也没有参与共济会的男男女女，发现自己正处于革命的热潮之中，于是他们积极迎接革命带来的机遇与挑战。克里奥尔诗人埃瓦里斯特·帕尔尼（Évariste Parny）1753 年出生于法属加勒比海上的波旁岛（Island of Bourbon），但他在巴黎接受了教育，这使得他在支持世俗化和反对教权方面态度激进。伏尔泰对此十分赞赏，这也令他在同代人当中声名鹊起。

帕尔尼的艳情诗发表于 1778 年，并立即大获成功。[56] 这首诗以波旁岛为背景，讲述了对一名女子温柔而强烈的爱，以

及父辈对二人婚事的反对。帕尔尼有一位暴虐的父亲，可能是 87
因为这段经历，他公开对美国独立战争中的革命英雄表示支
持。也可能是因为帕尔尼当年曾经见过本杰明·富兰克林——
他也是巴黎九姐妹会所（the Lodge of the Nine Sisters）的
成员——他对美国独立战争产生了同情心。帕尔尼于 1776 年
或 1777 年加入了九姐妹会所，富兰克林于 1779 年被任命为
"可敬的会长"（Venerable Master）。在帕尔尼看来，美国人
就是"阿尔比恩（Albion）的英雄"，这些人引领了自由的诞
生。这些人是在欧洲君主"无情的暴政"下这样做的。帕尔尼
一生都反对奴隶制，他在父亲位于加勒比海的庄园中亲眼见识
了奴隶制的残酷。[57]

帕尔尼显然受到了反对暴政的革命的鼓舞，但是在法国大
革命期间，他还是保持了低调的政治姿态。在谈及自己对宗教
的看法时，他毫不避讳。帕尔尼的《诸神之战》（*La Guerre
des Dieux*）发表于 1799 年，这是一部反基督教诗作，本来
根本不可能在旧制度下顺利出版。当时拿破仑正试图与罗马教
宗签订协约，尽管他显然对帕尔尼怀有敌意，但帕尔尼还是谋
得了生路，被选为著名的法兰西学会（Institute of France）
的成员。在 19 世纪大部分时间里，他都没有什么名气。到
了 20 世纪，他成了一个"不为人知的名人"（*un illustre
inconnu*），直到今天——这与赫尔德的情况完全相反。

1817 年，天主教会将《诸神之战》列入"禁书目录"
（the Index of Forbidden Books），并且在很大程度上将其禁
绝到了 19 世纪 40 年代。"禁书目录"直到 20 世纪 60 年代才
被废除。在俄国，帕尔尼的影响要大得多，而直到 1970 年，
列宁格勒才出版了《诸神之战》的俄译本。帕尔尼的一些诗歌
也被赫尔德翻译成了德语，在 20 世纪，他的部分诗歌被拉威
尔（Ravel）谱上了曲。

88   诗中所谓的"战争"是异教与基督教神灵之间的战争。帕尔尼将耶稣描述为"这个可怜的魔鬼，鸽子之子"（要知道，圣灵最常见的象征物是鸽子），和他一同出现的是异教神灵中的重要人物墨丘利（Mercury）。[58] 与圣母玛利亚一同出现的还有"年幼的小豹"（Jeune Panther）、"我心爱的对象"以及一位在《塔木德》（*Talmudic*）传说故事中被认为是耶稣的生父的人物。[59] 所有的人都唱歌跳舞，尽情地吃喝、交谈，圣母玛利亚的声音就像圣父、基督和圣灵的一样。这是异教徒的自然主义，带有报复的色彩，当时的人也承认这一点。

在 18 世纪这些微弱的声音中，有许多在我们今天看来仍是相对陌生的。在某些情况下，我们可以通过那些未公开发表的手稿去认识发出这些声音的人。他们在说这些话的时候，并没有假定自己是这场将改变西方对各种议题的认识的思想运动的先锋人物。因此，这些声音显得更为珍贵，因为它们让我们认识到，在这样一个世界民族被发现、宗教冲突不断发生、身边或遥远地区的财富存在着巨大差异的时代，思想正在"渗入"。这些普通人的声音也展现出了一种省察并拥抱新鲜事物甚至赞同革命性改革的意愿。

在无尽的时间和空间里，比起农村，这种开明的生活更多是在城市中展开的。西欧最密集的城市带位于阿姆斯特丹与巴黎之间。那里是一片多种语言共存的地区（例如在马斯特里赫特可以听到荷兰语、法语和德语），但是其主体语言仍是法语。虽然这里不属于法国，但是整个南尼德兰（先后属于西班牙和奥地利）都讲法语。这是一片受天主教会监管的土地，因此当地的审查标准非常严苛。比起巴黎，直到 18 世纪 60 年代，布鲁塞尔都更难传播异端作品。

然而，法国是西欧地区审查力度最大的国家之一。法国君主不允许罗马天主教的宗教裁判所在其境内活动，但这并不阻碍法国自己的审查员展开效果类似的活动。涉及宗教的著作尤其受到关注，但审查员也盯上了年鉴、涉及性生活与爱情的不雅作品，甚至是各国通史或有关军事英雄的历史作品。在阿姆斯特丹出版的约翰·洛克的《人类理解论》（*Essay Concerning Human Understanding*）法文版被禁止进入法国境内。这一压制制度是路易十四（于 1715 年去世）统治时期的杰作，到了 18 世纪中叶才有所松动。[1]1685 年，路易十四撤销了对新教徒的宗教宽容法令，并对法国的殖民地颁布了带有镇压意味的《黑色法典》（*Code Noir*）。法国审查员主要来自文学界的精英圈子。到了 18 世纪末，这一队伍越发壮大，"1658 年 4 人……1727 年 41 人，1745 年 73 人，1760 年 119 人，1763 年 128 人，1789 年 178 人"。对于文化水平较高的人、大学教授或记者而言，这是一项美差。[2]审查工作可能针对作品的内容或风格，其处理手段也是极其随心所欲的。[3]

所有形式的压制制度都是为了支持绝对君权，这些制度使寻找法语文化圈启蒙思想萌芽的种种努力变得愈发困难。到目前为止，寻找启蒙思想最好的去处一定是巴黎，巴黎是法国最大的城市，其人口在 1700 年就超过了 60 万。监查报告为我们提供了一条了解巴黎 "地下世界"（*demi-monde*）及其颠覆性思想据点的具体路径。这些路易十四统治时期的报告指出：教会与国家官员最关注的是宗教异端，即新教徒、冉森派、寂静派（Quietists）等。让 - 雅克·卢梭年轻时就触犯过审查制度：他转寄给自己的一件行李在法国边境被没收了，当时，审查员在卢梭的衬衫口袋里发现了一张冉森派的传单。冉森派是教会奢靡和教士腐败的严厉批评者，被当局视为君主制的敌人。⁴

尽管冉森主义者大胆无畏，但无论他们造成了多大的麻烦，他们都并非世俗思想的先驱。他们极其虔诚，对新科学并不十分感兴趣。要想找寻法语圈启蒙思想的早期萌芽，我们必须离开巴黎，向北来到法国新教徒生活的荷兰共和国。在路上，我们会经过列日，那里由一位讲法语、并不常驻当地的主教管理，可以出版禁书。⁵ 低地国家部分地区的自由出版社，连同法国的流亡人士，将启蒙主义思想带入了法语文化圈。一位当代历史学家对 18 世纪巴黎最初二十年的情况的看法最为恰当，即 "在法国的首都" 存在着一种地下的 "反正统文化"。⁶

有证据显示，十几位男性和至少一位女性最大限度地利用了赋予荷兰出版商的自由。皮埃尔·培尔、安娜 - 玛格丽特·杜努瓦耶（Anne-Marguerite Dunoyer）、雅克·贝尔纳（Jacques Bernard）、让·弗雷德里克·贝尔纳（他自小就从法国流亡到荷兰）、普罗斯珀·马尔尚（Prosper Marchand）、贝尔纳·皮卡尔、尼古拉·格德维尔（Nicolas Gueudeville）、让·鲁塞·德梅西等流亡者将反对法国绝对主义统治的政治斗争推向了国际舞台。他们的主要身份（但这不一定是他们的唯一身份）是在文学共和国里传播新闻的记者，他们所传播的新闻也是关于这个共和国的。[7]更重要的是，由于被迫流亡（有些像马尔尚和皮卡尔这样的人是自愿流亡的），他们深感愤怒。

在环境相对安全的鹿特丹，培尔的著作《历史批判词典》（*Dictionnaire historique et critique*，于 1697 年出版）通过怀疑论、讽刺杂咏、反语以及渊博的知识对路易十四大肆嘲弄，对斯宾诺莎的思想做出了详尽分析，还提出即使是无神论者也可以是好人。在这一过程中，流亡者培尔发明了百科全书式的写作方法，两代人之后，狄德罗和达朗贝尔（d'Alembert）在他们 1751 年出版的《百科全书》（*Encyclopédie*）中巧妙地模仿了这种形式。培尔赞扬新科学，信任英国式的政府体制，对正统观点不屑一顾——无论是对天主教还是对新教。其他流亡者都尊称他为"祖师"（Patriarch）。[8]在整个 18 世纪，这套词典发行了数个版本，1710 年就有了英文版，并被 1720 年版的编辑普罗斯珀·马尔尚等法国流亡者翻译成了法语，然后保护了起来。

1704 年，培尔去世，新一代的法国流亡者开始崭露头角。马尔尚是培尔著作的编者之一，他与英国自由思想家约翰·托兰德和安东尼·科林斯也有联系，他从他们那里了解到了英国政府的性质。约翰·托兰德的手稿显示，马尔尚是一家俱乐部或一处正处于萌芽状态的共济会会所（我们无法得知其确切性质）的成员。该组织有"弟兄"和"总导师"（Grand Master），并且依照"宪章"举行集会，其成员包括夏尔·勒维耶（Charles Levier），可能还有鲁塞·德梅西。1710 年——这也是这份手稿的写作年代——这二人联手完成了堪称 18 世纪最出格作品的《论三个冒名顶替者》。该书称耶稣、摩西和穆罕默德为冒牌货，并将上帝与自然等同起来。同在这个法语圈子活动的勒维耶于 1719 年将这部著作首次付梓。[9]

　　《论三个冒名顶替者》引发了巨大的丑闻，致使从不关心法语著作的荷兰当局没收了他们所能找到的所有副本。当时这一版只有两本留存了下来。尽管如此，其手抄本在欧洲广为流传，该作到了18世纪晚期才再次出版——不出所料，是经由在阿姆斯特丹从事出版印刷的马克·米歇尔·雷伊（Marc Michel Rey）之手。他的妻子是让·弗雷德里克·贝尔纳的女儿，她从父亲那里学到了书业贸易的知识，并且还与雷伊的一位作者保持着十分密切的联系，他就是后来声名鹊起的让-雅克·卢梭。

　　胡格诺派流亡者中的出版商、记者和作家也纷纷崭露头角。安娜-玛格丽特·杜努瓦耶（于1719年去世）在于1701年逃离法国后以写作为生。她的第一部作品《文雅历史信札》（*Lettres historiques et galantes*）于1707年问世，据称由"皮埃尔·马尔托"这家虚构的出版社出版，它将旁观文学这一体裁引入了法语世界。在这部作品问世之后，杜努瓦耶又编辑出版了《历史、政治、伦理与文雅之新闻选粹》（*Quintessence des nouvelleshistoriques, politiques, morales et galantes*），这份期刊于1711年创刊，一直发行至1719年，它报道文学新闻，也公开对盟国反对路易十四的战争表示支持。杜努瓦耶为那些挤进共和国的流亡者们的政治利益制定了一套意识形态模板。他们对路易十四的敌人——尤其是英国——充满崇拜之情，在战争的影响下，他们的这种感情只会越来越强烈。在法国，伟大的政治理论家孟德斯鸠也热衷于阅读胡格诺派流亡者在荷兰共和国的安全地带所撰写的日记。

　　这些流亡者无一例外地对路易十四及其继任人——辅佐其孙子的奥尔良公爵（duc d'Orleans）的不义之举投以冷眼。[10] 剩下的法国新教家族则在尽快逃离法国，1714年至1715年，贝尼泽家族一路经鹿特丹、伦敦逃至费城。1731年后的某个时间，年轻的安东尼·贝尼泽（Anthony Benezet）皈依了贵格会，并与一位贵格会神职人员结婚。接着，他开始了他的奥德赛之旅，这使他成为最早也是最激烈的一批奴隶制反对者。贝尼泽收集了奴隶贩子的第一手资料，这些人可以直接道出这种贸易的恐怖之处。他四处讲道，出版著作，抨击奴隶制的不公正性和对人权的侵犯。贝尼泽将胡格诺派受到迫害、被迫流亡的遭遇，转化为反对一切人类不公正的普世道德之声。[11]

　　其中的关键，就是将对君主制和教会的愤怒转化为创造性的能量。让·弗雷德里克·贝尔纳出身于上一代胡格诺派流亡者家庭，他比任何人都憎恶法国教会和国王。1685 年底，贝尔纳的父亲、怀有身孕的母亲、祖母、弟弟步行翻越阿尔卑斯山脉，逃离法国南部。他的祖母和弟弟最终都因此去世，一家人也被迫离开了生活了数十年的故乡。贝尔纳家族中的男性，有牧师，有律师，有教授——总之，他们都是法国知识分子圈子中的一员。他们的关系网络遍及整个新教欧洲，最终，贝尔纳家族在阿姆斯特丹定居。

　　让·弗雷德里克·贝尔纳无意从事教牧工作，他对商贸的兴趣使他进入了出版行业。1704 年，他去了日内瓦——并非作为神学学生，而是为了从事图书行业。然后他在阿姆斯特丹的一个胡格诺派出版世家那里作学徒工，这一出版世家与贝尔纳的未来朋友皮埃尔·于贝尔（Pierre Humbert）有亲戚关系。在日内瓦，他通过自己在瑞士和荷兰（阿姆斯特丹）的人脉关系以及他们的国际关系网络，创办了自己的经纪业务。出版书籍是其经纪业务的重要组成部分，但是很快，贝尔纳也在其他领域活跃了起来。对于那些没有什么资本但拥有庞大人脉关系网络的人来说，经纪人是一种理想的职业，但也意味着要进行长途贸易。这种贸易高度依赖信用，而只有人脉广的经纪人才能提供这种信用。不久，让·弗雷德里克在书籍和其他贸易领域积累了一批重要的客户，甚至连皮埃尔·培尔也需要依赖贝尔纳的业务。1707 年，贝尔纳回到了阿姆斯特丹，继续从事经纪业务。他住在旅店里，租了一间单独的仓库用于公司的运营。1711 年，他下定决心要让自己有足够的资本成为书商行会的正式成员并开办出版社。[12] 需要注意的是，到了 1700 年，欧洲大陆出版的书籍有一半来自荷兰共和国。

贝尔纳在出版业的第一份成果《对本世纪风俗的道德性、讽刺性及喜剧式思考》（*Réflexions morales, satiriques et comiques sur les moeurs de notre siècle*）于 1711 年匿名出版，据说也是由虚构的"皮埃尔·马尔托"出版社出版的。在后来的版本中，贝尔纳将自己列为此书的出版人。借一位波斯哲学家之口——这位哲学家在欧洲生活了一段时间，记录了"我们的风俗"（our *moeurs*）。贝尔纳以诙谐讽刺的笔调对人类的行为习惯和愚昧无知进行了审视。这位远方来客发现，在这里，财富成了种种罪恶的挡箭牌，而他自己也犯了将上帝人格化的错误。[13]

自始至终，这部作品的关注点都是国王和贵族——故事发生在法国而非荷兰——波斯来访者对"异教徒"（也就是他所说的欧洲人）投以冷眼。"这群狼……外表温文尔雅（*politesse*），完美地掩盖了其天生的野蛮习性。"[14] 他们不值得信任。他们的政治体制，无论是君主制还是共和制，都有可能被滥用。有一种特性似乎主宰了人类的现状：自私之爱（*l'amour propre*），这是一种骄傲的自尊，与之相伴而来的是自私自利。两者都与残酷的竞争和傲慢的自我推销相合，而不适用于友善的社会环境。

只有少数几个欧洲城市能为生意人提供良好的成长环境，开设那些培养高尚人士的学校。贝尔纳特别赞美了阿姆斯特丹，因为"其街道之美以及房屋建筑的和谐。当地居民淳朴而自由，生活富足"。在共和国，贝尔纳发现了这座经济上充满活力的值得赞美的城市。[15]

在整本书中，贝尔纳通过波斯观察者的身份，提及了那些需要被重新审视的陌生民族的风俗、习惯、仪式、宗教差异以及自私之爱。仔细阅读此书，我们就会发现，这一著作为出版商让·弗雷德里克·贝尔纳——后来他记录了世界上几乎所有的宗教——以及即将成名的、被迫流亡的雕刻家贝尔纳·皮卡尔培养了读者（图 4）。

贝尔纳和皮卡尔共同撰写的《世界上诸民族宗教礼仪和仪式》在接下来的几个世纪内不断再版。[16] 无论是在《对本世纪风俗的道德性、讽刺性及喜剧式思考》中还是在《世界上诸民族宗教礼仪和仪式》中，贝尔纳都表现出了自己对宗教的广泛兴趣，以及他希望将宗教教义相对化并予以批判的意愿。

尤其是在宗教问题上，那些身在荷兰共和国的法国流亡者开辟了一条知识之路，这条道路反过来又在法国启蒙运动中得到了发展。他们很快就有了自己的模仿者。然而，孟德斯鸠 1721 年出版的《波斯人信札》（*Persian Letters*）获得的巨大成功却与贝尔纳的著作没有什么关系。1689 年，孟德斯鸠出生在一座城堡中，拥有贵族的身份，在奥拉托利会的神职人员（clerical Oratorians）那里接受教育，并学习法律。在其父亲于 1713 年去世后，他继承了父亲的头衔和产业，接着迎娶了一位贵族女性（恰好是新教徒）。在他的一位舅舅去世后，他又继承了另一个贵族头衔，并接任了地区高等法院（*parlement*）院长的职务。在那里，他了解到了法国政府机构的错综复杂与诸多弊病。

孟德斯鸠留下了许多旅行记录，为其虚构波斯旅行者的各种见解奠定了基础，但他的伟大之处在于其作品独特的风格和机智巧思。他的文笔比贝尔纳优美得多，但也不乏尖锐之处。

96

例如对于法国国王和教宗，他这样写道：

> 还有一个魔法师比他更有力量，他支配国王就像国王
> 支配臣民的精神一样。这个魔法师称为教皇。这个教皇有
> 时令国王相信三等于一，人们吃的面包不是面包，人们喝
> 的酒不是酒，诸如此类的事情不胜枚举。17①

总之，按照孟德斯鸠的说法，天主教古老的秘密宗教仪式就是
一种魔法。

孟德斯鸠在贝尔纳作品问世的数年后写就了《波斯人信
札》，并让自己笔下的波斯人将耶稣会士想象成"德尔维希"
（dervishes）②。孟德斯鸠从来不放过任何嘲讽神职人员的机会，
并且借波斯来客郁斯贝克（Usbek）之口说出了这样的话："在
巴黎，浪荡公子养着无数妓女，而善男信女养着无数教士。"③
教士们的主要消遣是诡辩，我们的波斯客人清楚地表现出了他
对这种消遣的蔑视之情。孟德斯鸠和贝尔纳一样，认为欺骗与
奸诈在欧洲随处可见——当然，他是以波斯人的口吻来表述自
己的观点的："谁如果想数一数究竟有多少教会的人在追逐某
个教堂的收入，那他立刻就会发现这像是恒河沙数和我们王国
的奴隶那么多。"18④ 为了防止读者怀疑作者在宗教问题上有相
对主义的倾向，孟德斯鸠解释说，所有人都会把自己的形象投
射到他们的神身上：黑人把魔鬼的皮肤画得雪白耀眼，而他们
的神黑得如炭。"如果三角形也要创造一个神，那么这些偶像

---

① 引文译文参见:《波斯人信札》，[法]孟德斯鸠（著），梁守锵（译），北京：商
　务印书馆，2006 年，第 42 页。

② 伊斯兰教的一种修士，在波斯语中是"乞讨者"、"托钵僧"的意思。

③ 同①，第 101 页。

④ 同①，第 104 页。

崇拜者就会给他们的神三条边。" 19①

　　孟德斯鸠的世俗相对主义是复杂的。这一点在他对男女之间相似性与差异性的分析中最为明显。他很聪明，明白如果不以实际社会经验为基础，任何普遍主义声明都是无法令人信服的。他热衷于讨论西方女性与东方伊斯兰国家女性地位之间的悬殊差异。他笔下的波斯来客惊恐地描述了欧洲女性"不加掩饰的厚颜无耻"，与待在闺房的散发着"可爱的娇羞"的波斯妇女形成了鲜明的对比。20② 孟德斯鸠还在书中花费了大量的篇幅评论欧洲的性风俗，这显然令他感到恼火，却又令他十分着迷。

　　孟德斯鸠知道笛卡儿和牛顿的新科学对物质及其运动的统一规律提出了假说。而他想要理解这些法则，因为它们都是被社会经验和历史调整和改进过的。他发现男女之间存在着行为和地位上的巨大差异。在他的社会经历中，没有任何事物允许男女平等，但一些评论家认为孟德斯鸠的认识已朝原始女性主义（proto-feminism）的方向发展。显然，他对自己在欧洲见到的——或是他在有关伊斯兰文化的作品中读到的——那些不平等感到不安。他知道，教育是造成男女在人生机遇、特权和地位方面状况悬殊的一个重要原因。他也知道，运动中的物质的一致性意味着这种社会构建的差异必须被解释和相对化。

　　孟德斯鸠看待性别不平等问题的视角，与其说是哲学的，不如说是人类学的。他是最早提出气候对人类（尤其是两性差异）有深远影响的人之一。在他的所有著作中，这是一个被反

98

① 引文译文参见：《波斯人信札》，［法］孟德斯鸠（著），梁守锵（译），北京：商务印书馆，2006年，第106页至第107页。

② 同上书，第46页。

复提及的主题。寒冷可以使血液更好地循环，因此寒冷地区的人比炎热地区的人更强壮。从中可以看出，"亚洲的僧侣数量似乎随着炎热的程度而增加。"[21]① 自由首先会从较强者中诞生。然而，有时候较弱者也可以凭性格取胜。

孟德斯鸠对人性的残暴不抱任何幻想，他让郁斯贝克垂死的妻子罗珊娜在她的波斯闺房中写信给郁斯贝克，她在信的最后说道："你怎么会这样想：我居然轻信到以为我活在世上只是为了喜爱你的短暂爱情，你自己可以为所欲为，却有权摧残我的欲望？不！我可以生活在奴役之中，但我始终是自由的。"[22]② 有时，精神上的需求可以战胜生理上的阻碍。[23]

对于人类自由及其本质，还有其在君主制、贵族制和民主制中的表现形式以及这种自由可能被滥用的多种状况等问题，孟德斯鸠十分痴迷。政治自由是他最关心的问题，但是它只存在于"宽和的政治体制下，……只有权力未被滥用时……在一个有法可依的社会里……自由是做法律所许可的一切事情的权利"。[24]③ 为了寻求自由的精神和保护自由的方法，孟德斯鸠认为应对权力进行三部分划分：立法、行政和司法。他的这一设想的结论在 18 世纪末起草的《美利坚合众国宪法》（American Constitution）中是众所周知的。孟德斯鸠追求一种由制度制衡构成的宽和的政治体制。在这样的体制中，特权精英自然是统治阶层。[25] 一些美国的奠基人一开始非常敬重孟德斯鸠，后来才认识到他的缺点[26]——也许是因为他们后来发现，孟德斯鸠支持法国君主制，并认为这是维护社会稳定和法治的唯一

---

① 引文译文参见：《论法的精神》，［法］孟德斯鸠（著），许明龙（译），北京：商务印书馆，2007 年，第 213 页。

② 引文译文参见：《波斯人信札》，［法］孟德斯鸠（著），梁守锵（译），北京：商务印书馆，2006 年，第 306 页。

③ 同①，第 166 页至第 167 页。

保障。[27]

孟德斯鸠还花了大量笔墨讨论了惩罚的性质：既不能专断地判决，也不能有心血来潮的立法者，只能有"发自理性"的惩罚。孟德斯鸠对基于"公众仇恨"的惩罚投以冷眼，他的构想包括如何惩罚那些因宗教仇恨和迷信而获罪的"罪犯"：

> 就邪术、异端和违背天性这三种罪而言，第一种罪可以证实并不存在，第二种可以有无数差异、解释和界限，第三种通常模糊不清。可是，在我们这里，对这三种罪的惩罚却都是火刑，岂非咄咄怪事。[28]①

比起惩治因个人信仰或亲密行为而获罪的罪犯，孟德斯鸠显然对良好政府的本质更感兴趣。因此，一些批评人士出于宗教动机认为他看待宗教的态度是有问题的，甚至可以说是异端。

孟德斯鸠对气候的关注也带来了批判性的反馈。我们可能会把这种理论看作促成种族主义的一个环节，或是对非洲奴隶制的辩护，也能预料到批评家会否定这样的论断。事实上，人类的平等或是优劣性的问题困扰着所有的哲学家——在苏格兰更是如此。然而，启蒙运动的领军人物之一，大卫·休谟的结论却是："除了白人以外，从没有过任何开化的民族。"[29]休谟的种族主义思想令所有 18 世纪开明思想生活的追随者都感到不解。在休谟和孟德斯鸠所处的时代，西方帝国已经对人类文明造成了相当大的破坏，其后果我们至今仍有所体会。而休谟在其著作中却无视了这种破坏。

---

① 引文译文参见：《论法的精神》，[法] 孟德斯鸠（著），许明龙（译），北京：商务印书馆，2007 年，第 188 页。

　　相比之下，孟德斯鸠更加关注欧洲人如何解放自己。然而，是伦理而不是孟德斯鸠所认为的物质塑造了世界各民族。直到 18 世纪末，启蒙运动的领袖才最终找到一条走出种族主义黑暗隧道的途径。在贵格会的带领下，英语世界涌现出了一群废奴主义者，他们所领导的反奴隶制的斗争横跨大西洋，延伸到美洲殖民地甚至更远的地方。诸多法国启蒙思想家（例如狄德罗和雷纳尔）也加入了这场战斗。

　　理论家们首先需要找到最佳的政府组建形式。在研究了有关政治与政府从古至今的材料之后，尤其是有关 17 世纪英国革命的文献之后，孟德斯鸠认为英国拥有被他所认可的政治体制。这种认识使他置身于 18 世纪的启蒙思想家所关注的焦点问题之一——"英国崇拜"（Anglo-philia）——的中心和前沿。培尔和胡格诺派流亡者最先煽动了对 1688 年后的英国的崇拜之情，而当孟德斯鸠还在滔滔不绝地赞美英国的政治体制时，伏尔泰已经为他喜爱的英国讲述了最好的故事。他为孟德斯鸠解读英国的历史和风俗铺平了道路。

　　1726—1729 年，其在伦敦期间以及之后，伏尔泰写下了一系列关于英国的书信。[30] 他一开始宣称这些书信只是私人信件，很不情愿地向热心公众公开了信件内容。事实上，这是他一直以来的目标。1733 年，这些信件首次以英文出版，次年以法文出版，名为《哲学书简》（*Lettresphilosophiques*）。它们立即引起了轰动。

　　伏尔泰对英国的热情始于其宗教的多样性，其次是其政府、贸易、牛顿科学、美文（*belles lettres*），以及最重要的——英国人给予本国作家和知识分子的荣誉。就像贝尔纳和皮卡尔的多卷本著作一样（伏尔泰在荷兰旅行时认识了皮卡尔），伏尔泰的信件对那些基督教中最清醒的派别予以了正面描述，甚至对贵格会也是如此。在启蒙主义者对宗教教派的分类中，他们通常被视为"狂热者"，但是在伏尔泰的笔下，他们是理性的——没有神职人员，也没有圣礼，摒弃了财富和自尊心的束缚。英国宗教生活的多元化深受伏尔泰赞赏："一个英国人是自由的人，他会选择自己喜欢的道路走入天堂。"[31]①

伏尔泰认为圣公会太过于接近天主教，不符合他的口味；他也十分厌恶长老会，但基于对理性的偏爱，伏尔泰认为索齐尼派（Socinians）或一位论教派（Unitarians）信徒对宗教的理解是正确的：

> 不管怎么说，阿里乌斯教派在英格兰以及荷兰和波兰都开始复活。对这种意见，伟大的艾萨克·牛顿是赞成的。这位哲学家认为，一位论教派的信徒们在考虑问题时比我们更加严格。不过阿里乌斯教派最为坚定的保护神，是著名的克拉克博士。这人道德严谨，性格却很温和，对自己的意见只是喜欢，而不是狂热，不会拉拢一些信徒，只是忙于论述和证明，是一架真正的论证的机器。[32]②

102

事实上，关于牛顿科学的一切都让伏尔泰及其伴侣沙特莱夫人（Madame du Châtelet）欣喜不已。沙特莱夫人将牛顿的《自然哲学的数学原理》翻译成了法语，这一版本至今仍然被认为是具有权威性的法文译本。在牛顿学说的荷兰追随者的帮助下，许多英国的牛顿追随者在课堂和杂志上，或在苏格兰、法国以及低地国家的私人实验中传播牛顿的科学学说。然而，没有什么能与伏尔泰富有智慧的宣讲相提并论，而伏尔

---

① 引文译文参见：《哲学书简》，[法]伏尔泰（著），闫素伟（译），北京：商务印书馆，2018年，第18页。

② 同上书，第26页。

泰也是这样看待牛顿的科学学说的。[33] 沙特莱夫人对牛顿的物理学有着独到的理解，也受到了莱布尼茨的德国自然哲学的熏陶，这使她能为狄德罗的《百科全书》做出重要的贡献，尽管她的贡献一直未被提及。通过现代计算机技术，人们就会找到那些沙特莱夫人在匿名状态下所写的关于"钟摆"、"空间"、"重力"等问题的各种文章。[34]

　　成为牛顿学说的追随者，成了启蒙思想家的决定性特征之一。即便是在法国，熟悉牛顿机械学和光学，也意味着这个人是一个接受过真正教育的人，他或是她已经抛弃了学校和大学所教授的东西——那里的哲学课程已被神职人员把控，要么是关于亚里士多德学派［正如中世纪哲学家圣托马斯·阿奎纳（St. Thomas Aquinas）所解释的那样］，要么就是 18 世纪 30 年代个别学校教授的笛卡儿哲学。控制着法国众多学院（*colleges*）①的耶稣会士在 1762 年被驱逐出法国之前一直排斥牛顿科学。正如一位历史学家所言："如果说牛顿最终在法国取得了胜利，那一定是踩在了耶稣会士的尸体上。"[35] 在 1762 年至 1763 年间，无论是在格拉斯哥，还是在爱丁堡，亚当·斯密都会教导他的学生："牛顿的方法无疑是最富有哲理的，在每一门科学中，无论是道德哲学还是自然哲学，等等，都比［亚里士多德的哲学］更巧妙……更吸引人。"[36]

　　尽管牛顿学说的一些追随者做出了最大的努力，牛顿的自然哲学还是无法为抵御反宗教行为和唯物主义思想提供良策。在西欧的其他地区，地下文学都没有像法国启蒙运动中的同类作品那样发挥着巨大的作用。可以肯定的是，这类文学作品在欧洲各地都能找到，而且是用各种语言写成的。但

---

① 近代法国的学院一般独立于大学而开设，负责对学生进行大学前的预备性教育，经常由耶稣会、奥拉托利会等基督教修会开办。

是法语仍是欧洲大陆和英国精英们最熟悉的语言。牛顿学说（Newtonianism）也通过这一语言途径进入了欧洲，尽管经常披着异端的外衣。

托兰德1704年在伦敦出版的著作《给塞伦娜的信》（*Letters to Serena*）以地下法文译本的形式出现在公众的视野中，将牛顿的万有引力理论与"运动是物质的固有属性"这一颠覆性观点联系起来。这种唯物主义（或是托兰德所说的"泛神论"）明显地受到了斯宾诺莎的"上帝即自然"（God as Nature）的思想的影响，但也受到了文艺复兴晚期异教自然主义的影响，这种思想最容易在乔尔丹诺·布鲁诺（Giordano Bruno）的著作中找到。托兰德对这类文本非常熟悉。[37] 因此，以法语为媒介，牛顿科学渗透进地下文学以及那些由寄居在荷兰共和国的法国流亡者所创办的杂志中，进入了欧洲思想界，并与一种极具威胁性的唯物主义思想交织在一起，这大概会令牛顿、克拉克及其众多追随者都感到惊骇。

到了1750年，宣传新科学和改革的法语文本仍对宗教颠覆表示认同。所谓的"上层启蒙运动"（High Enlightenment），以巴黎为中心，赋予了狄德罗、霍尔巴赫（D'Holbach）、爱尔维修以及其他众多唯物主义者（其中很多是匿名的）崇高的地位。伏尔泰对此感到震惊——他的自然神论从未承认过无神论，也从未承认过唯物主义，无论是暗含地还是明确地。孟德斯鸠也从未参与过这种不虔诚的行为。但是18世纪40年代法国主要的牛顿学说追随者皮埃尔-路易·莫罗·德·莫佩尔蒂（Pierre-Louis Moreau de Maupertuis）写了一部充满色情意味的唯物主义小册子——《肉身维纳斯》（*Venus physique*），它从莱布尼茨、斯宾诺莎以及牛顿等人的哲学思想中汲取养分，并成功地将17世纪的新科学和自然哲学与18世纪最极端的反宗教形式联系了起来。[38]

104

恰恰在 18 世纪中叶，法国的出版社充斥着唯物主义书籍。有一些佚名著作，例如 1748 年出版的《哲学家泰蕾兹》（*Thérèse philosophe*），将色情描写同唯物主义哲学融为一体，所有内容都是由泰蕾兹这位从来不收钱的妓女描述的。这本书中收录了淫秽而露骨的版画，并对告解神父、修女、贵族——当然还有泰蕾兹本人——的性生活进行了评述。正如她对性爱机制做出的解释："性就是各种器官的安排，各种纤维的排列，是某种运动，是构成快感的液体……自然是统一的。"[39]

这件事的结局几乎想都不需要想，巴黎当局逮捕了所有跟这本书有关的人，甚至包括那些负责缝合书页、分发书籍的妇女。[40] 这些人只是手工艺行业众多从业者中的一小部分，被精英们看不起，但是对后来所谓的"手工业启蒙"（artisanal Enlightenment）至关重要。时至今日，我们仍然不知道他们的名字，尽管阿尔让侯爵（Marquis d'Argens）与这本书有所关联，但我们也无法完全确定谁是《哲学家泰蕾兹》的真正作者。就在同一年，在英吉利海峡对岸，出现了另一部色情作品《芬妮·希尔》（*Fanny Hill*），作者是约翰·克利兰（John Cleland），这部作品在性和哲学方面同样令人震撼。但是在那里，没有人因此入狱。[41]

法国的唯物主义有诸多来源：在荷兰共和国写作的斯宾诺莎、霍布斯等其他 17 世纪启蒙思想家、流亡的胡格诺派信徒和英国自由思想家、对牛顿科学的反常解读以及激进的反教权主义——认为剥夺神职人员权力的唯一方法就是否定精神领域的存在。18 世纪初，在荷兰共和国，《论三个冒名顶替者》的作者就总结了唯物主义者对上帝与宗教的看法：

> 这种对无形力量空想的恐惧，是宗教的本源，每个人都按照自己的方式构建了宗教。那些希望人们被这种梦

境控制和束缚的人培育了宗教的种子，并将其作为一种律法，最后因为对未来怀有恐惧，人们盲目地遵从了。[42]

　　法国的唯物主义思想也汲取了文艺复兴时期出现的自然主义，与薄伽丘、拉伯雷（Rabelais）、阿雷蒂诺（Aretino）、马基雅维利和布鲁诺的思想相关联。渐渐地，这种形式的唯物主义被一种来自新科学的机械唯物主义所取代，有时笛卡儿或霍布斯甚至会出现在地下文学中。[43] 到了 1800 年，自然科学和社会科学的唯物主义形而上学已日臻完善，在这之后，孔德（Comte）、马克思和达尔文也开始崭露头角。从那时起，所有的自然科学和社会科学都不再诉诸神的干预，指望通过神来解释他们的研究对象。

来自斯特拉斯堡的施托克朵夫寡妇，加入书商的行列

　　正如我们所看到的，无论多么晦涩难懂，启蒙运动的本质都可以透过世俗生活被揭示出来。书商对启蒙运动本质的揭示作用也是如此，要是他们专门售卖唯物主义和色情读物，并因此不幸被关入巴士底狱，这一点便会体现得更为明显。来自斯特拉斯堡的施托克朵夫寡妇就是如此。1771 年，她在两位修道院院长的陪同下前往巴黎。她平时只搜寻宣扬异端思想、充满反宗教色彩以及讲述各种丑闻的书籍。她被当局没收的书袋和购书清单，为人们了解禁书世界提供了一个难得的窗口。

　　这位寡妇知道自己在做什么，她收集了当时已知的几乎所有禁书。这些著作值得我们仔细研究，它们极大丰富了人们对唯物主义传统的颠覆性力量的相关认识，人文科学和自然科学的形而上学基础就是从这种颠覆性力量中诞生的。施托克朵夫寡妇在非法图书交易中的声望使她在巴士底狱待了两年，她在狱中曾写过一些信件，有些是她用自己的母语德语写成的，这

106

些资料可以令我们窥探到一个极力躲避警方视线的世界。

如果从广义的角度来看，唯物主义著作应包括激进的反教权、反天主教著作。在这一分类中，有来自英国共和传统的作品——到了18世纪20年代，他们有时也会被称为"在野"反对派（the "country" opposition）——还有在欧洲大陆发现的流亡的布林布鲁克子爵（Viscount Bolingbroke）亨利·圣约翰（Henry St. John）的作品。关于他在英国的政治生涯，我们无需在此赘述，简单来说，他的经历"非常复杂"，这就足够了。施托克朵夫寡妇和她的购买者对布林布鲁克在英国国内的政治历程一无所知，他们在他的《布林布鲁克勋爵重要观点汇编》（L'examen important de Milord Bolingbroke）中看到的是作者对宗教狂热主义、教士以及天主教的攻击。事实上，正是因为宗教在此书中占据了如此重要的地位，明眼人都可能会怀疑这本书的真正作者不是旁人，正是布鲁克的好友伏尔泰。这本书声称是1736年出版的，但是实际上它出版于1771年——这一年，施托克朵夫寡妇和她的两名随行修道院院长来到了巴黎书市。同年，罗马天主教宗教裁判所将《布林布鲁克勋爵重要观点汇编》列入"禁书目录"，指出"它对《新约》、《旧约》、基督信仰中的核心教义、教会中教父们的信条进行了评判、攻击、谴责和鞭挞"。[44]

值得思考的是，这位寡妇是否知道宗教裁判所的这一裁决，但是如果她对这件事非常清楚，这本书只会更受读者欢迎。寡妇的购书清单和书籍目录是我们能掌握的最好的证据之一，这表明那个时代的人已经可以分辨出哪种类型的作品是违禁读物，并且清楚地知道哪些内容是禁忌的。总之，这一著作门类并非是由历史学家发明的；它至少在18世纪70年代就已经存在，而且我们怀疑时间还有可能更早。

想要找到那些最著名的禁书，我们只需在清单上查找一下她所拥有的及想购入的书籍。当然，她想收入《哲学家泰蕾兹》，在这本书下面，她又列出了《快乐的女孩》（*La fille de joie*），即克利兰《芬妮·希尔》的法文版。不过，根据法国国家图书馆的资料，这本书的第一份法译本应出版于 1776 年前后。因此，要么就是有一个被书目编纂者遗漏的更早的版本，要么就是这位寡妇想到了一份她曾经听说过的手稿，并想要买入。无论是哪一种情况，她的购书清单都体现了她的专业知识和敏锐的眼光，她知道什么东西有销路。

这位寡妇没有被作家的恶名吓退。她收入了被开除神职的神父亨利·迪洛朗（Henri DuLaurens）所撰写的小说《阿拉斯的蜡烛》（*La Chandelle d'Arras*），该书以同样滑稽和讽刺的精神讨论了性和宗教。[45] 她也卖一些很难买到的"旧"书。在这一门类中，我们必须提到一部作品，该书是有史以来第一部展现新式哲学的著作，名为《哲学家》（*Le Philosophe*）。这本书是匿名出版的，扉页上注有"1743 年，阿姆斯特丹"的字样——而这也可能是假的。受这本书的标题的影响，人们习惯于用法语的"哲学家"（*philosophes*）一词指称蒙运动中的主要思想家。

在 18 世纪 40 年代，"哲学家"愈发"入世"（*engagé*）。《哲学家》一书谨献给英国自由思想家和共和主义者安东尼·科林斯，可能写于巴黎。它将"哲学家"定义为那些可以看穿一切谬误的特殊人物。其中，有一种谬误尤其需要根除。《哲学家》指出，上帝并不存在，人们应该将"市民社会……他在地球上承认的唯一神祇"放在他的位置上。[46]

献给一位恶名在外的英国共和主义者，《哲学家》展现了一种国际性的普世主义以及对政治秩序变革的积极参与。这本书的匿名性证实了它所宣扬的无神论仍然处于边缘地带——处于可被接受的观点的边缘——即使在那些自认为开明的人中间

108

也是如此。《哲学家》与英国自由思想之间的联系反而使该书的内容显得更加真实可信。这是地下出版界对未来发展趋势的一次探索。

在 18 世纪 70 年代及其后，最著名的唯物主义作品是（现在也是）霍尔巴赫男爵的《自然的体系》（*The System of Nature*），该书首次出版于 1770 年。它试图发现支配人类的道德和自然物理法则："人只因为对自然缺乏认识才成为不幸者。"其前提是，就像运动法则支配着物质一样，人类也由相关法则支配——不管他们对这些影响着自己的命运的法则多么无知。[47] 人类最重要的任务就是驱散遮蔽思想的云雾。很多力量联合在一起，阻止人们探索真理："使暴君和僧侣能在各国到处制造沉重的桎梏的，正是谬误。自然本来规定人民要为自己的幸福而自由地劳动，可是他们差不多在任何地方都沦为了奴隶，这也是谬误使然。"[①] 而霍尔巴赫男爵来解救他们了；施托克朵夫寡妇也很乐意帮忙。

霍尔巴赫阐述了支配人的生存状况的基本法则：

> 人是一个纯粹肉体的东西；精神的人，只不过是从某一个观点——即从一些为本身机体所决定的行为方式去看的同一个肉体的东西罢了。可是，这个机体难道不是自然的产物吗？[②]

一旦人类意识到自己完全处于物质条件之中，他们就会追求快乐，远离痛苦：

---

① 引文译文参见：《自然的体系》，［法］保尔·昂利·霍尔巴赫（著），管士滨（译），北京：商务印书馆，1964 年，第 6 页。

② 同上书，第 11 页。

　　　文明的人，就是经验和社会生活使他能为自己的幸福从自然中汲取利益的人……明哲的人就是处在他的成熟期或他的完善状态中的人；① 他有能力促成自己的幸福，因为他学会了审视一切，学会了自己思考，而不是把别人的权威奉为真理。"48

为了证明这些唯物主义格言真实可信，霍尔巴赫向其读者保证——他略微借鉴了约翰·托兰德的做法——所有这些原理都来自伟大的牛顿。这些原理是这样运行的：

　　　物理学家们把这种倾向或方向叫作"引向自身的引力"（gravitation sur soi）；牛顿把它叫作"惰力"；道德学家们则把人身上的这种力叫作"自爱"，这种自爱不外乎是对自我保存的倾向、幸福的欲求、对于舒适和快乐的爱、把看来似乎有利于他生存的一切东西捕捉住的那种敏捷性，以及对所有扰乱他或威胁他的东西所表示出来的那种厌恶：人的一切机能竭力来满足的，以及他的一切情欲、意志、行动都继续不断以之作为对象和目的的，就正是这些人类最初的和共有的情感。这个"引向自身的引力"，因此在人和一切存在物之内就是一种必需的倾向；只要没有什么东西来扰乱它们机体的秩序或最初的倾向，那么它们就要用各种不同的方法，在它们所获得的那个生存之中坚持下去。49②

110

---

① 引文译文参见：《自然的体系》，[法]保尔·昂利·霍尔巴赫（著），管士滨（译），北京：商务印书馆，1964年，第12页。

② 同上书，第50页。

　　霍尔巴赫为广大唯物主义者撰写了一本名副其实的科学圣经。他的追随者们则提出了另一种哲学，认为除了物质本身别无其他神祇。我们要注意的是，18世纪初，曾令贝尔纳在其著作中表示反感的"自私之爱"是如何转变为"贪图享乐"的。唯物主义使人们从宗教对人性的束缚中解脱出来。无论是在当时还是在后来，唯物主义倾向被等同于傲慢的自我鼓吹，以及一种不道德的权力欲。贝尔纳出身于优渥的新教徒家庭；而除了天主教会及其受律法保护的神职人员，法国的哲学家中很少有人对宗教有任何了解。正是在这样的背景下，启蒙运动的法国领袖对天主教会及其领导者和教义发起了猛烈的声讨。

　　18世纪中期，法国的知识环境发生了变化。审查制度放松了，早前写好的作品现在也可以找到出版商出版发表了。伏尔泰的《布林布鲁克勋爵重要观点汇编》（据传其作者是布林布鲁克）的出版日期正说明了这一点。越来越多的事物褪去了神圣的光环。尼古拉·弗雷列（Nicolas Fréret）在18世纪20年代撰写了《色拉西布洛斯写给留基伯的信》（*Lettre de ThrasybuleàLeucippe*），当时它只作为无神论唯物主义和圣经学历史批评研究的秘密手稿而存在，于18世纪60年代首次出版。传统说法认为，预言和神迹验证了神的启示，而弗雷利巧妙地颠覆了这种说法：他指出，犹太人从巴比伦返回圣地后，并没有神迹显现，但他们却对上帝更加顺从，而他们对上帝最恶劣的背叛是在更早的时候，（据说）当时神迹大量显现。他的结论是，这些神迹从来没有发生过。在被掳之后，很明显，出现了一个新的要素；犹太人第一次感受到《圣经》的神力，它声称他们已经深受苦难："那些神迹……他们承认，是在事后插入历史的，是由一个叫以斯拉（Ezra）的人编撰的，他带领他们从巴比伦返回圣地，建立了新政府，重建了城市以及他们的上帝的圣殿，并确定了他们之前已完全被摧毁的宗教

形式。" 50

　　我们几乎可以断定伏尔泰看过《色拉西布洛斯写给留基伯的信》，他的《五十诚》（*Sermon des cinquante*）即受到这部作品的启发。51《五十诚》猛烈地抨击了《圣经》的真实性，并主张以一种纯粹的自然神论下的自然宗教取代基督教。这本书并不是唯物主义作品，但也被施托克朵夫寡妇收入了书单。尽管伏尔泰的众多哲学家同行都认为此书出自伏尔泰之手，但是他一直否认自己是作者。在 1760 年后正式出版之前，该书曾以手稿的形式流传多年。

　　就在《五十诚》出版的同一年，伏尔泰撰写的另一部作品问世了（他同样否认该书出自自己之手），这部作品名为《奥尔良的少女》（*La pucelled'Orleans*）。"奥尔良的少女"通常用来指称法国的圣人圣女贞德（Joan of Arc）。这部作品模仿英雄史诗的体例以抄本的形式流传出来，立即取得了成功。伏尔泰的讽刺诗将圣女贞德作为勇气的象征，但也把她塑造成了性的象征。她一直被描述为一位贞洁少女；在伏尔泰的笔下，贞德的故事变成了"但是你会听到，在这些不寻常的功绩中，最了不起的是她保持了一整年的处女之身"。假如这位寡妇能在被捕之前买到《奥尔良的少女》并将其送回斯特拉斯堡的话，那么不难想象，她能卖出很多本。在她的清单上，这本书与色情作品列在一起。

　　从这位寡妇巴士底狱的档案中，我们得知她也在荷兰共和国做生意。荷兰拥有为数众多的犹太人口，而且也是新教国家，我们只想知道这些诗歌和小册子中的某些内容在荷兰是否能被接受。违禁书籍当中有一部分是以犹太人为主题的，通常是指责犹太人比其他任何古代民族更擅于使用迷信故事荼毒西方世界，比如将这些故事集合成了《旧约》和《新约》。52

　　这种诋毁即是反犹主义的体现，也让法国的哲学家被指控

112

没有成功摆脱教士阶层的普遍偏见。特别是伏尔泰，他被认为对犹太人怀有偏见，但鉴于伏尔泰对很多事物都抱有成见——他反对教士阶层，反对三位一体等各种基督教教义，反对迫害新教徒的当局，我们很难弄清楚在他的评论背后，到底是怎样的情绪。《五十诫》是最危险的，假如伏尔泰被证实是该书的作者，那么等待他的极有可能是牢狱之灾。诚然，在 1762 年，这本书是有史以来印刷品中出现的对《圣经》和基督教教义最有攻击力的作品。[53]

也许不可避免的是，对法国生活和社会的多种批评促成了一种新的写作和思考方式，即后来的"乌托邦文学"。1771 年出版的《论公元 2440 年的启示录》（*Discours sur l'apocalipsel'an 2440*），被列入了这位寡妇在巴黎的主要购书清单。路易 - 塞巴斯蒂安·梅西耶（Louis-Sebastien Mercier）的这部作品，使"乌托邦"由一个冻结在时间中的完美社会转变为一个由人类在世俗时间中创造的甚至能进一步完善的社会。梅西耶的小说以 2440 年为背景，想象巴黎到处都是开明的民众，没有神职人员和贵族，人们只阅读哲学家的著作。梅西耶还在书中描绘了一种全球秩序，在这一秩序下，欧洲技术和价值观已经具有普世地位。这部小说最著名的一点可能在于其对奴隶制的鞭挞以及对废奴运动的支持。事实上，后来梅西耶的个人观点多次发生了转变，然而真正引得大众遐想的是他关于人类解放和永无止境的进步的愿景。

梅西耶十分自信，1789 年，他声称自己的小说预见了法国大革命的爆发。作为少数几个经历过大革命并躲过恐怖统治时期（the Terror）屠杀的哲学家之一，梅西耶成了法国殖民主义的辩护人。但是在 1771 年，施托克朵夫寡妇可能也很难预见梅西耶会向帝国主义转变，这位寡妇因为售卖这本极受欢迎的著作而获利颇丰。而这本书在首次出版的两年之后就被天主教会列入"禁书目录"。[54]

　　1791 年，梅西耶拥抱法国大革命的精神理念，并把 1778 年去世的卢梭也扯入了这一事业。他说，卢梭已经看透了旧贵族又臭又硬的傲慢，看透了他们无礼的偏见，与伏尔泰不同的是，卢梭发现了一种纯粹自然的宗教中的智慧，这种宗教与《圣经》和"基督教"完全相融。同时，卢梭抨击迷信是一种"反社会的野蛮行为"。据梅西耶所说，卢梭还尊敬女性和长者，认为他们在促进国家福祉方面至关重要。最后，卢梭的《社会契约论》阐述了能够构成国家的基本思想。这并非一般人所知的卢梭，不论是在当时还是在现在。[55] 有意思的是，在施托克朵夫寡妇的书单上，没有卢梭的著作。

让 - 雅克·卢梭——自然宗教与政治学的强力结合

　　卢梭创作了各种文学体裁的作品（图 8）。他最广为流传的政治学著作是 1762 年出版的《社会契约论》。他的小说也在当时引起了轰动，同时 1762 年出版的小说《爱弥儿，或论教育》（*Emile, or Education*）可能是其中最著名的一部。在其死后出版的《忏悔录》（*Confessions*）中，他将自传体写作中的自我意识与坦诚提升到了前所未有的水准，此后也很少有这样的作品问世。卢梭所写的每一部著作，都在探寻增进人类美德的条件，以及人性和人权的普世性。他说，《爱弥儿》是他最伟大的作品。

　　以《爱弥儿》为起点来讨论卢梭，是一种不错的选择。在这部著作最著名的论述"萨瓦省的牧师"（Savoyard Vicar）①的信仰的部分，卢梭阐述了自己对人性和美德的理解。在卢梭去世之后，《爱弥儿》第四卷的这部分内容又被单独出版。这

<small>115</small>

---

　　①　指《爱弥儿》第四卷中《信仰自白——一个萨瓦省的牧师自述》一文。

图 8　卢梭，其关于社会和政府的著作是当时最有影响
力的作品之一。莫里斯·昆廷·德·拉图尔（Maurice
Quentin de la Tour，1704—1788）(ID# 70897).
Courtesy of Bridgeman Images.

114　　也是他在原著中最受指责的部分，因为它同时得罪了天主教和
新教的审查员。梅西耶则掩盖了其与教会教义的不相容以及对
非理性的教会教义的否定。

　　作为巴黎启蒙主义社交圈的常客，卢梭对当时流行的唯物
主义非常了解。卢梭选择与唯物主义思想决裂，他认为那些都
出自形而上学者之手，他谴责这些形而上学者为诡辩家。他也
清楚，唯物主义永远是少数派的叙事，他希望能有一种可以被
广泛接受的自然宗教，可以在不需要考虑受众的受教育水平的
情况下实现与人们的对话。此外，他在当时流行的无神论中发
现了许多虚伪的东西："在信仰宗教的人当中，他是无神论者，

而在无神论者当中，他又是信仰宗教的人。"56① 由此，也许我们可以更好地理解为何卢梭的著作不在施托克朵夫寡妇的书单上。

卢梭对唯物主义（以及反唯物主义）的著作非常了解。他以笛卡儿对自身存在的论断开始了自己对真理的探索。笛卡儿认为，作为一个有思想的存在，可以通过感官确定周围的物质，无论是静止的还是运动的。既然无论动静都能被感知，卢梭推断，运动并非物质的本质。在讨论18世纪唯物主义的主要来源之一——托兰德从牛顿科学中推导出来的某些主张——时，卢梭站在了反唯物主义的立场，甚至援引了塞缪尔·克拉克的观点，他是第一批反对托兰德学说的教士。57

卢梭旨在证明"有一个意志在使宇宙运动，使自然具有生命"。② 运动的第一性原因，即这一意志，就是上帝。卢梭的论断宣告了他是一个自然神论者，甚至是一个一神论者，与伏尔泰不同的是，他可以想象上帝是一个在自然和人类所有生命形式中都活跃存在的"仁慈的上帝"。58 也就是说，人作为自由主体（free agent），有行善或作恶的自由。我们在世上被赋予了自由的权力。在"萨瓦省的牧师"的精神内核中，我们也能找到《社会契约论》中那激动人心的宣言的影子："人是生而自由的，但却无往不在枷锁之中。"③ 卢梭的自然宗教也与他的政治愿景——"对民主的梦想"——密切相关。59

卢梭希望一个自由的民族能有一个自然的宗教，这种宗教能使人在没有神职人员督导的情况下得到教化。神职人员所

116

---

① 引文译文参见：《爱弥儿》，[法]卢梭（著），李平沤（译），北京：商务印书馆，1978年，第381页。

② 同上书，第389页。

③ 引文译文参见：《社会契约论》，[法]卢梭（著），何兆武（译），北京：商务印书馆，2003年，第4页。

描绘的神，"是那样的恼怒、妒忌、动不动就要报复"。⁶⁰① 卢梭与他们的观点相反，他宣称，"所有一切的宗教在上帝看来都是好的，都是他所喜欢的"，② 只有通过"理智的检验"，才能了解它们。⁶¹③ 与所有启蒙主义思想家一样，卢梭宣称，"只有大自然中不可改变的秩序才是对至高无上的存在的最佳展现"。④ 在这一点上，牛顿大概也会同意。但是，卢梭认为人类应当到"他们当中"去理解这种宗教。⑤ 卢梭对旅行文学也非常熟悉，他注意到人们必须认真思考："在人类中，有三分之二的人既不是犹太教徒，也不是回教徒或基督教徒。"⑥ 卢梭对作为神的耶稣基督表现了极大的尊崇，但是他对苏格拉底也怀有极大的好感。卢梭告诫他的读者："都要以爱上帝胜于爱一切和爱邻人如同爱自己作为法律的总纲。"⁶²⑦

117　　"萨瓦省的牧师"是卢梭思想成熟后的产物，卢梭声称，他在青年时代遇到了其现实生活中的原型——修道院院长让-克洛德·盖姆（Jean-Claude Gaime）。自在日内瓦出生，卢梭便信奉新教，后来他改信了天主教。在与让-克洛德·盖姆见面时，卢梭显然在寻找属于自己的宗教信仰。他在都灵时身无分文，对食物和住所的迫切需要可能加速了他的转变。无论背后的原因如何，卢梭对宗教十分坦诚，他在《忏悔录》中的

① 引文译文参见：《爱弥儿》，[法]卢梭（著），李平沤（译），北京：商务印书馆，1978年，第433页。

② 同上书，第428页。

③ 同上书，第429页。

④ 同上书，第431页。

⑤ 这里的"他们"即指教徒。参见《爱弥儿》第四卷，"为了要正确地判断一种宗教，便不应当去研究那个宗教的教徒所写的著作，而应当到他们当中去实地了解，从书本上研究和实地去了解是有很大的区别的"。同上书，第438页。

⑥ 同上书，第441页。

⑦ 同上书，第454页。

叙述与这本自传中的许多内容一样都是前所未有的。"萨瓦省的牧师"还为卢梭的公民宗教奠定了基础——如果要想妥善地实践并遵守社会契约，公民宗教是必不可少的。[63]

为了皈依天主教，卢梭不得不前往宗教裁判所免除自己的异教罪。他描述到，当裁判官问他，其死去的母亲作为新教徒是否下了地狱时，他的内心"满是恐惧"，但"十分愤怒"。他很害怕，不敢对这个问题表现出愤怒之情。当天结束时，他被神学院除名了——他在那里改宗，并希望通过神学院的帮助在都灵找到一份工作。他被劝告要好好生活，并拿到了一点零钱，然后就被打发走了。

几乎没有几个启蒙思想家有这样的经历，或者说即便有，也不会写出来公之于众。如果说卢梭承认其早年的改宗经历是令人震惊的，那么他对其性体验的叙述也是如此：他的性欲、他的性觉醒、他对其他年轻男人的同性依恋、他对同性恋诱惑的排斥，最后还有他与年轻女性和成熟女性的多次激情邂逅。卢梭大胆地描述了自己渴望追求"贵妇人"，而不是像他自己这样的仆人。当他的爱欲燃起之时，他感到"羞耻"；面对性挑逗，他又显得"迟钝"；而面对第一次真正的性体验，他则"有些厌恶和恐惧"。[64]

这个情绪混乱的年轻人，时而愤怒，时而绝望，对世界甚至对朋友都极不信任，后来成为法国社会最有力的批评家，对1789 年法国大革命后所谓的"旧制度"（*ancien régime*）发起了抨击。他的影响力如此巨大，以至于在大革命期间，他的遗骨被人挖出（卢梭死于 1778 年），重新安葬在先贤祠；他永远地成了一位世俗的圣人。到底是什么使卢梭成为一名如此富有战斗力的批评家的呢？

他的所有著作都显示出了他对社会等级制度、有权势的人、有头衔的贵族、文雅之士——总之是那些阶层比他高、境况比

118

他好的人——的不满。同时，他也陷入了旧秩序的陷阱中——他想与文人雅士以及受过教育的人为伍："再说，女裁缝、使女、小女贩都不怎么叫我动心。我需要的是贵族小姐……然而，这决不是羡慕出身与地位的虚荣心理在作祟；我喜欢的是保养得比较柔润的肤色，比较美丽的手，比较雅致的服饰，全身给人一种轻盈飘逸、一尘不染之感，而且举止要比较大方，谈吐要比较优雅……我自己有时也觉得这种偏爱十分可笑，但是，我的心不由自主地就产生了这种偏爱。"[65①]卢梭很清楚自己被困在了社会强加给他的势利心理之中。他也清楚自己是被一个压迫着"不幸的人们"的精英阶层吸引了。[66②]当自以为是其他一切的主人时，他们实际上"更是奴隶"。[67③]也许比起大多数人，卢梭更能清楚地看到社会秩序的矛盾与荒谬，因为他在个人生活和性生活中不得不每天面对这样的情绪与困惑。

笼罩在这位年轻哲学家身上的矛盾情绪，可以部分理解为他对自然的依恋与热爱。卢梭坦言，"漂泊的生活正是我需要的生活"，在"激流、巉岩、苍翠的松杉、幽暗的树林、高山、崎岖的山路以及在我两侧使我感到胆战心惊的深谷"中的体验最为舒适。[68④]转向自然使人们表达深层情感成为可能，是人们寻求真实和平的一种方式。卢梭对自然的理解塑造了其政治哲学，使其在拥抱霍布斯的契约论的同时，也避免了他"一切人反对一切人的战争"这一思想内核中黑暗的一面。没有自然的恩惠，卢梭就无法摆脱霍布斯的陷阱，也无法脱离先前所有

---

① 引文译文参见：《忏悔录》，[法]卢梭（著），黎星（译），北京：商务印书，1986 年，第 163 页至第 164 页。

② 同上书，第 201 页至第 202 页。

③ 引文译文参见：《社会契约论》，[法]卢梭（著），何兆武（译），北京：商务印书馆，2003 年，第 4 页。

④ 同①，第 212 页。

契约理论家的窠臼，将主权归属于人民而非国家。

　　很少有政府理论家对社会给予如此大的信任。在自然状态下，本能占主导地位；个人只考虑自己。当我们从自然状态转向社会状态时，会有得有失：

> 　　人类由于社会契约而丧失的，乃是他的天然的自由以及对他所企图的和所能得到的一切东西的那种无限权利；而他所获得的，乃是社会的自由以及对于他所享有的一切东西的所有权。[69]①

　　我们可能会认为，卢梭给社会中任何拥有财富的人都开出了一张不受条件限制的空白支票。但是卢梭与霍布斯或洛克有着很大的不同，他对财产带来的特权持保留态度："各个人对于他自己那块地产所具有的权利，都永远要从属于集体对于所有的人所具有的权利。"[70]② 卢梭用寥寥数语，就给现代世界留下了公有财产普及的可能性，并为 19 世纪的社会主义者和共产主义者打开了大门。卢梭毫无任何怀疑地认为：金钱从本质上是腐败的。[71]

　　在卢梭倡导建立的民主国家里，人民拥有主权，"主权既然不外是公意的运用，所以就永远不能转让"。[72]③ 公意保证了所有人的平等。公意不是大多数人的意愿；相反，它是将全体人民团结起来的公共利益。这就是事实，无论当局以及如格劳秀斯这样的理论家们多么希望我们认为是政府拥有主权。尽管

120

---

① 引文译文参见：《社会契约论》，［法］卢梭（著），何兆武（译），北京：商务印书馆，2003 年，第 26 页。

② 同上书，第 30 页。

③ 同上书，第 31 页。

派系仍然可能存在，但派系越多，情况越好；由此，没有哪个派系能占上风。有了这样的预防措施，公意"可以永远发扬光大"。[73]① 公意受到法律等机制的保护，也受到共和国公民所接受的教育的保护。

对卢梭抱有敌意的批评家认为，他在对"公意"的表述中体现了对暴政的许可。这种解读是不符合常理的，其本身也充满了错误。卢梭关于公意的表述并不能被人轻易理解，我们不能采取一刀切的方式对待公意。相反，公意因国家而异。共和主义理论家必须清楚地认识到，理论需要与当地制度相适应。当被波兰政府问及何为最佳形式的波兰宪法时，卢梭谨慎地指出，鉴于波兰贵族的规模和权力，他们的需求也应该被纳入公共利益的考量范围。同许多 18 世纪的政治经济理论家一样，卢梭更青睐拥有土地的人，而不是有钱的人，他也看重那些用双手劳动的人。最后，卢梭坚持认为人们需要一种共同的宗教，一种可以将所有信徒团结起来的信仰。同样，公意也可以因地区而异，但是在大多数情况下，公意将接近"萨瓦省的牧师"所阐述的观点，而且它们是必需的。唯一被禁止的是宗教不宽容。[74] 批评家认为，卢梭心目中的政治实体更接近于城邦及其出生地日内瓦，而非像法国那样幅员辽阔、文化多元的国家。更重要的是，卢梭认为每个群体都必须找到深嵌在自身历史和习俗中的共识。

法国共济会

鉴于卢梭对普世性自然宗教的探索，我们要指出一个有趣的现象，那就是卢梭对共济会并不感兴趣。18 世纪 60 年代有

---

① 引文译文参见:《社会契约论》, [法] 卢梭 (著), 何兆武 (译), 北京: 商务印书馆, 2003 年, 第 37 页。

一些共济会会所会向集会的弟兄发表演说，从中可以品出卢梭式的情感。后来，他们对他没有参与到这些共济会的活动中感到遗憾："如果不幸的卢梭能知道我们庄严的集会就好了；如果你能享受我们之间甜蜜的结合就好了。"[75] 要是卢梭参加了这些集会，他能发现什么呢？

在 18 世纪最初的二十年，共济会开始在英国发展起来。到了 18 世纪 20 年代，甚至更早的时候，它已经传入欧洲大陆，不久之后又进入了美洲殖民地。在法国，共济会的重要性与日俱增，为进步思想提供了一个出口，也为有组织的宗教活动提供了另一种方案。在 1789 年秋季的法国大革命中，共济会和哲学家被指控密谋推翻法国君主制和天主教会。他们认为，事实上是启蒙运动中的世俗主义引爆了法国大革命。[76]

这种充满阴谋论色彩的指控一直盘踞在极右翼的思想当中，直到 20 世纪。这一说法并无事实依据，但是阴谋论者很少被事实左右。而且，在 1815 年拿破仑的统治结束后，各个共济会会所确实被复辟的波旁王朝的情报人员监视着。[77] 直到 1945 年前的所有欧洲极右翼政府，以及直到 1975 年弗朗哥去世前的西班牙政府，都对共济会投以冷眼，并开展过反共济会的宣传活动。

在 1738 年和 1751 年，教宗都对这些共济会会所发出过谴责，禁止天主教徒加入共济会。[78] 该诏书宣称："这些会社或秘密集会不仅对世俗国家的和平构成威胁，也会对灵魂的福祉造成巨大伤害。"不过这种谴责对共济会的影响十分有限。在 1750 年之后的五十多年里，法国共济会会所的数量翻了一倍，有些会所允许女性入会，而且会所集会上的演讲内容经常可以作为政治参考。在那个时期，有些共济会会所之间流传着克伦威尔创办了第一批会所的荒诞说法，却被很多人相信。[79] 无论这一说法多么不真实，但都可以说明他们确实拥抱了来自英国的革命传统。

　　不少著名的启蒙思想家，例如伏尔泰、孟德斯鸠、爱尔维修和本杰明·富兰克林都加入了共济会，而托马斯·杰斐逊则像卢梭一样，认为加入共济会没有什么价值。会所极具贵族特征，甚至会使用宗教象征的手法，例如，在斯特拉斯堡的一处共济会会所，人们将共济会的《宪章》放在了祭坛上。此外，会所的"圣殿"里还陈列着银质烛台、太阳和月亮的图像，尤其还有"一个古老的金色的祭坛……用红色的绢布盖着……用金色的穗带和流苏装饰着"。[80] 在这个呼唤"宇宙伟大的建筑师"的时代，如果一位共济会弟兄想要探寻一种自然宗教，那么谁也拦不住他。

　　在这里，男人和一些女人们（虽然她们的成员身份备受争议）可以发表演讲、投票、资助慈善事业，并在庄重——或者说至少在晚餐前是体面的——的气氛中与那些不太熟悉的人交谈，会所为这些活动提供了有限空间。会所可以使参加者浸润在改良主义的价值观中，也能使他们获得贵族的保护和赞助。这些会所可以为政府充当学校，甚至被一些对传统宗教不满的人当作礼拜场所。也许同样重要的是，有了这些会所，在英吉利海峡两岸和美洲殖民地，有着不同宗教信仰的人可以在和谐、宽容的氛围中交流，即使每周只有几个小时。在阅读哲学家的著作的过程中，他们也可以在新兴的、开明的文化中生活，或者说他们至少能体验其中一个版本的开明文化。

　　法国的启蒙运动部分依赖于外国的影响，这些影响主要来自英国和荷兰共和国。但这丝毫不能掩盖其领袖人物的光辉和其地下市场常客的勇气。毫无疑问，所有人都渴望从中获利，但他们也希望能实现一种不同以往的社会及政治秩序，一种更少教会人士、更少审查、更多宽容并能为穷人和受压迫者伸张正义的世俗秩序。相似的情感促使着托马斯·杰斐逊将神职人员从行政体系中剥离开来。杰斐逊表示，他们的"集体精神（*esprit de corps*）已经对人类造成了十分恶劣的影响，这些教士在长达 10 个世纪乃至 12 个世纪的历史中犯下了太多暴行"，[81] 大西洋两岸的哲学家都鼓舞我们寻求类似的目标。

第五章　爱丁堡的苏格兰启蒙运动

　　总的来说，在苏格兰的出版商和印刷商的店铺中寻找唯物主义书籍或违禁书籍，是徒劳的。如果这里真的有位施托克朵夫寡妇，那么她实在是藏得太好了。事实上，在 17 世纪 90 年代，苏格兰政府当局确实在搜查禁书，但大多空手而归。即便如此，苏格兰在 18 世纪也经历了一场活力不亚于巴黎或伦敦的世俗启蒙运动。

　　然而，苏格兰的启蒙运动又大为不同。[1]

　　首先，规模是其中很重要的因素。1700 年苏格兰最大的城市爱丁堡大约有 4 万人，到 18 世纪中期，则有 5 万—6 万人。格拉斯哥和阿伯丁（Aberdeen）也与苏格兰启蒙运动密切相关，但它们的城市规模更小——尽管格拉斯哥在 1750 年后发展迅速。在其他苏格兰城市中，只有 7 座城市的人口超过了 5000 人。在伦敦、阿姆斯特丹和巴黎这样拥有数十万人口的城市，当局要想监控居民的思想和行为，要困难得多。苏格兰的农村人口也远远多于英格兰或荷兰共和国。在世纪之交，

苏格兰的经济水平仅能维持温饱，且经常陷入饥荒。拥有大量土地的贵族以及他们的家族是封建制度的残余，这种封建制度自罗马帝国灭亡后就在欧洲建立了。然而，在人口不足 100 万的情况下，1700 年的苏格兰却拥有 5 所成立于中世纪时期的大学。在像爱丁堡这样的城市里，受到良好教育的精英——按常理推测，新思想会在他们中间萌芽并扎根——以长老会的神职人员和大学教授为首，"近亲结婚现象严重，宗教主义的程度极高"。[2] 城市精英阶层的社会凝聚力，以及他们与拥有大量土地的贵族之间的密切联系，使苏格兰的启蒙运动独具一格。

　　这些城市精英在政治和智力上的优势地位可以上溯至

1688 —1689 年的光荣革命。在此之前，主教派（在英国被称为圣公会）合法统治着教会和大学。在苏格兰，这些人对斯图亚特王朝——以至于对詹姆斯二世（他在苏格兰被称为詹姆斯六世）——的忠诚似乎无远弗届，只有对主教和等级制度的尊崇才能与之比肩。无论是在英国，还是在苏格兰王国，辉格党都支持光荣革命，因此也支持奥兰治的威廉，但是在苏格兰信奉主教派的辉格党人却很少。在英国，教会分为两派，在低教会派的辩护下，大部分圣公会教士都支持光荣革命。而高教会派则唯恐失去自己的特权，倾心于君主制，有时也会摇身一变加入詹姆斯党（斯图亚特王朝流亡人士的忠实追随者）。在苏格兰，苏格兰教会（the Kirk）中长老会的大多数信徒则以革命为己任。

1690 年后，辉格派长老会（或称"加尔文主义"）在随后的一个世纪里合法地占据了优势地位。接着，它也逐渐分裂为两派：一派是正统而僵化的加尔文派；另一派是温和派，他们支持自然宗教，并摒弃了预定论和原罪的说法。苏格兰启蒙运动的一大特点已经明朗化了：辉格派长老会的温和派——而非唯物主义者、激进派或詹姆斯党——主导了启蒙文化，并且逐渐开始关注世俗生活。

温和派的优势地位持续了数十年，一直延续到 18 世纪40 年代。举一个例子就足以说明问题：亚当·斯密（Adam Smith）1723 年出生于寇克卡迪（Kirkcaldy）的一座小镇，出身于一个长老会的上流社会家庭，其家庭成员常在政府任职，因此，在 1689 年后，他们成为辉格党上台的坚定支持者，并坚决反对詹姆斯党。为了进行学术研究，亚当·斯密进入格拉斯哥大学和爱丁堡大学任教；这两所大学最终在温和的辉格党人士和长老会的领导下蓬勃发展。1776 年，亚当·斯密在使其声名远扬的《国富论》（*The Wealth of Nations*）出版之

126

后，便移居爱丁堡（他曾在格拉斯哥大学供职过一段时间），并任海关专员，这一职务收入颇丰。亚当·斯密的社会和政治人脉，使他不会像一些法国哲学家那样对教会和国家产生严重的疏离感。我们可能永远无法得知他的个人宗教信仰；1790 年，在生命即将终结之际，他毁掉了所有有关他的文档。亚当·斯密对周遭社会环境的认同使其对外部环境没有那么疏离，但与许多欧洲大陆的改革家一样，他对社会的现状持批判态度。

在亚当·斯密去世前的一个世纪，苏格兰一直是一个深陷重重麻烦的地方。从 17 世纪 30 年代到 18 世纪 20 年代，苏格兰存在着两股敌对的宗教势力，其命运此起彼伏，先是受主教派人士支持的斯图亚特王朝，后来由于 1688 年至 1689 年光荣革命，长老会在教会和大学掌权。他们之间的论战，使 1689 年之前的英国宗教生活尽管经历腥风血雨，但看上去几乎是和平的。事实上，双方的冲突十分激烈，以至于苏格兰的教士害怕反宗教分子会因为主教派和长老会的教派斗争乘虚而入。[3] 斯图亚特王朝及其主教派神职人员使 17 世纪晚期的苏格兰异见声与动乱不断：1679 年一位大主教被刺杀；同年长老会的军队焚烧了格拉斯哥；对阴谋造反的嫌犯施以酷刑；烧毁了煽动性书籍。最后，在 1692 年，威廉三世（William III）① 的王家军队对麦克唐纳（MacDonald）家族所谓的詹姆斯党成员进行了报复性的屠杀。17 世纪 90 年代中期，因为粮食歉收，饥荒再次爆发；再加上与法国的战争，和对法军入侵的忧惧，局势进一步恶化。

虽然在英国 1688 年至 1689 年的光荣革命促成了当局对正统新教徒的宗教宽容，但苏格兰人选择了一种不同的道路。无论是苏格兰的长老会，还是主教派，都不想达成宗教宽容；1690

---

① 即"奥兰治的威廉"。

年，两派成员当中几乎没有任何温和人士愿意在宗教问题上达成和解。[4] 至少，最后一位因亵渎罪在英伦三岛——1707年英格兰与苏格兰合并成为大不列颠（Great Britain）——被处决的人是一名苏格兰学生托马斯·艾肯海德（Thomas Aikenhead），他在1697年被吊死的时候只有20岁。

艾肯海德把基督说成术士和冒牌货，否认三位一体和《圣经》的真实性，并声称"上帝、世界与自然是同一事物"。[5] 通过对他的指控，我们可以了解17世纪90年代的苏格兰允许讨论或信仰什么。在英国和荷兰共和国，人们对这些理念都不陌生。事实上，在约翰·托兰德的文稿中（1690年他在爱丁堡），有一份关于耶稣是一名术士的手稿。[6] 有超过25名证人接受传唤指控艾肯海德：艾肯海德的同学、商人、一位书商以及大学图书馆的管理员。我们不知道他们的宗教派别，但是我们可以推测，他们大部分是长老会信徒。他们还认为在光荣革命以前主宰大学的主教派不够虔诚。如果说苏格兰的启蒙运动开始于17世纪90年代，那也是一个犹豫不决的开始。

128

艾肯海德的一位控告者阐释了异端信仰所带来的危害，这也是很多苏格兰人所赞同的："苏格兰会生养这样的叛教者吗？我们是与上帝订立契约的民族！"[7] 自新教改革以来，一代又一代苏格兰长老会信徒认为自己与上帝订立了契约，这种关系在17世纪40年代为内战提供了正当理由。他们认为主教派信徒并非上帝真正的子民。这一契约的"神话"一直延续到18世纪，使任何公开的异端信仰都会遭受指控或有更严重的后果。然而，在艾肯海德之后，没有人再因亵渎上帝被处决，自由思想——更不用说唯物主义——在公开场合几乎销声匿迹。数十年之后，即便是最不信教的苏格兰哲学家大卫·休谟——其著作的法文译者正是霍尔巴赫男爵——也只敢谨慎地发表个人观点，而他的朋友亚当·斯密则将自己的宗教信仰藏在心底。

对主教派和君主制国家的不满如一股暗流在苏格兰涌动。在 1685 年之前，一位激进的长老会信徒珍妮特·哈密尔顿（Janet Hamilton）坦言，她"不承认国王"查理二世，因为"他破坏了苏格兰人与上帝的契约，让我们生活的这片土地满目疮痍，从而使自己失去了国王的身份"。[8] 尽管大多数苏格兰人都支持 1688—1689 年的光荣革命和威廉三世，但他们对宗教宽容这一观念不为所动，他们中的相当一部分人还眷恋着斯图亚特王室，因此这部分人支持詹姆斯党，与辉格派长老会人士不同的是，他们从未成为一种普遍的、世俗化精神的推动力量。[9]

如果我们听一听 17 世纪 90 年代教士的讲道就会发现，在他们的口中，苏格兰的宗教信仰似乎正处于无神论和自然神论这对孪生幽灵的威胁之下，而这种威胁是前所未有的。1696 年初，苏格兰教会总会（the General Assembly）——当时由长老会控制——通过了一项法案，反对"这片土地上的坏疽"，即无神论、自然神论和怀疑论。当时的人们认为，这些思想来自伦敦和欧洲大陆，尤其是荷兰共和国。[10] 然而，也有一批苏格兰当地的哲学家，他们受波义耳和牛顿的新科学的影响，其观点被贴上了异端和危险的标签。可怜的艾肯海德可能就是因为接受了他们的思想、阅读了他们的著作而献出了生命，个中缘由我们知之甚少。

就像法国在莫佩尔蒂的那个时代一样，牛顿学说再一次进入了与反宗教相关的学术讨论之中。然而，与法国的大学不同，早在 17 世纪 80 年代，牛顿的科学就被爱丁堡大学的教职人员所看重。尽管现在没有一个"了解历史"的人会认为苏格兰的几位主要牛顿学说追随者大卫·格雷戈里（David Gregory）、科林·麦克劳林（Colin Maclaurin）、约翰·凯尔（John Keill）是反宗教人士，但当时的人却对此深表怀疑。[11]

与欧洲其他大部分地区不同，苏格兰的大学崇尚知识创新，并没有落入被神职人员所强推的亚里士多德主义的桎梏。因此，牛顿科学在此取得了显著进展。

1740 年，年轻的亚当·斯密前往牛津大学求学，他惊讶地发现，在牛津大学占有统治地位的学说仍来自亚里士多德，而不是笛卡儿，当然更不会是牛顿。然而，没有什么能阻止他对哲学的兴趣。回到爱丁堡之后，他作为格拉斯哥大学的教授，在当地最最有影响力的一家私人哲学协会——精英学会（the Select Society）——中发挥了核心作用，这家协会的会员有 50 多名。在 18 世纪 50 年代，有两条原则贯穿着该协会的一系列活动：不讨论宗教教义，不讨论詹姆斯党。[12] 这里也成了人们培养求知欲、磨炼辩论技巧的场所。数十年后，像亚当·斯密和大卫·休谟这样的成员以及亚当·弗格森（Adam Ferguson）、约翰·门罗（John Monro）等人的名气将传出苏格兰，最终闻名整个欧洲。[13]

精英学会的第一条原则是禁止讨论宗教教义，在 1690 年，这令同时代的人都感到疑惑不解。事实上，就在同一年，一个辉格党长老会委员会成立了，以考查大学学术领袖的虔诚度和正统性。当时，知名的苏格兰医生和牛顿学说追随者阿奇博尔德·皮特凯恩（Archibald Pitcairne）已因漠视宗教和酗酒声名远扬，更重要的是，他还是詹姆斯党人。[14] 他在长老会和主教派的神职人员中都树敌众多，或者正如皮科凯恩自己所说的那样："这群堂区牧师流氓，是一帮贪得无厌的狗。"[15]

牛顿科学一来到苏格兰，就遭到了神职人员的怀疑，以至于 1690 年，牛顿科学最为才华横溢的追随者之一大卫·格雷戈里被指控为无神论者，他只得逃到牛津大学执教。据说，当把一只鸽子放入波义耳的真空气泵并不断减少空气时，他告诉学生，上帝对这只鸟的死亡没有起到任何作用。对新科学的

130

指控声称，新科学将万事万物都归结为数学符号——这些数学符号实质上就是运动中的物质。[16]事实上，皮特凯恩曾以机械原理进行过比喻："在某种意义上，人的身体可以被称为机器，这一点有谁会怀疑呢？"他谴责无神论和自然神论，但认为将医学与自然哲学联系起来并无害处："我们难道不是诞生在一个美好的时代中吗？在这个时代我们将见证这门经验的艺术（Conjectural Art）变成了一门科学。"[17]格雷戈里、皮特凯恩和其他几个人被解除了大学领导的职务，事后看来，这就像是一场猎巫行动。

有多少辉格党人知道年轻的英国异见人士、长老会信徒约翰·托兰德，这是一个值得思考的问题，早在1690年于爱丁堡大学求学期间，他就接触了牛顿学说，当年他也获得了自己的硕士学位。[18]1696年，约翰·托兰德出版了《基督教并不神秘》（*Christianity not Mysterious*），由此声名大噪。这本书宣称宗教中一切可信之物都不会超越理性，这一观点使许多读者认识到宗教之中可信的东西几乎所剩无几。托兰德与爱丁堡大学的关系并不能改善年轻的艾肯海德的处境，事实上，上帝就是自然、耶稣就是术士的观点，与托兰德的著作有着直接的联系。

1704年，托兰德利用牛顿科学证明运动是物质本质固有的属性——换句话说，自然可以自我管理，运动、生命与变化这些现象完全可以用自然主义理论来解释。托兰德把自己描述为泛神论者；与他同时代的人则更倾向于无神论。牛顿伟大的朋友和诠释者塞缪尔·克拉克对托兰德的指责予以回应，而这种争论在苏格兰哲学圈内继续发酵，克拉克的追随者——苏格兰人安德鲁·巴克斯特（Andrew Baxter）则在这场争论中推波助澜。大卫·休谟也在这一社交圈活动，他在这些因为对牛顿科学的理解不同而引起的问题上切入了自己的哲学思想。[19]

17世纪90年代，苏格兰的启蒙运动似乎处于文明社会的边缘，与教士阶层主导的大学的知识关怀和托兰德或艾肯海德的异端信仰都相去甚远。从艾肯海德被处决到1751年精英学会对异教哲学展开讨论，中间还有很长一段路要走，当时主要的一些温和派神职人员，乃至大卫·休谟和亚当·斯密，都参与了与世俗有关的辩论，包括女性地位、民兵在治理有方的政府中的作用、在男女双方同意的情况下离婚、"谷物法"（the corn laws）、决斗的有效性，尤其是将"忏悔凳"（the repenting stool）从长老会教会（Presbyterian Church）会议的中心位置移除的可行性。这些"忏悔凳"是为那些特别不守规矩的人准备的——为了当众羞辱他们——精英学会的温和派人士认为这是对人的侮辱，且是不必要的。

通过温和派早期出版的一本小册子——据说是威廉·罗伯逊（William Robertson）等人的著作——我们发现，人们在处理当时的社会问题时，手段日益世俗化，而这类手段本质上来自一种宗教情感。1752年出版的《持异见的原因》（*Reasons of Dissent*）长期以来被视为温和派的宣言，由此也表明，苏格兰启蒙运动中的主要参与者就是神职人员，该书根据"符合人类共同利益和自由"的"政府准则"进行了推论。它痛恨教会和国家的"暴政"，但是也主张秩序与法治。个人良知应该受到保护，但不至于让它享有绝对不服从或只遵循自己的内心之光的权利。这一温和版本的启蒙运动的原则摒弃了"狂热"，因为它给予了所有教义均等的机会，就像它允许所有教义共存一样。苏格兰教会宪章（The Constitution of the Kirk）必须占统治地位，而这一主张使辉格党中的温和派与英国宪政更普遍地联系在一起。[20] 无论是在大学的教学日程上还是在各个团体的论战之中，政治民主从未有一席之地，而且在苏格兰，对投票权的限制比王国的其他任何地方都更加严格。宗教和政治

132

上的温和态度并不总能得到回报。

不出所料，温和派的敌对势力进行了反击，指控他们"对异端抱有同情心……我在现实生活中从未见过一位温和派人士不尊重或不热衷于异端思想"。那些有信仰的温和派人士关心的是社会责任，从来不关注宗教热情与上帝的恩典。这种责任必须来自理性的考量，事后证明，这些考量不利于"粗鄙之人、无知之人、头脑发热的乡村长老和傻女人"。敌对的批评家指责温和派人士非常厌恶下层人士，以至于他们势利地坚称，"使徒保罗受过大学教育，并在逻辑（the Logic）的指导下行事"。温和派受到异教哲学家的指引，在他们手中，宗教变成了纯粹的"美德"。最重要的是，温和派的神职人员是有教养的，他们并不擅长传讲上帝的圣言，而是娴于交谈与社交的艺术。[21] 休谟为温和派以及他们的敌人——他称之为"狂热者"——的论争设定了条件：

> 这种宗教暴力，被新奇事物所激发，被反对势力所激励，其事例随处可见；在德意志，他们是再洗礼派（anabaptists），在法兰西，他们是卡米撒派（camisars），在英格兰，他们是平等派（levellers）和其他狂热分子，在苏格兰，他们是誓约派（covenanters）。狂热是建立在强大的精神和自以为是的性格上的，它自然会催生出最为极端的解决方案；尤其是当它发展到这种程度时，就会使受到蛊惑的狂热分子对上帝产生看法，并蔑视理性、道德和谨慎的普遍规则。[22]

撇开双方都过于夸张的言辞不谈——启蒙运动的反对者总是指控启蒙运动的追随者拉拢宗教异端——温和派的神职人员以及像休谟和斯密这样的世俗伙伴确实重视对话、以礼待人以及彼此之间的友好相处。他们强化并安然占据了逐步世俗化的市民社会——事实上，他们将它变成了自己的社会。历史学家认为，1707 年英格兰和苏格兰的合并促进甚至催生了苏格兰的启蒙运动。尽管 17 世纪 90 年代的一些证据表明，苏格兰的启蒙运动可能发生的更早，但由于没有议会和枢密院（privy council），1707 年后受到良好教育的苏格兰人将精力投入到文化和社交生活中，似乎更能合理地解释苏格兰的启蒙运动的发生。向市民社会的转变并非没有争议，而且本来也有可能失败，使苏格兰只剩下一群对大学和各种温和主义持敌对态度的胆大妄为的长老会教士。一个富有活力的市民社会孕育了苏格兰的启蒙运动。

134

　　18 世纪 50 年代是关键的 10 年：那些反对温和主义、反对观看戏剧、反对休谟的怀疑主义的人未能在苏格兰教会总会及民意法庭上占主导地位。[23]1757 年，温和派的领袖人物之一，亚当·弗格森（Adam Ferguson）为《舞台剧的道德性》（*The Morality of Stage Plays*）争辩，结果在憎恶戏剧的正统派长老会与捍卫看戏权利的温和派之间引发了一场激烈的"小册子论战"。温和派逐渐取得胜利，整个事件"在国际上"取得了"哲学家们的认可"，成为"光明"战胜"黑暗"的标志。[24]温和派对此十分满意，休谟得意地写道：

　　　　这个国家现在哺育了这么多的天才人物，真是令人钦佩。在我们失去自己的王公诸侯、议会和独立的政府的时候……在这种情况下，我们居然成为欧洲最杰出的文学民族，这岂不是怪事？[25]

　　休谟对这件事的看法并不荒诞。事后看来，爱丁堡的温和派人士所采取的策略，与启蒙运动在欧洲各个地区取得胜利的方式十分相似。总而言之，哲学家们团结在一起，尽管存在分歧，但他们有着基本的共通之处：宗教宽容；对给他人贴上异端标签的行为不感兴趣；对文字的精妙运用；对改革教会和国家体制兴趣浓厚。有些人愿意冒险讨论反宗教思想和异端思想——一般是唯物主义或极端怀疑主义——通常他们会将相关文本秘密出版。

135　　　苏格兰的哲学家之间有着坚定的同志情谊，这在很大程度上要归功于每周的社交聚会，这种聚会在所有城市都可以找到，无论城市规模大小。在这里，我们讨论的重点是爱丁堡，不过在格拉斯哥或阿伯丁，也可以发现类似的情况。某些问题一直是精英学会辩论的话题：对谷物出口征税，对工商业和农业是否有利？是否应该废除反对贿赂和腐败的法律？是否应该向自住的穷人或济贫院和医院的穷人发放救济金？是否应该扩大土地耕作的面积？在财富不断积累的情况下，大众的放纵行为能否通过有教养者的关照而得到遏止？当有关私有财产的法律"沦为一种形式"，对一个国家是否有利？"忏悔凳"是否应该被废除？而最后的这个问题一直被放在苏格兰教会所寻求的温和改革的最前沿。

　　　到目前为止，精英学会所讨论的话题大多与世俗有关。最近通过的《婚姻法》（Marriage Act）中的条款是否对国家有利？是否应该限制对威士忌的消费，从而减少饮酒？印刷是否有利于社会？在女性的处境和待遇方面，我们应当遵照传统，还是采用现代社会的方法？在对孟德斯鸠的问询中，人们问道：民族性格不同，主要是由气候差异造成的，还是由道德或政治上的差异造成的？法国的政策是否与英国的自由不相适应？是否应该允许土地所有权的流转？大学应该设在大都会，还是设在偏远的城镇？在知识和技艺领域，是我们比古代人优越，还是古人比我们高明？一个治理有方的政府是否应该允许搭设舞台？土地收益与商业收益哪个更有利于维护国家的和平与稳定，哪个更有利于公共自由？严格的思想道德原则是否与商业的发展相符？现代机械学的进步或机械设备使用的增多是否会造成世界人口的减少？君王的暴政与共和国的派系斗争哪个对国家造成的危害更大？是否应该反对女性化妆？是否应该允许富人拥有一个以上的妻子，从而使人口增加？还有最重要的一点，奴隶制是否能带来好处？

　　大多数问题用不到一年的时间就能通过讨论解决。[26] 很多问题在两到三年的时间内反复出现。有关国家和经济的福祉的问题经常出现在讨论列表中，同样热门的还有涉及女性的议题。有些女性议题可能只是为了消遣——一夫多妻在欧洲早已被禁止，而其他女性议题——关于女性是否应该担负"国家的信任与利益"——可能会引起更具思考性的讨论。[27] 关于离婚是否应该取得男女双方的同意，或者当女人比男人有着"更好的理解力"时婚姻是否会幸福的问题，也可能会引起人们的深思。

　　关于人们在辩论中说了什么，几乎没有记录。在如何看待女性的问题上，古今风俗习惯之争可能促使休谟写下了《历史论文：论骑士制度和现代荣誉感》（*An Historical Essay on Chivalry and Modern Honour*）。如果是这样的话，那么这篇文章将是为数不多能够被当作精英学会会议发言的文本之一。休谟认为，征服古罗马的野蛮人处于"理性的曙光"（twilight of Reason）中，并转向妄想和怪诞，"由此，罗曼蒂克骑士精神（Romantick Chivalry）或者说是行侠仗义（Knight Errantry）的怪物……被带到世上"，并"像野火一样在欧洲所有国家蔓延"。休谟哀叹道，出于这种错觉，哥特式风格诞生了，"装饰物上"堆聚着"装饰物"，并推行了"一套新的礼仪规范"。这种礼仪规范其实比不上"最古的历史中的伟人"的品性，而这些最初的现代人却展现着"虚伪而做作的优雅"，并试图模仿古人，发明出一种属于他们自己的"极端礼制"来。如同我们在第三章中讨论过的旅行者亨利·温德姆（他可能从未听说过休谟的思想），休谟对哥特式建筑的态度十分冷淡。

与骑士精神相比，休谟断言，虽然常说友谊是"坚实而严肃的东西"，其实对于其"普遍应用"来说显得过于文雅，但爱情却是另外一回事："爱，几乎对每一个人而言，都很有吸引力，见到美貌的女子，不可能不有所触动。"但可以肯定的是，爱是反复无常的，而且当它与骑士精神掺杂在一起时，情况更糟糕。这种爱颠覆了自然秩序，使女人显得更优越。骑士之爱是为了"将落难的女子从巨人的囚禁和暴力中解救出来"。在中世纪的男人发明的爱情当中，女性变得冷漠、傲慢；为了给她们留下好印象，骑士们在比武中杀人，却不会受到惩罚。[28]除了少数几个显眼的问题外，直到 18 世纪的最后 25 年，女性平等的议题才被广泛提上议程，而且主要是在比较激进的圈子里。

我们很难看清，休谟到底是更痛恨统治基督教欧洲的各种理念，还是更痛恨女性平等的观念。当然，他完全可以对其进行讽刺，当时也并没有女性在场。这个完全由男性构成的学会与另外两家同样由男性构成的社团也有关联：即共济会（精英学会与共济会共用的聚会场所），以及爱丁堡学会（Edinburgh Society），精英学会的成员也是爱丁堡学会的会员。[29]大概可以预见，由于这种分隔，涉及女性的议题一再出现：对待女性，是古代的方式还是现代的方式更为妥当？女性在政府中担任与信誉和利润相关的职务是否有益？以及是否应该在夫妻双方一致同意的情况下离婚？[30]"女性议题"成了苏格兰社会理论的核心内容，女性的待遇成了一项基本的指标，以判断一

138

个社会正处于从原始、野蛮到繁荣、优雅中的哪个阶段。[31] 这种对性别议题的关注，可能是因为他们仔细研读过孟德斯鸠的著作，对某些人来说，他的作品在苏格兰圈内如他本人一样知名。

美文协会（the Society for Belles Lettres）成立于 1759 年，是爱丁堡另一家社团，它与精英学会同时成立，主要由学生组成，而它也讨论了类似的问题。[32] 神职人员在协会的活动中也更活跃。与精英学会相比，该协会对宗教问题的关注度要高得多，但世俗议题再一次占据了主导地位。女性是否应该接受科学教育？[33] 富有激情的人幸福，还是缺乏激情的人幸福？奴隶制是否可以与人类和基督教的价值观相协调？还有一个问题可能是受到了卢梭 1750 年出版的著作《论科学与艺术》（*Discourse on the Sciences and the Arts*）的启发：艺术的发明是否能使人类更幸福？最后，该协会还有一个问题：民族性格是由生理原因造成的，还是由道德原因造成的？因此，商业和贸易是否会导致奢侈的问题（这一问题具有共和主义色彩）也困扰着与会者。社会是否会走向衰败、政治变革的方向以及促进人类福祉的可能，这些话题一直都在美文协会的讨论范围内。

在所有这些苏格兰社团中，寻求社会和政治的进步都是其最主要的任务。休谟简要提及了这一问题："没有什么比研究诗歌、雄辩术、音乐或绘画的美更能完善人的品性。"[34] 这一问题背后暗含了孟德斯鸠关于气候影响进步的理论："是什么原因使生活在南北回归线之间的人们没有发展出任何艺术或文明，在他们的政府中甚至没有警察，也不讲军事纪律；而在温带气候区的国家当中，却鲜见这样的情况？"休谟同其他人一道，为阐释一些民族比另一些民族优越的种族主义理论奠定了基础。休谟也确实认为英国是世界上最先进的国家。[35] 当苏格兰人向南看去，他们看到的是更为繁荣的土地，但当他们向北看向苏格兰高地时，所见到的情况却完全相反。而假设苏格兰人和英格兰人天生就是优等或低劣的民族，似乎很难说得通。这大概是由一些结构性的原因及历史上的偶然因素造成的。

鉴于对这些差异的普遍关注，面对苏格兰的启蒙运动给现代世界留下了其对人类发展不同阶段和阶段性历史的探索，我们也不会感到惊讶。总的来说，苏格兰人比起同时代的英国人要落后很多，这种状况一直令其知识分子感到困惑。休谟提出了一个可能推动进步的决定性因素，那就是"自由"：

> 古人已经注意到，所有的技艺和科学都是在自由民族中产生的，尽管波斯人和埃及人生活在安逸、富足、奢靡之中，但他们并没有怎么去追求那些更高级的享乐，而希腊人将这些享乐发展到了极致。[36]

自由虽然是其中必不可少的因素，但也只是进步叙事的一部分内容。商业和制造业也应该被视为其中必不可少的组成部分。休谟指出："当一个国家的制造业和机械工艺高度发达之时，土地所有者和耕种者都会把农业当作一门科学来研究，并投入更多的精力和注意力。"高度发达的工业反过来又增强了国力，并促进了人文科学的繁荣。休谟所谓的"工业"就是纺织业，到 1800 年，纺织业将会引发第一次工业革命："我们设想一下，一个民族如果不会制造纺车，或是不会使用织布机，那么他们能组建好一个政府吗？"[37]休谟基本上将宗教排除在进步叙事之外，但他指出，迷信会阻碍所有"追求利益与幸福"的人。

休谟对宗教的态度只会让所有的信徒感到不快。休谟试图用自然科学来进行论证，并探究其中的规则，他希望宗教信仰接受自然哲学家所使用的那套标准："这是他们对于一切自然的、数学的、道德的、政治的科学所实际做了的。那么我要问，为什么在神学和宗教方面又不一样了呢？"[38]① 休谟断言，在力学科学和哥白尼学说中可以找到真理，但在试图理解上帝的本质的问题上，却没有确定的真理可言。

　　同样，宇宙中的生命和运动的本源在本质上也保持着不可知："秩序的本源或起因可能就包含在物质自身之中，犹如它们包含在心灵自身之中一样。"[39]② 休谟认为，我们之所以不能确定，部分原因在于一个事物的实质或本质不能脱离人类对它的感知而单独存在。所有思想都是想象力的产物。法国的唯物主义者虽然并没有接受休谟哲学所带来的极端怀疑论，但也会赞同休谟对心灵和物质的观察。事实上，休谟认识其中一些唯物主义者，因为他曾经在法国生活过很多年。[40]

　　在宗教问题上，休谟将自己最为惊人的怀疑主义观点藏在了心底。他于 1776 年去世，三年之后，内容大胆的《自然宗教对话录》（*Dialogues Concerning Natural Religion*）才面世。该书以三个人物之间对话的形式展开，在三人当中，怀疑论者斐罗（Philo）被认为最能体现休谟的观点。在书中，一位信徒向他介绍了一套有关上帝设计了世界的论证，这种说法在当时很是流行："请你把眼睛考察一下，把它解剖一下：细察它的结构和设计，然后请告诉我，根据你自己的感觉，是不是有一个设计者的观念以一种像感觉一样的力量立即印入你的心中。"③

141

---

① 引文译文参见：《自然宗教对话录》，［英］大卫·休谟（著），陈修斋、曹棉之（译），郑之骧（校），北京：商务印书馆，1989 年，第 10 页。

② 同上书，第 19 页。

③ 同上书，第 28 页。

休谟明确指出，没有证据可以证明在动物——或者说甚至世界——中所看到的秩序和安排与其成因之间存在着联系："即使根据我们的有限经验，我们知道，自然具有无数的动因与原则，它们在自然每一变更她的地位与情况时不绝地表现出来。"[41]① 信徒会说，上帝肯定是这种设计背后的原因。然而，在休谟看来，唯一能够合理解释世界的复杂性的，就是怀疑主义："神的道路不是我们的道路。神的属性是完善的，但是不可了解的。而这本自然的书卷包含一个伟大而不可解释的谜，超出任何可以了解的讨论或推理之上。"[42]② 斐罗认为人类应该将他们的探索限制在自己所处的世界之中，也即唯一可知的世界。加尔文（Calvin）口中那严酷而可怕的上帝已经变成了不可知的存在。

休谟将自己的读者带入一个完全世俗的宇宙，在这里，有些东西，如历史和社会进步阶段，可能是可知的。休谟否定了上帝对自然的设计，欧美思想家认为，这种认识能够展现出他的反宗教倾向。如费城的本杰明·拉什（Benjamin Rush）——他是一名医生，曾经在苏格兰学习——认为休谟的哲学否认了至高无上的存在的善性。[43] 而在离他更近的地方，甚至在《自然宗教对话录》出版之前，哈钦森派（Hutchinsonian）主教乔治·霍恩（George Horne）就指责休谟想"将有关真理与慰藉、救赎与不道德、未来国度与上帝旨意，甚至是上帝的存在等一切想法从世界驱逐出去"。[44]

据我们所知，在爱丁堡，精英学会成员避免与宗教发生冲突。他们将他们的探索限制在可知的议题上——民主的本质、

---

① 引文译文参见：《自然宗教对话录》，［英］大卫·休谟（著），陈修斋、曹棉之（译），郑之骧（校），北京：商务印书馆，1989年，第22页。

② 同上书，第29页。

商业帝国、政治稳定与军事统治——他们的辩论过程一定十分精彩。休谟在精英学会中的伙伴亚当·弗格森告诉自己的学生，一般来说，所有原则都是"物理和道德的法则"。[45] 他认为，人类的发展会经历若干阶段，从愚昧、野蛮到文明开化，人们可以探究支配各个阶段的原则或规律。而在财富得到积累之前，人们一般处于愚昧或野蛮的状态。[46] 在这一点上，休谟或许会同意弗格森的看法，但他的怀疑主义的态度，会使他对弗格森对绝对道德法则在基督教上的不懈追求十分反感。

弗格森沉迷于希腊和罗马的经典著作，以及法国哲学家的作品，尤其是孟德斯鸠的著作。他也收藏了有关美洲、非洲和中国的大量旅行文学作品。通过这些材料，弗格森强化了自己对愚昧或野蛮的认识，例如他在经典著作中发现了希腊或罗马人的伟大之处，也考察了导致其衰落的原因。欧洲是人类历史上最先进、最光鲜的地方，弗格森对这一点坚信不疑。由此，弗格森认为衰落是由恶习导致的，与一个民族的道德品质息息相关。因此，即使是英国，也要提防不平等和奢侈之风对社会的腐蚀作用。

当一个社会陷入"彻底腐坏"时，革命或改革所带来的破坏就是阻碍"一切具有独创性的研究或自由的追求；剥夺公民作为公众的一员行事的机会；压制其精神；贬低其情感，使其丧失处理各项事务的心智"。[47] 最后，国家的兴衰取决于人类精神是富有生机的还是走向腐坏的。弗格森从自然科学和机械技术中汲取灵感，认为每个知识领域的发现和进步都是没有止境的——但人类的美德与恶习也是如此。与休谟和亚当·斯密不同，弗格森认为商业社会的发展有利亦有弊。它促进了劳动分工，但也加剧了奢靡之风和不平等的现象，这将削弱公民意识和保卫国家的意愿。[48] 每一位苏格兰哲学家——比他们同时代的法国同仁更甚——都在与繁荣、落后和似乎无止境地追求财富的现

142

143

实搏斗，与不断扩张的资本主义冲动力的精神特质搏斗。

亚当·斯密被公认为资本主义理论的奠基人，但他本人又是一个古怪的矛盾集合体。他的第一份研究是围绕道德哲学展开的，他尽可能地探求人性善良的本源。然而，他对世界上存在的邪恶并不抱有幻想。他还受到了当时最好的学术教育。斯密在 18 世纪 30 年代末就读的格拉斯哥大学，受辉格派思想影响至深，对宗教和自然哲学态度温和。这所大学当时所闪耀着的智慧之光是弗朗西斯·哈奇森（Francis Hutcheson）赋予的，他来自北爱尔兰的一个长老会神职人员家庭，承袭了激进辉格党人的传统——对 1688—1689 年的光荣革命、抵抗权以及其基督教信仰所认可的人类自由都充满激情。我们不应将弗朗西斯·哈奇森同（John Hutchinson）混为一谈，后者是一名高派圣公会教士，敌视一切他所认为的非正统的事物。乔治·霍恩正是他的追随者之一。

尽管是弗朗西斯·哈奇森的学生，但最后斯密仿佛成了一位自然神论者——甚至可能是一位无神论者——他从自由派长老会中脱离了出来。[49] 在 18 世纪初，自由派长老会已经摆脱了传统加尔文主义的严酷的宗教性，摆脱了预定论，也摆脱了霍布斯所说的"一切人反对一切人的战争"的思想。格拉斯哥的大学还有斯密的恩师哈奇森走在了这场思想和情感巨变的最前沿。哈奇森和我们在第四章讨论过的胡格诺派改革家安东尼·贝尼泽一样，猛烈抨击了非洲的奴隶贸易，并将其归咎于欧洲白人。[50] 如果没有上帝的指引，人可能会陷入邪恶，两人都认为无法改变这种情况。哈奇森在其著作和讲座中阐释了他关于人类美德、激情和利益的观点，这些思想对青年时期的斯密和大卫·休谟产生了深远的影响。

哈奇森还为他们二人打开了牛顿科学的大门，并认为可以像对物理世界的认识一样，人们也能探索出关于情感的普遍规律。[51] 精神世界的吸引力与自然世界的吸引力一样，都有推拉作用。斯密将其称之为“同情心”（sympathy）。如斯密的朋友威廉·库伦（William Cullen）这样的医学家，都用这个词来描述神经系统与人体的互动作用，因此它在人类身上是普遍存在的。哈奇森还将牛顿的思想系统地应用于化学研究之中。[52]

哈奇森希望将人性内核中的冲动和偏好锚定在与外部世界的互动上。他试图摒弃霍布斯相关论述中对人的本性的负面描述。并非人类的所有欲望都应归结于自爱。这种对人的本性的乐观看法使哈奇森认为：“没有什么比对‘个人的善’普遍的持续的追求更明显的了，因此这一冲动产生了普遍的持续的仁爱之心。”[53] 它反过来又让人类能够控制自己的冲动，比照运动规律，最终不可避免地将人引向“总体善”（the absolute good）。对能带来快乐的“特定的善”的渴望会将我们带离“总体善”，但对它的追求，可以说是人类天生的冲动。无论是否同意哈奇森的观点，斯密和他那一代苏格兰思想家都从他那里得到了一个关于仁爱和“共同善”（the common good）的思想模板，该模板以牛顿对物理自然的理解为原型，并可以在不同方向上进行创新。

在他刚刚离开格拉斯哥之时（可能是在 18 世纪 40 年代）亚当·斯密开始研究天文学，并声称牛顿理论体系是“人类有史以来最伟大的发现”。斯密同时代的那些人，如休谟，试图“将所有哲学体系仅仅展现为想象力的产物……［甚至］用语言来描述所谓［牛顿］体系的连接原理，就仿佛这些原理是自然用来将其各种运作结合在一起的真正链条”。[54] 斯密将自然哲学家和数学家理想化了：“他们几乎都是彬彬有礼、和蔼可亲的人，生活在和谐的氛围之中……是可以为彼此的名誉担保的朋友……当被忽略的时候，他们既不会十分烦恼，也不会非常生气。”而且与诗人或优秀的作家不同，他们不会拉帮结派或形成阴谋集团。我们可以理解斯密的这种天真。[55]

　　虽受教于弗朗西斯·哈奇森，沉迷自然科学，在哲学上与大卫·休谟往来密切，但斯密有自己的主张。他阐述了自己对人类社会发展的阶段性的理解。"在未开化的渔猎民族中"，一切能够劳作的人都在劳作，但他们是那么贫乏，常常被迫遗弃病人、小孩或老人，任其饿死或被野兽吞食。[56] 相比之下，"在文明繁荣的民族中，"虽然有许多人不从事劳动，即使是最贫穷的劳动者也比野蛮人过得好。[①] 雇佣关系中的"资材"（capital stock）的数量对繁荣发展起到了至关重要的作用，自从罗马帝国灭亡以来，欧洲将资本和活力主要注入到了城镇的技艺、商业和制造业当中，而不是投入到农业、农村的劳动中。

　　在斯密的著作中，有许多我们并不认同的假设。他从来没有见过那些被他轻描淡写地归于贫困的"未开化的人"；斯密把城镇财富看作国家财富来源的观点也遭到了那些把农业放在首位的法国经济理论家的驳斥，而且正如我们现在所知，公元 500 年至公元 1600 年的欧洲经济史也并不符合斯密夸张的表述。但我们与斯密认识上的分歧并不影响这样一个事实：斯密创作出了一部政治经济学领域的巨著，将构成经济与政治生活及其发展过程的所有要素统一在了一个整体之下。斯密在撰写《国富论》时，托马斯·马尔萨斯（Thomas Malthus，1766—1834）仍然在世，他没有读过马尔萨斯的作品，却找到了一条可以摆脱会在经济向好时经常出现的"马尔萨斯陷阱"（the trap Malthus）的出路。繁荣带来了人口的增长，这反过来又给粮食供应带来了不可持续的压力；这不可避免地就会引发饥荒，并使以前取得的进步宣告崩溃。亚当·斯密认为，劳动生

---

　　① 引文译文参见：《国民财富的性质和原因的研究》，[英] 亚当·斯密（著），郭大力、王亚南（译），《亚当·斯密全集》（第 2 卷），北京：商务印书馆，2014 年，第 1 页至第 2 页。

产率在提高，资本的供应也会增加，这其实是没有上限的。

　　提高劳动生产率的关键之一就是在制造业中实行劳动分工。制造业的劳动分工比农业领更为明显，在斯密的例子中，一个人的工作可以分配给十个人或更多的人，而每个人只完成特定的任务。在一个著名的例子中，他说，一个人一天可以生产一个扣针，而十个人通过分工合作，在同样的时间内可以生产数千个扣针。有人认为，亚当·斯密是从狄德罗著名的《百科全书》中看到过有关扣针生产的叙述，而事实可能确实如此。而在 18 世纪 70 年代，英国工厂的劳动分工比欧洲大陆更为普遍。柯科迪（《国富论》中的大部分内容就是在这里写就的）已经成了扣针生产的中心，而在格拉斯哥，也有一个重要的制造业生产基地。[57] 因此，在家乡附近，斯密可以看到符合他对人类进步理解的经济活动，尤其是制造业领域的活动。斯密注意到，机械方面的诸多进步来自使用这些设备的工人的聪明才智，但其他方面的进步，则要归功于那些致力于研究整个机器的"哲学家们"的研究。[58] 在 1776 年，斯密就看到了1790 年——瓦特已经发明了蒸汽机——英国棉花工厂和煤矿厂里常见的场景。哲学家对蒸汽机应用的促进，既提高了生产力，也增加了利润。

　　亚当·斯密认为，经济活动源于人类存在对贸易、交易和以物易物的普遍冲动。在发达的经济环境中，每个人，无论多么贫穷和卑微，都会萌发资本主义的冲动。基于人类的各种愿望和需求，一个人可以制造出另一个人所需求的物品。交易者用其劳动所得的盈余来购买其邻居通过劳动所生产的商品。在最理想的商业环境中，贸易可以延展到很远的地方：市场越大，城镇规模也越大，交通（尤其是水路交通）也就越便利，接着，交换的范围就会被扩大，就会有更多的参与者加入到生产和消费中来。斯密的分析广泛借鉴了人们对中国、孟加拉国、非洲，当然还有欧洲市场的旅行记录。斯密还指出，任何商品都可以在交换中充当媒介：奶牛、鲟鱼干、贝壳以及在金属货币出现之前的原始金属。然而，金属货币的发明及国家的管控进一步使交换发展出了种种可能，这是商业社会诞生的重要一步。斯密告诫他的读者，尽管货币充当着价值的衡量者和仲裁者，但只有劳动价值才是"随时随地可用以估量和比较各种商品价值的最后和真实标准。劳动是商品的真实价格，货币只是商品的名义价格"。[59][1] 任何商品的成本都包含了制造这一产品的劳动价值；"租金"（rent），即劳动行为所发生的场地的成本（无论是租用的，还是自己拥有的）；以及为维持企业家或卖方采办能力而需要赚取的利润。

在一个完全自由的市场内，每个人都会为自己的劳动寻求最有利的回报。然而，斯密认为，在欧洲，到处都是障碍，阻碍了人们在完全自由的情况下追求个人利益。有些障碍来自工作本身，即这项工作的内容是否让人感到愉悦。斯密指出，普通刽子手工作强度远远低于几乎所有的劳动者，但是报酬却要高得多，因为其工作本身令人感到不快。其他障碍则是由法律或习俗强加的——例如，要想从事某个行业，必须先当学徒。通过《国富论》，我们可以清楚地看到，斯密对他那个时代的几乎所有劳动形式的工资和工艺性都进行了研究。他知道伦敦与爱丁堡之间的工资差距，小城镇与大城市之间的工资差距，需要进行多年准备工作的自由职业者之间的工资差距以及神职人员、药剂师或杂货商在劳动实践中的工资差距。斯密将自然科学的实证主义引入到了对人类本身的研究中，在这一过程

---

① 引文译文参见：《国民财富的性质和原因的研究》，[英]亚当·斯密（著），郭大力、王亚南（译），《亚当·斯密全集》（第 2 卷），北京：商务印书馆，2014 年，第 32 页。

中，他成为社会科学的开山鼻祖之一。

斯密认为国家对市场的完全自由进行了干预，他对此予以了猛烈批判。"同业组合"（Corporations）是罪魁祸首，它们规定了学徒的总人数、学徒期的时长，甚至还会限制一位师傅可以招收的学徒数量（通常是两个）。这样做使工资居高不下，更糟糕的是限制了个体雇用劳动力的自由。学徒制使人散漫，因此适得其反。城镇对城内的同业者进行调控，从而使雇主和雇员的工资和利润保持在较高水平，损害了消费者的利益。数十年来，斯密的这一论点总是被雇主拿来阻止人们组建工会。

这套同业控制体系在农村地区造成了最为恶劣的影响。斯密时常同情农民、日结工以及有土地的乡绅。事实上，斯密认为，农业所需的技能水平远超制造业所需。[60] 他对"同业组合"、城镇商户、制造商和工匠维持较高的生产成本，只顾及自己的利益的做法投以冷眼。他对一些封建传统尤为不屑，如长子继承制（primogeniture）——只有长子才能继家产，以及大地产构成国家财富的观念。斯密认为，真正的财富在于农业和制造业之间的互动关系。这两者本身都不是富足的关键；相反，从地产中获得的利润——具体表现为在城镇中的消费行为——与从制造业中获得利润之间的良性交换，促进了经济增长。财富的来源不在于货币，也不在于对外贸易本身，当然也不在于国家资本积累或浪费，而在于劳动和谨慎管理租金带来的利润。斯密认为，当时欧洲各国之间的帝国竞争所助长的对外贸易上的竞争，威胁了所有国家的和平与繁荣。就像伏尔泰（斯密非常欣赏他）对迷信以及神职人员和教会的特权的蔑视一样，斯密也对封建财富和匆忙进入国际贸易竞争的做法冷眼相看。

与启蒙运动许多欧洲大陆代表人物不同，斯密对商业和贸易的世界非常沉迷。作为格拉斯哥大学的图书馆管理员，他一

149

150

边买进卖出，一边仔细地将账目记下。格拉斯哥的政治经济学俱乐部（Political Economy Club）也使斯密得以听到商人们的谈话，并观察他们为什么乐于寻求垄断霸权。他认为这种冲动在人们追逐利润的过程中必不可少，但也认识到了它具有破坏性的倾向，并在《国富论》中告诫他的读者要反对垄断。

著名的化学家约瑟夫·布莱克（Joseph Black）是斯密的密友，他来自北爱尔兰的一个商人家庭，曾在斯密最困难的时候施以援手，使其摆脱贫困，甚至变得相当宽裕。威廉·库伦（William Cullen）是布莱克和斯密在爱丁堡大学的教授同事，他致力于使农业生产更加科学。从这些同事那里，斯密学到了很多当时科学和工业方面的知识。这所大学的科学教师与早期工业发展之间的联系非常紧密，可以说，没有哪个欧洲或美国的经济思想家有像斯密这样的条件，可以观察到最前沿的发展动态。除了布莱克和库伦，斯密还有另外一位密友——地质学家詹姆斯·赫顿（James Hutton），总之，其了解现代科学动态的条件不输当时英国的任何人。布莱克和赫顿后来被斯密请求监督销毁了他的私人文件，并担任了其遗产的执行人。[61]他们全都未婚，是彼此生活中主要的关系纽带。1770 年之后，在爱丁堡，一名学生或教授可以了解到潜热的概念、最新的医疗技术，甚至是瓦特的蒸汽机的工作原理。[62]布莱克声称自己在 18 世纪 50 年代末至 60 年代初于格拉斯哥大学任教时，提出了潜热的概念，并展开了相关的实验。在这一时期，布莱克与最终因蒸汽机闻名的詹姆斯·瓦特建立了工作关系和友谊。对于瓦特是否需要理解并通过布莱克的潜热概念以改进蒸汽机，人们已经花费了很多笔墨。[63]很明显，瓦特没有这样做，但重要的是，布莱克、瓦特、斯密、库伦以及其他人，都知道蒸汽机，以及它的前景、可用于改进它的科学手段还有它的实际应用情况。

在布莱克——以及他的同事和助手霍普博士（Dr. Hope）——的一套授课笔记中，我们可以得知18世纪90年代的大学本科生在爱丁堡可以学到什么。[64] 布莱克（于1799年去世）敦促学生相比娱乐应更注重勤奋学习，并通过实验巩固现有的知识。学生们需要认识到，在不到一个世纪的时间内，化学脱离了炼金术的旧壳，不再是"令人感到厌恶的……在野蛮和迷信的时代培养出来的……缺乏体面的学识特征的，具有旧时愚昧和轻信色彩"的东西。它已经脱胎换骨，使用平实的语言，或许是所有科学学科中最具实验性的；它是医学和任何类型的工业的进步之源。他们还推荐了一些教科书；大多来自欧洲大陆，如沙普塔（Chaptal）和拉瓦锡（Lavoisier）的著作。

在化学史上，正如这些苏格兰讲师所解释的那样，炼金术已经堕落为对财富的追求，而英国17世纪的科学巨匠培根、波义耳和牛顿把化学引向了正确的方向。科学史使人类的进步具有阶段性的说法得到了强化。在以拉瓦锡为首的法国学派的推动下，化学的进步达到了另一个阶段。有观点认为，任何真正有创造力的人，无论是瓷器制造商约书亚·韦奇伍德（Josiah Wedgwood），还是治愈过不治之症的医生，都应被视为哲学家。斯密显然赞同这一观点。斯密撰写了天文学史，布莱克撰写了化学史，两人都采取了分阶段叙事的方式，而这对人类发展史的叙事也是适用的。

在布莱克的课堂上，他总是会讨论某个化学实验如何在工业上得到应用。他详细地阐释了潜热理论，即任何物体所保有的热量——如冰不会在瞬间融化，而是逐渐融化——都是其粒子间的潜热作用。对于那些否认潜热现象存在的人，布莱克回应道："如果水总是在32度时结冰，那可能就不存在潜热，但即使比32度低两到三度时，水仍然是流动的状态，因为水在0度时才会结冰。"[65] 通过这种一般性的讨论，他的关注点转到

152

了蒸气，更确切地说，是蒸汽。蒸汽的威力使布莱克不得不去探论应该如何利用它，如何在铸铁厂尽一切努力不让水"落在熔化的铁上，因为蒸汽的力量会使它破裂成上千块碎片"。根据上一代牛顿科学的追随者德札古利埃（Desaguliers）的观点，水蒸气或蒸汽所占据的空间是水的14000倍，"但在我和瓦特先生看来，这种说法是不成立的"。[66] 然后，布莱克仔细向学生们讲解了蒸汽机是如何通过蒸汽运转的。事实上，潜热原理意味着水只能逐渐变成水蒸气。布莱克接着讲述了瓦特通过在"帕潘（Pepin）的蒸煮器"中加水完成的实验，他将蒸煮器在火上烧了半个小时。很明显，瓦特试图弄清楚他能施加多少热量，能把蒸汽的膨胀力推到多远。布莱克声称，瓦特对潜热的了解使他"认识到能够在蒸汽机上可能做出的改进……他认为在蒸汽机的运转中存在热量的巨大浪费"。这一损失非常巨大。在一位认真的学生近500页的听课笔记中，我们可以发现，布莱克还将哲学与生产制造及成本联系了起来。斯密不必为了了解最新的科学研究而旁听布莱克的讲座；几十年来，他们每周都聚餐。正如布莱克和库伦的学生约翰·罗比森（John Robison）所说，他们的"这种一生的友谊使他们变得越来越亲密，他们越来越信任彼此"。[67]

尽管在任何关于苏格兰启蒙运动的描述中，大学都是核心，尤其是爱丁堡大学和格拉斯哥的大学，但是大学的影响力已经不仅仅局限于其所在的城市。教授、理论家和实验者知道，农业是苏格兰经济生活的核心。斯密反复强调了这一点。他的朋友、医生和化学家威廉·库伦也是如此，18世纪40年代和50年代初，他在格拉斯哥的讲演厅讲授农业科学。他还经营着一处乡村庄园，这个庄园被认为是苏格兰王国境内最好的庄园之一。同样，异彩纷呈的学术辩论和学术团体为库伦以及像他这样的知识分子提供了可以发表见解的场所，这也展示了化学与由科学指导的农业之间的深远关系。[68]

库伦与布莱克和斯密一样，无论讨论什么科学议题，都会引用其他欧洲作家的文章，从荷兰学者到意大利作家，都是其引用的对象。他还通过书信就农业问题展开了广泛的讨论，其中很多至今仍未出版。就像苏格兰启蒙运动的其他领袖人物一样，库伦与亨利·霍姆（Henry Home），即卡姆斯法官（Lord Kames），成了朋友，卡姆斯法官自学成才，博学多闻，后来成为苏格兰高等民事法院（Scottish Court of Session）的法官。同样作为一位社会进步人士，他将对农业的改良视为社会发展的一部分。农业进步也应该被科学化，他认为，土地耕作是通往社会发展最后也是最好的阶段——商业社会阶段的关键一步。库伦和卡姆斯对土地问题展开了全面的讨论，从最好的肥料，到亚麻和谷物的种植。卡姆斯法官的著作在德意志地区的知名度极高，他本人也深受托马斯·杰斐逊的钦佩。[69]

想改善土地耕作，就要对其进行研究，这也许不可避免地推动了地质学的诞生，激发人们想要了解其原生地层的愿望。同法国启蒙运动时期的情况一样，相关研究也遇到了把地球年龄限制在 6000 年左右的正统观念的阻碍。在地质记录中，很少有东西可以解释在这样短暂的时间框架内地球所发生巨大的变化并给出比对。库伦和斯密的另外一位密友詹姆斯·赫顿，承担起了运用"自然哲学原理"研究"地表现象"的任务，以期了解"一些关于地球内部结构的知识"。只有通过这些科学方法，"根据自然历史而非人类的记录"，我们才能"对自然的进程或是即将发生的事件形成理性的认识"。[70]与之前的法国理论家一样，赫顿认为大自然的力量"把海底连成了一体"，并通过来自地球中心的极热，渐渐将其转变为陆地。简而言之，赫顿从一个农民和化学家，转变为现代地质学的创始人之一。他关于地球的演化可能需要数百万年的假设，使同时代的

154

人都谴责他是无神论者。而其他地质学家则认为，地球的形成是各种灾难的结果，并非基于缓慢的演化。随着时间的推移，赫顿的理论占了上风，也被当今社会普遍采纳。

赫顿于 1797 年去世，布莱克于 1799 年去世，斯密和库伦也在 1790 年去世，而令斯密最为悲伤的是，大卫·休谟在 1776 年就去世了。下一代人的人生观和价值观则发生了很大变化。18 世纪 90 年代的苏格兰，和欧洲其他大部分地区以及新生的美利坚合众国一样，都在为应对法国大革命而努力。事实上，苏格兰的思想家们一开始对 1789 年的事件都感到十分震惊，只是后来才慢慢地加入到了关于其价值的讨论中。[71]

有一个人，他的一生正展示了这种变化：约翰·罗比森（生于 1739 年）也是他们这个交际圈子中的一分子，他曾在格拉斯哥学习，后来接替了布莱克的位置，并在蒸汽动力的应用方面与瓦特密切合作。在俄国教书多年后，他回到爱丁堡大学任教，在那里，他深受法国大革命的影响，这段经历给他的思想打上了不可磨灭的烙印，但是他的认识却是反常的。罗比森对同一社交圈内的约瑟夫·普里斯特利（Joseph Priestley）及其所谓的不信教行为进行了恶毒的攻击。[72] 罗比森继承了法国大革命的极端反对者巴吕埃修道院院长（abbé Barruel）的思想，热衷于阴谋论，和巴吕埃一样将法国大革命的爆发归咎于共济会和哲学家们的阴谋。[73] 在 1797 年出版的《阴谋的证据》（*Proofs of a Conspiracy*）中，罗比森声称自己掌握了有关来自德意志的激进派光明派（illuminati）策动共济会颠覆行动的第一手资料。这是一本现象级的著作，出版了多个版本，至今仍有再版。但罗比森也在精神层面上付出了代价：

> 我的书给我带来的辱骂、嘲笑和责备是难以想象的——这些卑鄙小人知道我病得有多严重，他们以折磨我为乐。他

们甚至吓唬我的家人，扬言要对他们进行"民主的复仇"。[74]

根据罗比森本人的说法，他在 18 世纪 90 年代经历了严重的病痛。他对瓦特说："祝你身体健康，精力充沛。这两点已经与我永别了……一直以来的折磨使我现在无法从事所有的精神工作。"[75]1805 年，罗比森的遗孀记录下了其人生的最后一刻，这使瓦特确信，罗比森是在完全清醒的状态下死去的。然而，我们可能会问，为理解国家财富、宗教常识背后的认识论，或是"同情心"所带来的影响所付出的启蒙主义的努力都带来了什么？

156

许多苏格兰思想家分析了法国在经济上的进步，并将其与法国政治制度的压制力进行了对比。就连倾向于淡化英法之间差异的斯密和休谟，也知道这些问题的存在。1789 年，苏格兰的哲学家们几乎都可以将自己定义为辉格党人，在那一年，他们对来自法国的变革张开了怀抱。但大革命逐渐从改革（包括实现社会平等）转向了暴力。1793 年，法国国王被处死，后来所谓的"恐怖统治"席卷了法国包括巴黎和各省在内的大部分地区。与此同时，国际范围内的反法战争以及法国对各国发动的战争也使苏格兰人产生了好战情绪。苏格兰的许多思想一直致力于探求进步的源泉，甚至是进步的必然性。在战争的紧张气氛中，在英吉利海峡两岸过度膨胀的爱国主义情绪中，哪里能找到进步呢？更重要的是，由于阶级仇恨和对议会改革的渴望，许多苏格兰的城镇中都成立了激进的社团和协会。[76]

苏格兰的启蒙运动在思想上和情感上筑起了一道反狂热的高墙，尤其是在宗教领域，并有效击退了激进的长老会成员和詹姆斯二世党人的极端行为。18 世纪 90 年代，无论是在埃德蒙·伯克的反革命言论中，还是在法国雅各宾派激进的英国同情者中——尤其是法国革命群体当中，这股狂热又回来了。[77]

第六章　柏林与维也纳

截至目前，我们所遇到的启蒙主义文本的语言大部分是英语、法语和荷兰语。但是哲学家们在欧洲和美洲殖民地用各种语言写作；而本书无法讨论所有的语言文本。我们必须有所选择，本章我们将着重讨论德语文本；在第七章，我们将讨论意大利语文本。除了荷兰共和国（荷兰语是一门独立语言，但属于日耳曼语系），我们一般不会把日耳曼地区（柏林和维也纳是其中最大的城市）或意大利（那不勒斯有大约 20 万居民）当作我们探寻启蒙运动的起点。不过，虽然人口不如从阿姆斯特丹到巴黎的城市走廊地区稠密，但德意志和意大利的城市规模却十分庞大。18 世纪初，米兰和那不勒斯都处于西班牙的统治之下，而后是奥地利哈布斯堡家族；就那不勒斯而言，哈布斯堡家族的统治只持续到 18 世纪 30 年代；而在米兰则持续到了 18 世纪末。

无论是在德意志诸国，还是在哈布斯堡王朝统治的地区，都没有形成民族国家。在 1806 年拿破仑将这些领地合为一体之前，这片土地之上有 300 多个独立的德意志行政辖区。无论是公爵领地、亲王国，还是帝国自由城市，都处于由势力深厚的贵族或神职人员辅佐的君主和王公的绝对统治之下。像汉堡这样的帝国自由城市则由寡头政治集团控制。每个行政辖区都以自己的方式实行审查制度，而各地所查禁的内容各不相同，这主要取决于教士阶层和他们所服务的王公贵族的考量。在德语地区，新教信仰主要是在北方，他们要么是路德派，要么是加尔文派。然而，即使是在路德派内部，也存在着分歧。正统的路德派通过神学和教义将"虔诚"强加给信徒；而敬虔主义（Pietism）则试图发明一种更为感性化、个人化的新教形式。德意志南部和奥地利则是主要信仰天主教，对审查制度起决定作用的是教宗的权威。无论是否属实，巴伐利亚地区曾以迷信活动盛行而闻名。而这些并不是德意志地区与西欧其他国家的唯一区别。

18世纪时，日耳曼地区处于一个松散的邦联状态，处于奥地利哈布斯堡家族皇帝（其宫廷在维也纳）的统治下，属于神圣罗马帝国。一场宗教战争——所谓"三十年战争"（1618年至1648年）——将所有大国都卷入了恢复天主教正统或保护新教徒的生死之争。法国、瑞典、荷兰共和国以及西班牙都向神圣罗马帝国增兵，为天主教或新教而战。天主教同盟由哈布斯堡皇帝统领，在18世纪初，王朝的统治权已从其西班牙一支传到奥地利一支。据估计，在这三十年里，有超过800万人丧生或流离失所。经过几代人的努力，德语地区才从这场大屠杀中恢复过来。1648年签订的《威斯特伐利亚和约》（the Treaty of Westphalia）缔结了和平，但神圣罗马帝国内部的宗教问题和结构问题仍然尖锐——尤其是普鲁士王国之间的竞争。

159

德意志启蒙运动，乃至整个启蒙运动，都不能脱离中欧地区历经了一代人的宗教战争所创造出的条件去理解。在《威斯特伐利亚和约》签订之后，理论家和各国大臣都在寻求一种政治解决方案，防止爆发第二场"三十年战争"。在寻找的过程中，德意志的大学发挥了显著作用，进步的思想最初在那里萌芽，并推动了启蒙运动的发展。德意志的大学文化，就像我们在苏格兰所看到的那样，使人们倾向于通过开明，甚至是激进的手段去对抗宗教权威或政治动荡。从笛卡儿到牛顿和莱布尼茨，他们都植根于新科学。所有都将学习数学作为获取一切知识的关键，作为哲学和实证研究的前进方向。莱布尼茨在德意志的影响最大，他关于上帝创造了"所有可能世界中最好的一个"（the best of all possible worlds）的艰深的学说，直到

18 世纪 70 年代仍十分重要。在法国，沙特莱夫人也被他的思想深深吸引。

德意志的大学展现了正统的路德派和更加感性，更倾向于福音派——甚至带有千禧年主义色彩——的敬虔主义之间的紧张关系。几个世纪以来，德意志的大学都通过希腊语和拉丁语进行教学，通过机械背诵学习知识。18 世纪初，在洛克的教育思想的冲击下，德意志的大学教育开始发生变化。总的来说，比起法国和苏格兰的哲学家，德语地区启蒙运动的领袖对神学和宗教的关注度更高。德语地区的农村居民在 1775 年见证了对或许是最后一批女巫的处决，而在瑞士，则是 1782 年。在天主教占主导地位的南方，直到 18 世纪 70 年代仍然有驱魔仪式。[1]

然而，无论在哪里，德意志的大学都被世俗当局控制着，他们对蔓延到公共领域的争议，当然还有异端思想，都冷眼旁观。

克里斯蒂安·托马西乌斯（Christian Thomasius，生于 1655 年）是为启蒙主义价值观奠定初步基础的主要知识分子之一，这位法学家和道德哲学家出身于萨克森地区莱比锡的一个路德派家庭。他的父亲也是一位大学教授，在父亲的教导下，其职业生涯的大部分时间都在试图为伦理学和政治学找寻一个世俗的基点。他反对莱比锡路德大学（the Lutheran University of Leipzig）将神学与经院哲学合并的做法；后来他去了勃兰登堡的大学，那里信奉加尔文主义。勃兰登堡选帝侯认同一种温和的加尔文主义，这种加尔文主义既有利于维护社会秩序，又避免了教义论争。在 1688 年至 1690 年期间，托马西乌斯还创办了世界上第一份德语杂志《每月会谈》（*Monatsgespräche*），于莱比锡出版，吸引了大批普通读者。

回到莱比锡后，托马西乌斯开始了他的大学讲师生涯，他将自己在勃兰登堡受到的教训牢记在心。他成了一个教义专制主义的批评者，引起了很大争议，后来又冒然插手了一场由萨克森王室的一个侄子（路德派信徒）与勃兰登堡选帝侯的妹妹（加尔文派信徒）的婚事引起的政治风暴之中。托马西乌斯认为，在上帝眼中，教派的差异毫无意义，而且《威斯特伐利亚和约》规定，两派的地位是平等的。不出数月，萨克森宫廷就下令禁止他在大学讲课，他别无选择，只得回到勃兰登堡，在那里，他对哈雷（Halle）的一所大学的创办起到了重要作用。在 18 世纪的大部分时间里，这所大学成了自由思想和反经院哲学（anti‑Scholastic）的教学中心。我们要注意的是，与其他派别的新教相比，经院哲学的思维方式已经成了正统路德派的标志，而其在天主教神学中的应用，又激起了亚里士多德的经院哲学追随者的质疑。宗教改革家们秉承洛克的精神，试图创办一种能够培养出有德行、有能力之人的教育。[2]

　　由于他坚定地主张政教分离，同时希望将对教义的论争局限在个人良心的领域，托马西乌斯在德意志早期启蒙主义运动中赢得了一席之地。然而，他的观点与同时代更激进的人以及自己的学生——当然还有同下一代德意志自由派思想家——之间存在巨大的差异。启蒙思想的一个永恒主题就是对原罪论的驳斥。[3] 由此，理论家们发现强调人性的善良要容易得多。但托马西乌斯并不这样认为，他认为：

> 从本质上来说，人人都处于同样可悲的境地。人人都想要活得长久、幸福——也就是说，想要快乐、富裕、体面地活着。尽管如此，他们自小就有的所有思想和愿望会让他们去做一些让自己要么不快乐要么处于悲惨处境或者两者皆有的事情。因此，生命的自然长度被大大缩短。人成了自己不幸的原因。[4]

这种观点令人沮丧，但也使托马西乌斯脱离了专制主义神职人员那种自以为是的认定。他试图将神学从哲学中分离出来，并将政治生活建立在自由的理性判断上——无论它多么不完美。理性之光必须与上帝的启示区分开来。理性向人们展示了"［他们］能够使用……自然的力量，在没有特殊的超自然恩典的情况下……从自己的痛苦中摆脱出来。"⁵在托马西乌斯眼中，有关人类理性的基督教教义与理性带来的更为世俗的观念之间存在直接的联系。然而，在赋予理性应有的地位的同时，他从来没有承认过"启示之光"有可能与理性相悖。⁶他指责古代异教哲学家将形而上学引入宗教，从而使人类更难在宗教事务中运用理性："无论是在耶稣基督还是在使徒的教导中，都发现不了太多神学的成分。这些都是在几百年之后兴起的事物，'起初的爱'（the first love）的激情与赤诚变得冷淡而乏味了。"⁷托马西乌斯试图降低神学的地位，为世俗留出空间。他的反经院哲学主义（anti-Scholasticism）也开辟了一条远离教条、远离对异端的不断指控、远离在大学里教书的修士们的傲慢的道路。他称他们为"无知的人"（ignoramuses）。

毫无疑问，托马西乌斯是一名虔诚的信徒，无意彻底动摇教会的理论。他在哈雷的一些学生则完全不同。他们将他的理念往激进的方向发展，在某种程度上对他们的职业生涯造成了灾难性的影响。他们开始探索反正统派思想的新依据，如反对基督教的秘密犹太教文献和索齐尼派的著作，这些反三位一体论的思想来自基督教和伊斯兰教的边缘地带。⁸所有那些为宗教和权威问题寻求新的解决方案的论争都发生在学术圈内，多多少少有些封闭，参与者都害怕被曝光。然而，他们进行国际交流，有着惊人的阅读能力，可以就托马斯·霍布斯、约翰·洛克、斯宾诺莎——总之，就早期启蒙运动核心的基础思想进行学术对话。然而，我们必须认识到，大学教师的薪酬都是由当地王公支付的，任何对宗教的不敬都会对其职业生涯造成灾

162

难性的影响。

托马西乌斯以前的一些学生创作了许多文本，但是其中只有一本《论三个冒名顶替者》声名远播，直到现在。这三个冒名顶替者分别为耶稣、摩西和穆罕默德，人们推测其作者是彼得·弗里德里希·阿尔佩（Peter Friedrich Arpe），一位生活在基尔（Kiel）的法学家。[9] 事实上，其拉丁语版本出自托马西乌斯的另一位学生约翰·穆勒（Johann Müller）之手，是他在 1700 年之前写就的。[10] 这本书在其德意志和丹麦的密友中流传——阿尔佩也是圈内的一员。在穆勒死后，他们认为穆勒就是该书作者。从那时起，这一文本逐渐传播开来。本来它可能只是被作为一部精心构思的下流笑话集来写的，但是随着越来越多的无神论者和自由思想家拿到它，其幽默的意味也消失了。

关于"三个冒名顶替者"及其作者的身份，存在许多争议。几十年来，对于这本书是否真的存在，一直没有确切的信息。德语语境是至关重要的。很多人都在寻求从教义确定性、追捕异端、职业生涯毁灭以及路德派与虔信派（Pietists）之间的持续纷争中解脱出来，有一种方式就是进行讽刺与嘲笑。为什么不在匿名状态下对所有的宗教领袖进行嘲讽呢？而一旦可以确定存在这样一份手稿，这一出格的作品将为那位作者带来什么？这种拉丁语文本只有那些懂拉丁语的人才会关注，但当时大多数受过良好教育的人都能读懂它，即使他们对拉丁语的掌握没有那么娴熟。对任何一份手稿来说，在地下传播只会增加其神秘感和反叛性。而在今天，学术界已经设法——至少在某种程度上——弄清了这本书的作者、成书年代，以及相对来说比较模糊的——写作动机。

自 20 世纪 80 年代以来，我们知道在 18 世纪其最受关注的版本并非穆勒写作的拉丁语文本，而是另有出处，这一文本

是用法语写成的，1710 年在荷兰共和国出版。[11] 正如本书第
四章所述，英国自由思想家约翰·托兰德持有的一份手稿显示，
1710 年，有一个活动在海牙的小团体，他们明显使用的是共济
会的术语：他们都是由他们的"总导师"带领的"弟兄"，依
照他们的"宪章"或条令会面。这份法语文档上有普罗斯珀·
马尔尚（Prosper Marchand）的亲笔签名，他是新版《历史批判
词典》（还有许多其他文本）的编辑。他是一个非正统的法国新教
流亡者，在 1709 年的冬天来到了这里，他的朋友中有书商、出
版商，还有一位因自己的超凡著作闻名于世的雕刻家——贝尔
纳·皮卡尔。马尔尚（于 1756 年去世）将自己的手稿捐给了
莱顿大学图书馆，通过这些——在 20 世纪 70 年代首次公开——
手稿，人们终于知道了著名的《论三个冒名顶替者》是如何走向
世界的。1737 年，马尔尚的一位"弟兄"在信中说，25 年前，
另一位弟兄是如何在马尔尚的密友鲁塞·德梅西的帮助下对这
份文稿进行复制并修改的。[12] 该书的内容就来自本杰明·弗利
（Benjamin Furly）家中的手稿，他是一名贵格派流亡者，也
与英国早期启蒙运动中的一些主要人物是朋友。

　　情况就是这么简单。这些杰出的作品都出自那些居住在欧
洲出版业中心的自由思想家、自然神论者、泛神论者之手，他
们为法国新教徒受到的迫害感到痛苦，生活在由路易十四的好
战带来另一场发生在低地国家的战争中。法语是当时的通用语
言，地位远高于拉丁语和德语。《论三个冒名顶替者》的风格
是尖锐而辛辣的：

　　　　无知……是一个人对神性、灵魂、精神以及构成宗教
　　的几乎所有元素的错误的观念的唯一来源……这种对无形
　　力量的幻想性的恐惧使宗教诞生出来……恐惧既造就了神
　　也造就了宗教……宗教的创立者们清楚地意识到，他们的

骗局建立在人民的无知上，因此他们决心让人民一直沉溺在无知之中……因为愚人多不胜数，耶稣基督发现自己的子民无处不在。[13]

1719 年，其中一位"弟兄"以"斯宾诺莎的生平与精神"（*La vie et l'esprit de Spinoza*）为名出版了《论三个冒名顶替者》，荷兰当局立即采取行动，没收了他们能够找到的所有副本。即便如此，它的抄本还是缓慢地传遍了欧洲。到了 1750 年，任何一位启蒙主义圈内人士，都见过或读过它。

彼得·弗里德里希·阿尔佩可能也有这本书。由于世俗启蒙运动具有世界性，他也认识马尔尚和皮卡尔——事实上，他们的两名"弟兄"成了他的出版人。阿尔佩可能具备一些法语能力，但并不擅长用法语写作，因此当他给马尔尚写信时，他用的是拉丁语。阿尔佩和马尔尚的圈子都对 1619 年在图卢兹被烧死在火刑架上的意大利异端分子卢奇利奥·瓦尼尼（LucilioVanini）感兴趣。就像阿尔佩写了一篇颂扬瓦尼尼的文章，其"弟兄"中的一位伙伴——大卫·杜兰德（David Durand）也写了这样的文章。[14] 来自黑森的德意志牧师克里斯托弗·巴尔博（Christopher Balber）也与马尔尚有书信往来，他告诉马尔尚，他认为基督教神学——但不是其信仰本身——非常让人难堪。[15] 巴尔博在信中鼓励马尔尚继续从事出版活动。马尔尚圈子的出版活动开始于《世界之钹》（*Cymbalum Mundi*）的出版。这本书最早问世于 1537 年，1711 年由马尔尚等人发行新版，这一神秘文本的作者为蒂尔·博纳旺·德佩里耶（Bonaventure Des Périers）。这本源于 16 世纪的著作被普遍认为是在传播异端思想，并对所有宗教进行嘲讽，至少马尔尚在写给皮卡尔的一封描述其内容的公开信里是这样说的。

瓦尼尼和德佩里耶相隔近一个世纪，他们都被归为无神论者和无视超自然基督教既定教义的自然主义者。在杜兰德和阿尔佩对瓦尼尼进行称颂的几十年之后，社会的主流思潮是为斯宾诺莎恢复名誉，约翰·赫尔德曾短暂地试图为瓦尼尼正名。他说，瓦尼尼是在真诚地、发自内心地进行写作。作为一名有泛神论倾向的一神论者，他施展出了他的全部辩才，就是"为了向我们指出，没有救世主（the One），我们什么也不是，但通过祂的存在，我们是我们所是，我们能我们所能，我们做我们所做的一切。"哲学家们的特征之一就是解救异端，并反复提醒他们的读者教会对这些人进行了残酷的迫害。[16] 早在赫尔德之前，就有一批人拥护瓦尼尼的思想，他们是荷兰的激进分子，通常也与"异端"有关。可能通过这些人，一部分由瓦尼尼创作的文本进入了《论三个冒名顶替者》之中。[17]

人们花费了数十年的时间探索如何破除宗教教条主义，这场运动冲破了国家和语言界限；它使人们因有着相似的目标而联系在了一起。他们希望从教义之争中走出来，这场争论使德意志地区变成了废墟；迫使法国新教徒逃往北方，到荷兰共和国和普鲁士寻求庇护；并使在 17 世纪 20 年代至 18 世纪 20 年代的整整一个世纪的时间里，任何一个与其所在国家或地区的主流信仰不一致的人都面临着被迫害的危险。对世俗自由的追求催生了日耳曼地区的启蒙运动，而启蒙运动本身也是对世俗自由的追求。有时，我们只有感叹，无论他们是在海牙还是在黑森，那些迥然不同的追求者之间总能形成联系。不知为什么，他们找到了彼此。

有一些德意志学者和知识分子——他们现在基本上已经被人遗忘了——在脱离基督教正统神学的过程中发挥了作用。在这些探索者中，思想最极端的是一位匿名者，我们也许永远也无法确认他的真实身份。他留下了一份名为《智慧的象征》

（*Symbolum sapientiae*）的手稿，一针见血地指出："宗教与
迷信之间没有任何区别。"这位谜一般的自由思想家了解 17 世   167
纪几乎所有主要哲学家的著作，并对"那些轻易就听信了世俗
和精神统治者的话的人"投以冷眼。[18] 这份匿名文本与霍布斯
的思想相呼应，提出了一种没有宗教和预言的自然状态，同时
也借鉴了许多斯宾诺莎的思想。在作者身份的问题上，历史学
家最多也仅能推测出此人来自哈雷，而且可能是托马西乌斯学
生中的一员，但其创作也可能是在汉堡、基尔、维滕贝格或莱
比锡完成的。今天，这份手稿存放在维也纳的奥地利国家图书
馆里，我们至今仍不清楚它的作者是谁。

　　研究在德意志启蒙思想萌芽阶段涌现出的那些激进文本，
只会使早期德意志哲学家的一些更温和的思想显得更加突出。
然而，温和并不意味着能够远离纷争。这种命运就降临在了
克里斯蒂安·沃尔夫（Christian Wolf）头上，他生活在哈
雷，是一位正统的哲学家，也是数学和自然哲学教授，他从
牛顿和莱布尼茨的新科学出发，试图在哲学当中寻找到同样的
确定性。就像我们在第五章讨论过的那位来自苏格兰的牛顿科
学追随者阿奇博尔德·皮特凯恩医生一样，沃尔夫希望将天文
学中的定理和观赏方法上的严谨态度带到每一门学科，包括政
治学、医学和农学。[19] 他受到莱布尼茨哲学的影响，认为这是
"所有可能世界中最好的一个"，要想认识世界必须进行实证研
究。沃尔夫还与莱布尼茨讨论了数学证明和笛卡儿哲学。[20] 然
而，沃尔夫并非一味地追随莱布尼茨；事实上，他的哲学思想
具有自己的特色，并影响了伟大的康德。在教育领域，他也受
到了洛克的影响，认为教育应该教授实用的技能。

　　然而，1723 年，沃尔夫与哈雷的宗教当局发生了冲突。这   168
件事颇有讽刺意味。哈雷大学于 1694 年在勃兰登堡选帝侯弗
里德里希三世（Frederick III，于 1713 年去世）的赞助下建

立，以期能在宗教宽容和温和的氛围中实现学术自由。哈雷大学展现出一种新兴的、开明的学术态度，并将从神学中独立出来的哲学置于首位。在实践中，这意味着每个院系都享有独立于其他院系的地位，任何给予某方特权而不给予另一方相应特权的做法都会带来不满。其结果就是在人事任免、薪资、教学责任方面（私下里）内斗不断，而且基本上是围绕着哪个院系将在大学中占主导地位的问题。

1710 年，三位哈雷大学的教授在追寻自主、开明的治学之路方面采取了三种截然不同的路径：克里斯蒂安·托马西乌斯（于 1728 年去世）致力于法学院的教学和研究，旨在培养下一代律师和宫廷顾问；奥古斯特·弗兰克（Auguste Franke）希望启蒙运动成为一场有关灵性复兴的运动，注重培养神职人员；1709 年后，沃尔夫（于 1754 年去世）将哲学及其通过实证手段对世界真理的独立探索放在了首要位置。[21] 沃尔夫认为数学应该为其他所有学科提供适用的学习方法。通过教授物理学和天文学，沃尔夫进一步扩大了他的影响，其数学方法促进了这两门学科的发展。

所有人都认为，教育应该在生活中发挥作用——但教育的目的究竟是什么？是为法律、商业、宫廷服务，还是为了实现永恒的救恩？弗兰克希望在耶稣基督和圣灵的指引下进行"启蒙"，而沃尔夫的"启蒙"则遵循着数学和科学研究所带来的理性。沃尔夫的追随者之一摩西·门德尔松（Moses Mendelssohn）在为有神论辩护时说："因此，所有的数学命题，都假定自己完全能够应用于实际存在的事物，前提是这些事物存在……我们在关于上帝的讨论中所进行的推测……可以用精密科学中最严谨的方法来处理。"[22] 正如门德尔松这一代哲学家所发现的那样，任何事情，甚至是神的旨意的存在，都会受到严厉的质疑。

长期以来，学术论争，以及对赞助人的吹捧、对声望的追求，一直是欧洲大学生存的主题。在德意志，几十年来，路德派与虔信派的争斗变得更为激烈，并自然而然地蔓延到了大学内部。[23] 然而，到了 18 世纪 20 年代，风险进一步升级：普鲁士的新国王弗里德里希·威廉一世（Frederick William I，于 1740 年去世）试图巩固自身的权力和正统新教的领导地位。他特别重视军队建设、节俭以及他所难以释怀的各种议题；这些主张首先落实在了他的儿子身上。弗里德里希·威廉一世的脾气可能是造成德意志启蒙运动第一次危机的因素之一。

克里斯蒂安·沃尔夫一直是哈雷大学神学系的眼中钉；院系之间为学生及其所带来的收益、学校内的突出地位以及宗教正统的衣钵而争斗不休。双方都乐于将宫廷甚至是国王争取到自己的阵营中。沃尔夫所教授的观点脱胎于莱布尼茨乐观主义哲学，即这是"所有可能世界中最好的一个"，而这一说法很容易被误读。如果世界是被设定成现在这样的，那么人类的自由意志体现在哪里？上帝可以任意改变世界的力量又在哪里？斯宾诺莎思想宛如幽灵一般萦绕在这场讨论中，他声称人类的行动是可以把控的；激情是不自觉的。朝这一方向发展，就会走向无神论。神学院与沃尔夫的对峙使斯宾诺莎成了正统派进退两难的选择，他们在 18 世纪 80 年代开始着迷于自由思想和泛神论。[24]

在自由意志的问题上，神学院掌握了确凿证据，声称沃尔夫的学说扰乱了学生的思想：他的形而上学导致了无神论。奥古斯特·弗兰克在约阿希姆·朗格（Joachim Lange）的协助下，成功传话给了普鲁士国王，事情开始朝着不妙的方向发展。神学院将这场争论引至所有权力的源头，为了让弗里德里希·威廉一世清楚地认识这一点，弗兰克断言，沃尔夫的学说会破坏军纪。之所以会出现逃兵，是因为他们只遵从了自己预

170

定的命运安排。[25]

普鲁士对军队的重视早已令大学里的学者和学生感到不满。学生和士兵之间经常爆发冲突。然而，这一紧张的态势并没有阻止大学各院系试图利用宫廷对军国主义的着迷对其施加影响。在与沃尔夫互相争夺影响力的过程中，以弗兰克为代表的神学家们占了上风。

神学院直接诉诸普鲁士宫廷的做法奏效了：1723 年 11 月，普鲁士国王对沃尔夫定罪，勒令他停止教学，并在 48 小时之内离开哈雷，否则将会被处以绞刑。沃尔夫在第二天早上离开，跨过了哈雷与邻近领地的界河。不到一个月，他收到了其他德意志大学的邀请，其中一份聘书开出了比其旧职高出 300% 的薪酬。最终，弗里德里希·威廉一世妥协了，并试图将沃尔夫请回来。其饱受折磨的儿子弗里德里希（即"腓特烈大帝"）在 1740 年继位后，进一步纠正了父亲的错误。

绝对主义君主对沃尔夫的处置，给其后的所有学者都上了一课。[26]德意志和奥地利的教授，乃至所有知识分子，都需要留心国家权力，并要与国家权力的意愿进行斗争。一直到 18 世纪 80 年代，德、奥两地绝对主义的异见人士都以匿名的方式或借乌托邦思想来寻求庇护。[27]可以想见的是，18 世纪 90 年代的形势变得更加严峻，因为全欧洲的王公贵族都处于一种恐惧的状态中。

很少有人敢对绝对主义发起挑战，甚至康德也会为文职人员的服从态度及公共秩序存在的必要性辩护。另外，莱布尼茨和沃尔夫在德意志知识界的主导地位意味着，直到 18 世纪 40 年代，德语地区的人们很少关注牛顿的物理神学或是在人文科学领域探索可知的规律。牛顿被看作一位伟大的数学家，而不是一个形而上学者。到了 18 世纪下半叶，莱布尼茨和沃尔夫关于"预定和谐"以及"所有可能世界中最好的一个"的观点才失去市场，牛顿的自然哲学成了思想的主流。[28]

　　然而沃尔夫仍然有很多追随者。约翰·梅尔希奥·格策（Johann Melchior Goeze，1717—1786）是一位汉堡的路德派牧师和沃尔夫派神学家，他对戈特霍尔德·埃弗拉伊姆·莱辛（Gotthold Ephraim Lessing）及其他启蒙运动代表人物的宗教观点感到不满。双方爆发了激烈的争吵，最终导致莱辛被禁止在宗教问题上发表自己的观点。作为国家教会的精神领袖，格策与莱辛的争斗，使路德派与可堪称是德意志启蒙运动中最伟大的哲学家发生了冲突。格策和莱辛都在试图让自己的作品被更多读者看到；宗教论争只局限在拉丁文语境中的阶段已经结束了。随着战线划定，公众开始在新的启蒙文化内部寻找异端成分。

　　同西欧其他地区一样，在 18 世纪，德语区的公共领域也在不断扩大。正是通过舆论场，我们可以确定，18 世纪 40 年代是莱布尼茨体系的失宠之时，至少在柏林王家科学院（Berlin Royal Academy of Sciences）是这样的。[29] 一篇反驳莱布尼茨"单子"——感性物质的微小粒子——的存在的文章获得了 1747 年最佳论文奖。我们不必纠结于折磨人的形而上学的单子论——以及这一学说最终的衰落——关于这场论争，更重要的是新的杂志和期刊的加入。在过去的几十年里，这些论争还是大学院系及其对手之间的内部问题，如今却成了公共话题。这一难以捉摸的独立存在，融入了世俗空间，标志着一种向公众——舆论界、受过教育的人士、好论争者、好奇之人——开放的全新的现代性的诞生，而我们至今仍生活在其中。

　　旁观文学首先出现在英语地区，然后是荷兰语地区，现在则发展到了整个欧洲，18 世纪 20 年代，在欧洲的德语地区，旁观文学开始流行起来。这类期刊文学蓬勃发展，很多是出于教育的目的，因此它们有时被称为"道德周刊"。这些作品旨在缩小文化人和未受过教育的人之间的差距，它们最初面向公众的形式就是公开模仿《旁观者》等广受欢迎的英国期刊的内容。在这 10 年中，周刊杂志开始在苏黎世、汉堡、哈雷和莱比锡出现。到了 18 世纪中期，已出版的周刊已有 100 多种，这些周刊尤其乐于嘲讽迷信行为。培育美德成了这些刊物的办刊宗旨，而且是建立在对启蒙哲学的进步性的信念之上的。虽然周刊杂志打破了传统，直接面向女性，但并没有倡导社会变革。到了 18 世纪末期，出现了为女性读者服务的期刊，甚至出现了由女性编辑的刊物。1759 年至 1765 年间发行的《新文学简报》（*Briefe, die neueste Literatur betreffend*），可能是这一时期最知名的期刊，由两位德意志主要哲学家——莱辛（1729—1781）、摩西·门德尔松（生于 1729 年）和出版商弗里德里希·尼古拉（Friedrich Nicolai，生于 1733 年）联合创办。[30] 这一思想流派是启蒙运动（die Aufklärung）的核心。

173

同样值得关注的是，在德语地区，1700 年约有 5% 的人口识字，到了 18 世纪末这一比例上升至总人口的 25%。可想而知，各种类型的印刷品的数量也在增加：诗歌、戏剧、歌剧、乐谱，当然还有书籍。阅读协会激增，这种风气甚至蔓延到了仆人阶层。拉丁文书籍的比例逐年下降，到 18 世纪 70 年代，世俗读物已经取代了教义问答书，成为塑造道德品质的道具。大多数研究德意志启蒙运动的历史学家认为，阅读的革命赋予中产阶级一种明确的身份地位。剧场的演出进一步对这一身份进行了补充。约翰·施莱格尔（Johann Schlegel，1717—1749）撰写了大量脍炙人口的戏剧作品，其中就有《卡努特大帝》（*Canut*），这部作品对开明专制主义进行了探索，对一种反叛的英雄主义精神进行了近乎颂扬的描写。

英国的戏剧对德意志产生了重要影响，法国哲学家的相关创作也是如此。伏尔泰为让·卡拉（Jean Calas）遭遇的不公正待遇鸣不平，也被写进了克里斯蒂安·魏瑟（Christian Weisse）的同名剧作（1774 年）中。[31] 德语歌剧和音乐表演在柏林和维也纳的宫廷里十分流行，但也在新式的音乐厅中蓬勃发展，德意志作曲家们在那里大显身手，从而诞生了一个属于巴赫、海顿（Haydn）、莫扎特和贝多芬的时代。渐渐地，德意志启蒙运动突破了语言的樊篱；沃尔夫的著作出现了法文版，莱辛的戏剧和散文也是如此。德意志歌剧开始与意大利歌剧分庭抗礼。[32]

虽然诞生自德意志的宫廷和音乐厅，但歌曲也成了维也纳开明文化的重要组成部分。歌曲主要源自于当时的流行作品和舞台演出，尤其是在共济会集会上使用的歌曲。虽然玛丽娅·特蕾莎女王（Queen Maria Theresa）不喜欢共济会，但是她的儿子和继任者约瑟夫二世（1780 年继位）却拥抱了共济会及其文化。柏林的弗里德里希大王也是如此。会所里的歌曲就像教堂里的赞美诗，主要在集会的开始和结束以及特殊场合使用。其中许多歌曲出现在 18 世纪 80 年代著名的《德意志共济会会刊》上，到了 18 世纪 90 年，一些歌曲还带着点雅各宾派的政治色彩——这让约瑟夫二世甚为惊恐。海顿和莫扎特是活跃的共济会会员，这更增加了 18 世纪 90 年代遭到镇压之前共济会音乐的重要性（图 9）。这些歌曲歌颂了约瑟夫二世及其为启蒙运动所做出的努力，而且还宣称所有共济会弟兄都是平等的：正如其中一首歌中所唱的，"在共济会的公共行会里，奴隶和国王一样有价值；在这里，地位的高低只与德行相关"。[33]

维也纳的共济会会所和咖啡馆不只是歌曲作者的乐园，同时也是诗人和作家的聚集地。诗人戈特利布·冯·莱昂（Gottlieb von Leon）和他的朋友们在克莱默咖啡馆（Kramersches Kaffeehaus）和共济会"真正的和谐"（True

图 9　维也纳一个主要共济会会所的聚会，据信莫扎特为图中右侧的最后一个人物。
Courtesy of Wikimedia.

Harmony）会所内聚会，人们还可以在那里遇见莫扎特和各种政府要员。在 1785 年之前，莫扎特更喜欢富有天主教色彩的"乐善好施"（Zur Wohltätigkeit）会所。但在 1785 年这一年，约瑟夫二世对各地会所进行了镇压，不到一年，"真正的和谐"就消失了。该会所的部分成员后来加入了具有民主倾向的团体，并因被指控参与阴谋活动而被逮捕。莱昂继续写作，但日益转向浪漫主义。在约瑟夫主义（Josephinism）时期，宽容和对社会和谐的追求被认为是城市生活的主旋律，在 1785 年以后，人们往往将这些日子看作一个逝去的"黄金时代"去铭记。[34]1785 年之前，约瑟夫二世宣布对所有正统基督徒实施宗教宽容政策，对犹太人给予了一定的救济，将奥地利的教会纳入国家管控之下，关闭了大部分修道院，并放宽对书籍和期刊的审查政策。1785 年之后，相对激进的共济会会所都遭到了镇压，奥地利所有的共济会会所都受到国家的监督。

　　围绕着 1785 年前的维也纳启蒙运动及其假定的领袖约瑟夫二世，有许多夸张的说法。在约翰·佩兹尔（Johann Pezzl）参照伏尔泰的《老实人》（*Candide*）写出的小说《福斯坦》（*Faustin*）中，他设想出了一位哈布斯堡皇帝式的角色，由他执掌这个世纪的哲学。福斯坦的宽容只针对那些他崇拜的法国哲学家，而其周围的神职人员则被描绘成烧书的人，他们会因为人们私藏异端书籍而监禁他们。无论走到哪里，福斯坦，这位启蒙运动的英雄都在谴责对巫术、魔鬼和地狱本身的迷信。在意大利旅行时，他还对那里的宗教迫害行为投以冷眼。在小说的结尾，福斯坦和一位朋友幸福地定居在维也纳，并宣称在约瑟夫二世的统治下，理性和人文主义成了社会的主流思潮。[35] 如果说维也纳的启蒙运动中存在着极端思想，那么佩兹尔肯定是其中的典型代表。他对修道院和迷信现象进行抨击，鄙视欧洲殖民主义，这使教会对其抱有敌意，但为了公共和平，佩兹尔没有公开自己的自然神论信仰。其他许多德意志哲学家也是如此，并且和他们中的许多人一样，佩兹尔也是共济会的成员，与莫扎特同属一家会所。正如一位共济会弟兄所说："就像鸟儿生活在巢中，共济会的成员在约瑟夫的家里（the House of Joseph）像兄弟一样生活。"[36]

　　约瑟夫二世和他的母亲一样，是一位虔诚的天主教徒，他希望自己统治的国家和整个帝国都信仰天主教，但是它们首先要服从世俗的统治。他还希望奥地利的文化发展能够与其北方的新教邻国相媲美。他还受到了英、法两国作品的影响，认为这是德意志文化圈中不可或缺的一部分。虽然奥地利和法国一直以来都是政治上的敌人，但约瑟夫二世在 1785 年之前对其哲学家所带来的影响表示欢迎，但在那之后，他将他们视为无

176

神论者和唯物主义者，并对他们的思想予以否定。

18世纪80年代是中欧和南欧地区思想上的动荡时期。1785年前后，绝对主义君主和领地的王公都很清楚，在其治下暗藏着相当多的不满情绪，而这些不满情绪往往来自启蒙者。在德意志和奥地利，光明派——一种秘密的激进的共济会组织——营造出了一种类似于猎巫的气氛，数百人被当局逮捕。在奥属尼德兰，约瑟夫二世的改革旨在反对教会和贵族，改革往往由身为共济会成员的国家官员领导，这又使不满情绪加剧。到了1785年至1786年间，约瑟夫二世的政权最终认为，共济会会所是对统治秩序的威胁，并对其进行合并，比利时三省中的每个省份只能保留一家。一些共济会圈子里的反应是十分迅速且具有威胁性的："我们想效仿他们；国王、君主和行政长官……但不幸啊！权力无边无界，权威不受限制，带来了绝对的奴役；而共济会的成员一般只能在自己的会所里找到主权与自由的幸福联盟。"[37] 随着1789年法国大革命的爆发，奥地利的氛围变得更加压抑。审查制度与负责审查的秘密警察一起，又报复性地回归了。

作为维也纳启蒙运动的一个不那么重要且温和的参与者，莫扎特对所有这些波折做出了回应。他讨厌别人把他当成仆人，而这正是他的宫廷雇主对待他的方式。与玛丽娅·特蕾莎一样，他也受到了源自意大利的改革派天主教的影响。当然，教宗在1738年至1751年对共济会发出了谴责，其后果就是将莫扎特这样拥有自由思想的共济会人士推向了反教宗的立场。莫扎特曾赞颂约瑟夫二世的改革运动，而1785年之后，他与许多德意志思想家一样，越来越倾向于一种带有魔幻色彩的共济会秘密会社，比如"玫瑰十字会"（Rosicrucian）。[38] 这就好像邪恶与罪行被德意志启蒙运动复活了；一种更黑暗、更阴郁的思想认识在许多共济会会所的知识生活中蔓延，而莫扎特也参与了这种向神秘主义的转变。这在他最著名也最令人费解的歌剧《魔笛》（ *Die Zauberflöte* ）中体现得最为充分，该剧于 1791 年秋天首次演出。

这部歌剧的象征主义手法大部分来自炼金术和埃及学，它试图展现出善与恶是处于同一个心灵和灵魂之中的。音乐表达了这些矛盾的情感，只有在歌剧的结尾，当太阳胜利升起、灵魂出现在光明中时，这些情感才走向和解。剧中人物展现出各种美德和恶习，他们在寻求一种神化，寻求一条走向光明的道路。这部歌剧可能是所谓的天主教启蒙运动的典范之作，其灵感应该被看作来自宗教，而非世俗。它也许可以被视为奥地利启蒙运动及其对皇帝宽容政策的依赖的一个恰当的结局。然而，《魔笛》仍然流传了下来，其主旨思想影响了歌德，他在《魔笛》的启发下创作了多部剧作，但却没有承袭莫扎特所钟爱的喜剧色彩和神秘主义。[39]

178

德意志大地上的"上层启蒙运动"

从传统意义上讲，"上层启蒙运动"与 1750 年后的巴黎密切相关，与我们的旅行书商施托克朵夫寡妇所关注的异端思想世界也有关联。在这里，我们也可以将"上层启蒙运动"与一种充满活力的文化的出现联系起来，这要归功于当时的哲学家，包括莱辛、赫尔德（在第三章中，他还是一个默默无闻的年轻人）、犹太哲学家摩西·门德尔松，当然还有弗里德里希·尼古拉，以及才华横溢的沃尔夫冈·冯·歌德、弗里德里希·席勒和伊曼努尔·康德。他们都对法国启蒙运动的著作十分熟悉，把英国视为开明政治的典范，并对德意志文学做出了杰出贡献。在 18 世纪的大部分时间，法国的人口都多于德意志，以巴黎为首的各个城市的中心区域也比德意志的规模大得多。然而，在 1750 年至 1850 年间，在格奥尔格·黑格尔和卡尔·

马克思的带领下，德意志哲学主导了西方的思想。而这条道路上的阶梯是由德意志启蒙运动铺设的。[40]

德意志启蒙运动的许多领导者都有路德派的背景。莱辛的父亲是一名保守的外省牧师，他希望自己儿子的学习方向和生活方式符合教内的戒律清规。他与妻子希望莱辛学习神学，但是很快莱辛就背离了这一人生规划，离开了大学，在汉堡开始了其记者和剧作家生涯。莱辛不喜欢当权者的操控，这种厌恶可能源自他的家庭环境，并伴随其一生。他十分早熟，在学习语言方面展现出了极高的天赋，包括古典语言和现代语言。他的写作风格改变了德语，他所创作的剧目从不迎合精英阶层或权贵人物的口味，而是为普通公民服务的。他最早的一部剧作《萨拉·萨姆逊小姐》（*Miss Sara Sampson*），于 1755 年上演，讲述了一个发生在英国的故事，对绝对的美德和恶习的问题进行了深入探讨。剧中的主人公抛弃了自己多年的情妇（同时也是其孩子的母亲）——似乎在人格上有着严重的缺陷——转而追求萨拉。悲剧由此展开：围绕他与情人的孩子以及他自己对婚姻的矛盾心理——甚至对他自称爱着的年轻女子也是如此，他被卷入了一系列戏剧性事件中。这部戏剧的中心情节是萨拉的悔恨——她和主人公逃离了父亲的家——以及父女二人为和解所做的努力。最终，剧中多名角色都因谋杀或自杀而死，而最后只有一个没有血缘关系的孙辈与她的父亲相伴，她的父亲决定把她当成自己的孩子来抚养。

在《萨拉·萨姆逊小姐》中，父亲是美德的典范，他原谅了女儿和引诱她的人；他是基督教美德的践行者。而有着严重人格缺陷的引诱者，与其说是邪恶的，不如说是软弱的；正如萨拉的父亲所说："他是不幸的人，而不是邪恶的人。"萨拉是塞缪尔·理查逊（Samuel Richardson）一部小说中的人物克拉丽莎（Clarissa）的翻版，克拉丽莎是一位因少不更事被各种欢愉和幻想所烦扰的少女。莱辛不光受到这部英国小说的启发，还受到了狄德罗各种家庭情感剧的影响。岁月流逝，我们现在已经很难想象汉堡的观众看戏看得入迷的场景——他们甚至散场时还在哭泣——但从各种资料的记载来看，这正是这些充满道德感的人物所带来的艺术效果：他们平凡而又被窘境或性格上的缺陷所困扰，无法解脱。莱辛显然也与父权做斗争，在这部作品中，他表现出了自己对人物遭遇的同情。狄德罗非常喜欢这部剧作，他委托他人进行了翻译，但从未出版。在莱辛的其他剧作中——有些作品至今仍在德国的剧院中演出——贵族的父亲常被赋予暴虐的形象。41

莱辛的最后一部作品《爱米丽娅·迦洛蒂》（*Emilia Galotti*）构思于 18 世纪 50 年代，但在 18 世纪 70 年代才最终完成。莱辛以意大利的一个公国为故事发生的背景，因此我们可以认为，这部剧作是没有当代政治意义的。这部剧中里又一次出现了一个非常引人同情的父亲形象，而且又一次出现了一个有着严重人格缺陷的求婚者，此人后来成了当地王公，浪荡又暴虐。他阴险且具有威胁性，他对爱米丽娅的追求使她变得疯狂，以至于她劝说父亲将自己杀死。莱辛的悲剧最非同凡响的一点在于，它们试图没有让我们相信这是"所有可能世界中最好的一个"。这些作品虽然没有提到宗教，但还是让他陷入了异端的风暴中心，并使他被归入自由思想家的阵营，而在那些最严厉的批评者的眼中，他成了一个斯宾诺莎主义者。

批评家对莱辛的这一指控十分恶毒。斯宾诺莎在 1677 年去世后，遭到了有组织的诋毁。斯宾诺莎的敌人从不放过任何机会，指出他是一个异端分子，一个犹太人。莱辛深谙斯宾诺莎的哲学思想，但更重要的是，在年轻时离家追求文学事业之后，莱辛曾生活在柏林，并结交了许多犹太朋友，其中就包括后来鼎鼎大名的年轻的摩西·门德尔松。18 世纪中期，人们

180

对斯宾诺莎著作的阅读和理解发生了巨大的变化。部分基于生物科学的影响，法国唯物主义者开始出现在弗里德里希大王的柏林宫廷，沃尔夫在哈雷恢复原职，对斯宾诺莎的认识也发生了转变。想要进行自由思考，需要去了解他的哲学理论，而不是一味地拒绝。恰好在这个时候，莱辛和门德尔松开始了他们对这位现代早期最伟大的犹太哲学家的研究。

在《萨拉·萨姆逊小姐》演出的一年前，也就是1754年，莱辛以一部关于犹太人的戏剧《论犹太人》（*Die Juden*）惹恼了德意志知识分子。在当时的德意志地区，普遍存在着反犹太主义情绪——第二次世界大战的大屠杀恰恰是这一情绪的延续——的大背景下，莱辛向他的读者展现出了一个完全不同于以往的犹太人形象。莱辛笔下的犹太人不是被人唾弃的货币兑换商或骗子，而是一位可敬的、无私的旅行者，他在旅行途中认识了一位被假扮成犹太人的强盗陷害的贵族。这部戏的重点在于旅行者和强盗的身份。男爵被一群"犹太人"突然袭击后，他的反犹太主义情绪得到了充分的宣泄；他对旅行者非常感激，并将女儿许配给旅行者。与此同时，强盗暴露出了自己本来的面目。而旅行者表示，自己才是真正的犹太人，当然，国家的法律禁止犹太人与基督徒通婚。真正的美德再一次集中体现在了一个人物身上——想想萨拉和爱米丽娅——只不过这一次，他是一个讲着流利德语的犹太人（而非犹太人传统的意第绪语），有着高尚的品格。

这一主题在莱辛最著名的剧作《智者纳坦》（*Nathan der Weise*）中得到了扩展，该剧于1783年首次上演。犹太人纳坦的原型为摩西·门德尔松，他对自己的女儿十分关爱，他的女儿被一位巡游的圣堂武士（Templar）从起火的房屋中救了出来。这一角色可能是为了那些共济会观众而加入的，因为有许多德意志共济会会员认为自己是当年那些受到迫害的圣堂武

士的后裔。纳坦只与圣堂武士以及自己的朋友和下棋的伙伴
（一位穆斯林）交好。莱辛在基督教骑士所说的话语中，加入
了相当典型的反犹太主义。最后，圣堂武士爱上了他救下的纳
坦的女儿，开始不带偏见地进行思考。而基督教的主教（the
Christian Patriarch）则不然；他住在耶路撒冷——这也是全
剧一切事件的发生地点——对犹太人他只会教条地秉持教义，
在发现他们违反基督教律法之后，他就会将他们烧死。智者纳
坦这一角色，就是为了阐述基督教、伊斯兰教和犹太教是独立
而平等的。

　　莱辛在与格策爆发矛盾后写下了《智者纳坦》，这部作品
既是对宗教平等的呼吁，也是对基督教异端邪说的抨击。门德
尔松喜欢这部剧作，许多 20 世纪的德国自由主义思想家也是
如此。1945 年，它是德国战败后上演的第一部戏剧。批评家
认为，剧中的纳坦只是一个抽象的概念，我们对他的犹太教实
践知之甚少；在该剧的大部分段落里，它都被隐藏起来，在普
世的人文主义面前被淹没并私人化。然而，它充分展现了启蒙
思想家们越来越多达成的共识，即宗教信仰应该是一个私人问
题，永远不应被国家或教会攻击或胁迫。

　　在所有的新闻和戏剧写作中，莱辛对他最初的研究课题——
宗教和神学——保持着浓厚的兴趣。他是一个探索者，反对各
种合理化，他乐于接受反驳甚至对抗。他追求的是一种心灵和
思想上的纯粹的宗教，他并不怕被人斥为异端。莱辛的早期著
作展现出了其对三大一神论宗教的历史和三者间的对比的不偏
不倚的兴趣。

　　莱辛在沃尔芬比特尔（Wolfenbüttel）一家藏书丰富的图
书馆任图书管理员时，有充足的时间和资源去研究宗教话题。
这家图书馆属于不伦瑞克公爵（the Duke of Brunswick），
至今仍然是欧洲著名图书馆之一。在他的《莱布尼茨论永刑》

（Leibniz on Eternal Punishments）一文中，莱辛似乎对基督教的正统观念表达了赞同（就像莱布尼茨一样），但通过仔细阅读，就会发现这篇文章认为天堂和地狱是相对的，不是绝对的。每个人身上都存在着不同程度的善与恶，因此无论是住在天堂还是地狱，人的品性都是如此。没有什么能阻止莱辛接受异端思想，尽管有时他只是短暂地相信一下。

图书管理员的工作让莱辛接触到前所未有的大量未出版的手稿，其中有些书稿之所以处于这种状态，是因为它们无法通过审查。而且，如果莱辛想要出版他认为重要的异端文稿，图书馆的工作也为他提供了绝佳的掩护。莱辛从已故学者赫尔曼·塞缪尔·赖马鲁斯（Herman Samuel Reimarus，于 1682 年去世）的女儿那里就拿到了一份这样的书稿，他意识到其中内容的危险，决定匿名截取片段出版。莱辛声称不知道图书馆通过何种渠道得到了《论自然神论者的宽容：一位匿名作家的文章片段》（*On the Toleration of the Deists: Fragment of an Anonymous Writer*，1774 年出版）的稿本，他甚至表示这本书的作者可能是约翰·洛伦兹·施密特（J. Lorenz Schmidt，于 1749 年去世），他是斯宾诺莎著作的德语译者，曾因出版著作入狱，不得不以各种化名隐居。他选取的片段主张对理性主义者和自然神论者抱以宽容的态度，并对圣经故事的真实性提出了异议。

赖马鲁斯的女儿埃莉泽（Elise，生于 1735 年）向莱辛提供了这份书稿，这并不令人惊讶。她是启蒙主义圈子里的核心人物，与莱辛、门德尔松、雅各比等人有着大量的书信往来。在她的家族中，无论是父亲的一方还是母亲的一方，都有许多人是学者，此外，这种对财富积累有益的联姻使她的父亲可以给自己所有的孩子提供受教育的机会，而不只是让男孩读书认字。埃莉泽在一个开明的家庭中长大，就像许多被启蒙主义理念所吸引的女性一样，她也在家中组织了一个文学沙龙。她虽然对莱辛感情极深，但终身不婚。在宗教方面，埃莉泽和父亲一样，都是自然神论者。在 18 世纪 90 年代，她也表达过自己的民主主张，而她的家族也以其反贵族的观点而闻名。她自己的文学成就并不突出，留下的大部分都是诗歌作品。莱辛去世后，她不再写诗。不过，当她将父亲的手稿交给莱辛时，她显然理解并赞同其中的内容。莱辛最初发表的这些选段基本上没有引起关注，但很快情况就会发生变化。[42]

184

莱辛似乎总有办法不被人发现，他不顾朋友的劝告，继续截取片段出版，这一次的内容比第一回更为大胆：神职人员应该接受理性，因为他们需要理性来论证基督教的真理；启示不可能在所有人的身上验证，救赎是通过"自然之书"（the book of nature），是通过所有人都拥有的自然宗教来实现的；以色列人不可能在一夜之间通过被分开的红海，想要走完这段路程，至少需要九天的时间；启示充满了相互矛盾和前后不一致的内容。赖马鲁斯总结道：

> 既然大家都知道这些神迹是自相矛盾的，是不可能发生的，那么它们就不可能发生。因此，它们一定是被编造出来的，而且这是如此明显和粗糙，人们很容易看出这些内容出自同一作者之手，他既没有亲身经历过这种迁移，也没有认识到穿过红海意味着什么，更没有提出任何符合经验和事实的明确概念。[43]

一场批评的风暴向莱辛袭来。莱辛最初的回应还很有耐心，但后来便越来越多地带着讽刺和恼怒。莱辛刚刚经历了丧偶之痛，他学习格策，用路德的思想为自己做掩护——路德的"思想实质显然要求不可阻止任何人根据自己的判断探索真理的知识"。格策认为莱辛是继承了英国自然神论者廷德尔（Tindal）和托兰德的思想，而莱辛的雇主不伦瑞克公爵则告诉莱辛，现在他必须接受审查。[44] 愤怒的莱辛于是又重新开始了自己原本就很擅长的戏剧创作，写下了《智者纳坦》。

185

在一封写于1780年的信中，莱辛告诉他的朋友、共济会成员赫尔德，他打算在正统思想和激进自然神论之间找到一条中间道路。莱辛在寻求一种对基督教的历史认识，以及一种阅读《圣经》的新的方式——不将其当作上帝的神圣之言，而是当作《新约》写作之前的前几个世纪关于基督教信仰的精彩的历史记录。他区分了"耶稣基督的宗教"和"基督教"，"是如此无法确知、模棱两可，以至于在关于这个世界的所有历史记载中，几乎没有一段话被两个人以同样的方式解读过"。[45]

试图把莱辛描述成那个时代典型的正统基督徒，是没有意义的。同样，尽管很多人相信莱辛已经成了秘密的斯宾诺莎主义者，甚至按照这一标准，莱辛也是一个无神论者，这也是无法被证实的。相反，像许多哲学家一样，莱辛开始认为宗教信仰是一个完全私人的问题，而对人类命运真相的开明探索需要深刻的自我反省、质疑的情深、对偶像的驳斥，以及对神学中的系统构建者的深深厌恶。莱辛坚信人类的灵魂是不朽的，他甚至对轮回或转世的可能性进行了推测。理性在启示中所扮演的角色的问题，让莱辛陷入了挣扎，他在受过教育的人和启蒙人士中寻找盟友，但是并不顺利。[46] 莱辛一开始受莱布尼茨－沃尔夫传统学说影响很大，但在其人生的最后阶段，自然宗教与异端哲学对他的吸引力更大。

莱辛对许多文本材料及社会运动都进行了考察。他也像许多德意志知识分子一样，在共济会寻找答案。在《恩斯特与法尔克》的对话中，莱辛和德意志后来追寻真正的启蒙运动的探索者都将目光投向了普鲁士及其不满情绪。作为共济会的成员，莱辛让自己笔下的虚构人物法尔克对他的对话者恩斯特说——在 1778 年这部以他俩的名字命名的对话作品中——"行动……善良的成人和年轻人……观察他们的行动"——并以此来表达他们自己。在回顾了德意志和瑞典共济会众所开展的各种慈善行动之后，法尔克颂扬了在"这世上"做善事的必要性。在恩斯特与法尔克的对话中，存在着一些基本假想：人与制度都需要改革和更新，宗教差异使人类隔绝，共济会众致力于社会平等的实现，但是他们不会比周围的市民社会更好或更坏。[47] 在全心全意拥抱世俗的过程中，法尔克讨论的重点必然会转向国家。出于对"市民社会"（die bürgerliche Gesellschaf）的关注，他会问："你认为人是为了国家而被创造出来的呢，抑或国家是为人而存在的？"[①] 他指出，国家围绕财富或宗教制造差异；共济会众是唯一能够弥合这些差异的群体。莱辛对改革的必要性的思考使他的关注点重回共济会，并对其在德意志的会所将犹太人拒之门外的做法进行了抨击。

相比之下，法国哲学家米拉波（Mirabeau，于 1791 年去世）受到了共济会宗旨的启发，尽管共济会存在着种种缺陷，但他想建立一个平行组织，通过教育，最重要的是通过改革法律和政府来帮助全人类。该组织的会员必须是共济会成员，并为"共济会的目标之一：全人类的利益而努力"。正如米拉波所描述的那样，第二个"伟大的目标……是纠正法律和政府实际制度体系中存在的问题"。这种纠正手段"可以是特殊的，也可以是常规的；可以是渐进的，也可以是激进的；可以是秘密的，也可以是公开的"。[48] 与此相反，为了与德意志启蒙运动的主旨保持一致，莱辛的政治参与度要低得多，当然也不是

186

---

① 《恩斯特与法尔克》中的第二次对话。引文译文参见：《论人类的教育》，［德］戈特霍尔德·埃夫莱姆·莱辛（著），朱雁冰（译），北京：华夏出版社，2008 年，第 151 页。

政治革命的倡导者。

18 世纪的德意志共济会会所有很多为人诟病的地方。法

187　尔克认为，对圣堂武士团的迷信，对巫术的依赖，对文字、手势和符号的玩弄以及对促进真正的绝对平等的无能为力都令人十分反感。然而法尔克暗示得很清楚，有些共济会成员支持美国的革命运动。[49]《恩斯特与法尔克》将改革的推动力向外引向了国家，然后又向内批判性地引向当时的共济会会所。法尔克代表莱辛发言，将共济会纲领定位为一种精神状态，一种在这个世界上生存的方式，而不是他平时在会所中随处可见的不完美的行为。有些批评家认为《恩斯特与法尔克》的第四次对话和第五次对话远比其他谈话更激进，但是所有这些对话都存在一种很明显的延续性。在倡导改革和革新的过程中，莱辛也有那种于 18 世纪 70 年代和 80 年代间弥漫在德意志共济会会所中的不满情绪。和基督教一样，共济会也有着严重的缺陷，但他认为，参与其中可以使人自我检讨，收获深厚的友谊，并有助于独立学习。[50]

莱辛对共济会的反思引起了改革者的共鸣，特别是在法国大革命之后。在 18 世纪 90 年代，赫尔德以对话的形式对共济会和国家发表了自己的思考，很明显是在呼应《恩斯特与法尔克》。他在开篇就欣然接受了"世界上……所有已经达成的善事。"赫尔德本人作为共济会成员，他有意强调了"世界上"。他从法尔克的问题开始：人是为了国家而被创造出来的呢，抑或国家是为人而存在的？然后，他和法尔克一样，指出了国家强加给人的所有分别，最后，他说他希望建立起一个由全世界所有有思想的人组成的社会。[51]赫尔德对普世意义上的乌托邦秩序的维护，是共济会语言被用来研究市民社会理想的又一案例。这种秩序也完全符合世俗冲动的逻辑，促进了人们对公民社会和国家的关注。

　　然而，无论是赫尔德还是在大革命之前就已去世的莱辛，都不愿意介入国家的政治运作。他们在一旁观望，希望有一天人类道德规范的改革能激起世俗秩序的转变。正如赫尔德所阐述的那样："每一种生命之力都是活跃的，并持续地活跃着。因此……它通过智慧和善良的内在永恒法则来发展和完善自己，这些法则是对它的驱动，也是其固有属性。" 52赫尔德从来没有明确界定他所说的"力"（*Kraft*）是什么意思。

　　在走向完美的过程中，人们可以在具有普世性的社交活动中找到慰藉。莱辛从他与摩西·门德尔松的深厚友谊中得到了安慰，门德尔松是一位讲意第绪语的犹太人，出身贫寒，智力超群，而且同莱辛一样，颇有语言天赋。门德尔松在青年时期学习了《塔木德》，成了一名出色的德意志散文文体学家，同时也是法国哲学家、牛顿学说的追随者莫佩尔蒂和卢梭的批评者，在掌握了英语后，他还对蒲柏（Pope）和伯克进行了批评。他对知识的热情，部分在于他对莱布尼茨和沃尔夫著作的阅读，尤其是哲学和形而上学方面的著作。1754年，门德尔松认识了莱辛，两人的友谊一直持续到1781年莱辛去世——事实上在他去世后这段友谊还在继续——门德尔松试图维护朋友的遗誉。他们都赞同宗教宽容政策、犹太人公民权利的实现，以及有必要通过理性来解开一神论宗教的奥秘。门德尔松更坚信信仰自由的绝对权力，认为国家无权对其使用强制力。他甚至主张将这种自由延伸到了对无神论者的保护上。53

　　1783年，门德尔松提出了自己对犹太教的理解，并且提出了一种理性人士可以遵循的愿景。他在《耶路撒冷》（*Jerusalem*）中指出："我不认识任何其他永恒的真理，我只知道那些不仅人类的理性可以理解，而且通过人类的力量能够

188

阐明并证明的真理……犹太教不懂得任何神启教理，在他们的理解中，神启只是基督的信徒所接受的东西。"⁵⁴①摩西将这些律法赐给犹太人，犹太人有义务去遵守。他们应该被教导，被引领，但绝不是由国家或教会强加的。

门德尔松成了哈斯卡拉运动（*haskalah*）——也称"犹太启蒙运动"（Jewish Enlightenment）——的领袖人物，他的影响一直延续到 20 世纪。唯有糟糕的健康状况使他无法更多地从事哲学以及他所谓的"自然宗教的真理"的读写工作。到了 18 世纪 80 年代，他开始认为，唯物主义绊住了启蒙运动，其源头可以追溯到霍布斯和斯宾诺莎（于 1677 年去世），以及后来的托兰德（于 1722 年去世）。⁵⁵门德尔松还意识到，拉比们会对开明的犹太人进行审查，试图将潮流逆转，回到传统教育，强调宗教教育而非世俗教育。约瑟夫二世则朝着相反的方向推进，希望其治下的犹太人被德意志化。到了 1782 年，犹太社区内部的裂痕已经显现出来：自由思想家与惧怕改革的拉比之间的对立；极端正统的虔敬派犹太教徒（Hasidim）与启蒙运动的追随者之间的对立；卡尔巴拉（Kabbalah）的复兴者与像门德尔松这样的理性主义哲学家之间的对立。⁵⁶

斯宾诺莎的著作加深了这些裂痕，尤其困扰着德意志启蒙运动和犹太启蒙运动；他将上帝等同于自然，甚至他的无神论和唯物主义，都可以用来反对任何试图将宗教建立在理性的坚实的基础上的哲学家，或者用门德尔松的话说，是建立在"对上帝的理性认识"上。⁵⁷1785 年，门德尔松发表了其批评性回应《晨时》（*Morning Hours*），紧接着第二年，又出版了《致莱辛友人书》（*To the Friends of Lessing*），为符合上帝旨意

的理性的有神论进行了辩护。对于寻求真理的标准，门德尔松同许多欧洲哲学家一样，认为从伽利略和牛顿那里继承的新科学对"我们的知识"的丰富"远超我们的预期"。[58] 通过科学，门德尔松知道真理是可以触及的，因此他反对"支配世界的仅仅是一次次巧合"的假设："每当我们目睹和谐与协调性的多种多样，我们总要为其寻找原因。"[59] 门德尔松带着他的读者学习一般哲学和认识论，因为他正在构建知识体系，以此证明上帝的存在："没有上帝、天意、不朽，我生命中一切美好的事物在我眼中都是毫无价值的、粗劣可鄙的……或者正如伏尔泰所言，没有这种令人欣慰的期盼，我们就是在深渊中游泳……永远看不到岸边。"[60]

门德尔松之所以要在理性论证的基础上为有神论辩护，然后又为莱辛辩护，是因为他想要为一个真正宽容的人说话，捍卫对他的记忆。1783 年，莱辛的熟人弗里德里希·雅各比（Friedrich Jacobi）在一封信中宣称，莱辛是一个秘密的泛神论者。雅各比认为，这种宿命论的斯宾诺莎主义是唯一与理性相容的系统哲学，而他对此感到厌恶。门德尔松从他的想法中窥见了其试图削弱真正宽容的社会的基础的愿望。两年后，雅各比出版了他与门德尔松的通信，同时还得知门德尔松将发表其为符合上帝的旨意的有神论辩护的文章。在门德尔松看来，雅各比对莱辛发起了指控，说他"作为有神论和理性宗教伟大而令人钦佩的捍卫者而闻名于世……实际上却是一个斯宾诺莎主义者、一个无神论者和一个渎神者。"[61] 因此，德意志启蒙运动中的另一场危机，被称作"泛神论之争"（*Pantheismusstreit*）。

这场冲突对德意志启蒙运动的最后十年产生了深远的影响。争论公开化了，而莱辛也因为被认作无神论者而臭名昭著。几乎可以肯定的是，面对雅各比，门德尔松曾以莱辛的哲

191

学风格中常见的矛盾和冲突为斯宾诺莎辩护。正如赫尔德所言："你知道莱辛会以这样的方式反转一切，来显示荒谬中的荒谬。"[62] 雅各比无视这些精微玄妙的语句和玩笑话；莱辛与门德尔松以及犹太人的关系使他更有偏见。在所有关于莱辛的争论中，背后一直暗藏着反犹太情绪。更早的时候，在与格策的论争中，一份维也纳期刊甚至指责莱辛从阿姆斯特丹的犹太人那里获取钱财，资助自己的出版物。只是在这次泛神论的冲突中，尽管有人希望莱辛受到惩罚，不伦瑞克公爵还是站在了莱辛的一边。[63]

几乎可以确定的是，莱辛仍然深受自身宗教背景的影响，但却被那些会破坏传统神学体系构建的思想所吸引。雅各比通过莱辛惯用的"我是唯一也是一切"（I am One and All）这句格言推断出他是一个泛神论者。然而，莱辛更发现创造物的存在具有明显的多元性；现在的这个世界之所以是"所有可能世界中最好的一个"，是因为它体现了上帝的自我复制。通过这样的表述，我们可以发现一种独特甚至是有些古怪的有神论仍在莱辛的理解范围内，同时也证明了在 18 世纪中期，跳出传统基督教哲学的框架进行思考是有可能的。这个立场很容易被误解。[64]

正如论争耗尽了年已五旬的莱辛的精力——而且我们几乎可以肯定，这加速了他的死亡——门德尔松也受到了争议的冲击。他的身体一直很虚弱。在 1785 年寒冷的新年前夕，门德尔松因着急将为莱辛辩护的手稿交给出版商，感染了风寒，从此他的身体再也没有恢复过来。在生命的最后岁月，莱辛认为基督教的现状——因神学论争和迫害而变得式微——必须改变。到 1786 年初，德意志启蒙运动中最重要的两位宗教思想家都已去世，本来他们是可以帮助德意志完成这样的改革的。作为"泛神论之争"的主要参与者的中间人，埃莉泽·赖马鲁斯退出了这场运动，并为自己促成了这些关于莱辛的讨论而深感自责。

知识上的领导权在某种程度上有了些许变化，它被传到了约翰·戈特弗里德·冯·赫尔德（1744—1803）以及他大学时期的教授伊曼努尔·康德（图10）的手中。本书最近一次提到赫尔德时，他还是一位年轻且默默无闻的旅行家，正要去法国旅游。在那里，他见到了一些伟大的哲学家，或是有机会阅读他们的著作，他见识了生机论，或活力唯物主义（vitalist materialism），这种思潮来自当时的启蒙主义圈子和医学思想，很是流行。这一切使赫尔德回归对莱布尼茨和斯宾诺莎的研究。在离开时，他认为，法国作为一个国家需要改革，但法国的知识分子却引领他走

图10　伊曼努尔·康德，这一时期最伟大的原创思想家。约翰·戈特利布·贝克（Johann Gottlieb Becker）（ID# 141114）. Courtesy of Bridgeman Images.

向了生机论，这为赫尔德的思想奠定了基础。

起初在学校担任教师，后来又做了路德派的牧师，赫尔德相信一种递进式的泛神论思想，在这种泛神论中，某种形式的永生仍是有可能的，而体系建设和宗教不宽容则是不被接受的。通过赫尔德对理性和新思想进步的认可，我们可以认定他显然受了莱辛和门德尔松的影响。[65] 在赫尔德的助力下建立的学科数量惊人：解释学、语言学、人类学和世俗历史哲学。虽然赫尔德对哲学和宗教仍然有着浓厚的兴趣——这也是德意志启蒙运动的特点——但他还在历史、语言的应用以及世界各族之间的深刻差异中寻找解释人类状况的方法。

赫尔德并非一味地追随宗教启蒙思想，他还是旅行文学的狂热读者。他开始认识到，世界上的各个民族之间有着很大的不同。首先在他们的语言方面，"语言并非源出于神，恰恰相反，它来自动物……［它］并非脱胎自上帝的语法书上的字母，而是源自人类自由的器官所发出的野性的声音……语言是从理性最初的行动中极其自然地生成的。"[66]① 声音会不可避免地发生变化；语言在不同人群中会得到发展，"就本质而言，第一个人类在思想上已准备好与他人对话"。[67]② 语言的使用具有深刻的社会性。

赫尔德以无可挑剔的逻辑，考察了在多种语言中发现的无数个同义词，然后得出一个结论："每一种语言……都与特定民族的习俗、性情和起源相关联，但不论在哪里，都可以看到人类精神在进行创造。"[68]③ 赫尔德对语言起源的理解，为他接受人类文化的多元性和研究它们的必要性奠定了基础。他"从

193

194

---

① 引文译文参见:《论语言的起源》，［德］J.G. 赫尔德（著），姚小平（译），北京：商务印书馆，1998年，第2页至第20页。

② 同上书，第36页。

③ 同上书，第61页。

人类的心灵和组织，从一切古老语言和土著语言的构造，以及整个人类的经济系统等方面着手"广泛搜集材料，[69]① 科学地从概念上为后来的人类学奠定了基础。赫尔德将自然科学和人文科学视为同一经验的硬币两面。

在赫尔德的思想轨迹中，泛神论思想扮演了重要的角色。斯宾诺莎、莱辛、约瑟夫·普里斯特利等人的著作，使他确信不能排除"思想或其他精神力量是物质的可能性……我们知道，没有什么精神能够脱离物质或在没有物质的情况下运作……我们在物质中观察到许多类似精神的力量"。我们是由"有机的力量，造物的神的手指"创造出来的。[70] 赫尔德坚持泛神论，并不向那些要剔除灵魂和永生的唯物主义者让步。然而，赫尔德追求的是更大的目标——为一种"人类历史可能存在的哲学"奠定根基。

宇宙的力量蕴藏在人类的头脑中，它们仅仅需要一个组织或一系列组织以使其运行。每个人都要经历一个不断变化和转变的过程，"因此，人类的历史归根到底是一个变换的舞台"，只有"为事物和生命提供活力，并在其中感受到自己的"上帝"才能回顾它"。所有的人类都是地球上的同一个物种，人与人之间没有种族的区分，只有社群或国家的区别，人类的复杂性构成了"同一幅伟大画卷的不同色调，这幅画卷贯穿了各个时代和地球上的各个地区。因此，对人类研究不构成生物学或系统的自然史的一部分，而是有关人的人类学的历史"。[71] 空间和时间，已经被剥夺了特征与属性，现在处于一种无限且绝对的状态，可以由人类的活动来填充："物质和力量的结合能经历一系列的变化，从最初的状态到一种更发达和更微妙的结

195

---

①　引文译文参见:《论语言的起源》，[德] J.G. 赫尔德（著），姚小平（译），北京：商务印书馆，1998 年，第 112 页。

构，这种假设难道说不通吗？" [72] 在赫尔德看来，时间的变化来自"心灵和物质，一切物质、吸引与排斥、运动、生命的力量最初都来自一个单一的实体"。[73]

赫尔德对人类状况的理解是极为通俗和现世的。人类的行动填充了世俗的时间和空间；人类在其复杂性中，在其社群或国家中，创造了历史。物理学法则在空间和时间中发挥作用，"在自然界中，任何生命的力量都不能停滞或退缩，它必须前进、进步"。这种对时间的渐进式的理解，得到了自然法则的支持，为"人类的奇妙现象，从而也为可能存在的人类历史哲学提供了密钥"。[74]

赫尔德的思想动态中有一点在约翰·托兰德那里也能找到，那就是力存在于宇宙的物质之中，空间和时间是其实体。吸引和排斥的法则支配着"我们这个物种的历史……通过人类所进行的各种尝试和事业，以及突然降临在人们身上的事件和革命"。人类的思想中蕴含着宇宙的力量，只有通过组织，或一系列组织，才能"使它们发挥作用"。空间和时间是"空概念"，思想会超越并填充它们。[75]

这种超越发生在个体思想中，它们在社群中被束缚在一起。社会是人类力量在空间和时间中发挥作用、创造历史的必要条件。人类如果脱离自己的国家或部落，就会绝望地漂泊。赫尔德从对空间和时间、思想和力量的抽象认识，转而关注人类的社会状况，即人类参与创造历史的必要条件。如果没有这样一个群体的社会状况，人如何能参与历史的创造呢？

赫尔德开始了对奴隶制的抨击："你们这些卑鄙的奴隶主，你们这些不人道的畜生，有什么权力踏进这些不幸的人的土地，更不用说用狡猾、欺诈和残忍的手段把他们从这里撵走了？"面对美洲原住民的遭遇，他也发出了同样严厉的谴责。

一些人被剥夺了创造历史的自由。[76]赫尔德和莱辛一样，认为自由是保障人类尊严的基本条件，是人类自由创造历史的基础。

尽管在神圣罗马帝国，赫尔德仍将他的历史视野投向了全球。奴隶贸易和帝国建设并非 18 世纪德意志人的专利，然而，赫尔德与法国胡格诺派的安东尼·贝尼泽一样激情澎湃。赫尔德对帝国建设中的不公正现象的深切关注，展现出了启蒙运动的标志思想之一——世界主义。尽管也许是在呼应卢梭的思想，赫尔德对"无所事事的世界主义者"——与好客的野蛮人相比——大加抨击，他的反帝国主义取决于其在自然中发现的普遍的人文主义："认为欧洲文化具有优越性的想法本身就是对大自然的威严的公然侮辱。"[77]

赫尔德使我们对历史力量进行思考，这些力量是由被社区或国家束缚的自由个体释放出来的。鉴于吸引和排斥的力量，历史力量辩证地发挥作用。它们提出一种现状——一个论题——被一种矛盾的力量（即它的对立面）所推挤，在这种斗争中产生了一种新的秩序，一种综合体。随着时间的推移，它本身变成了自己的论题，历史力量再一次抛出了一种矛盾的力量。如果这听起来并不陌生，那是因为，尽管赫尔德没有使用这些术语，但那些接受了他对历史力量的解释的人创造了这种对世界历史力量的辩证理解。有一条道路，历经曲折，从赫尔德通向了黑格尔和马克思。

然而，马克思是坚定的唯物主义者，而赫尔德则显然不是。赫尔德的唯心主义，还有他对力量及其暗含的非物质性的强调，与马克思以经济为基础的唯物主义是对立的。在赫尔德为摆脱他认为与某种启蒙思想相关的贫乏的理性主义所做的努力中，他回溯到启蒙运动 17 世纪的根基。他（就像莱辛一样）复活了莱布尼茨和斯宾诺莎的思想，这样一来，就将斯宾

197

诺莎带入了西方哲学的主流视线，这是一场戏剧性的复兴，是对几十年前斯宾诺莎被人斥为无神论者的否定。在18世纪80年代中期的泛神论之争时期，赫尔德写下了他最重要的哲学和神学著作《论神：对话数篇》（*God, Some Conversations*，1787年）。

这是为斯宾诺莎恢复名誉并解释其哲学思想而进行的一次探索性尝试：

> 世界上的物质，都是由神力维持的，正如其存在仅仅来自神力一样。因此，它们构成了——也许不一定恰当——神力的显现，每种力量根据它们出现的空间、时间和器官而改进……［物质］不是死的，而是有生命的。因为在其内部，有千种有生命的力量在为配合它的内外器官而发挥作用。

赫尔德被科学上的新进展所启发，特别是对磁力和电力的发现，巩固了其对自然界中所存在的力量的论证。自然的力量使我们"作为有限的生命，在空间和时间中游移"，但"世界的任何一部分都不可能是上帝的一部分"。[78]

赫尔德对斯宾诺莎思想的推崇，使启蒙哲学从法国启蒙学派中盛行的机械唯物主义中坚决脱离出来。突然间，一种似乎只认可无神论的思维方式，转变为一种研究人类、语言和历史的动态方法。一名基督教信徒对斯宾诺莎遗产的重振，使那些通常由基督教信徒提出的反对意见变得站不住脚。赫尔德为研究人类在时间和空间上的进步、语言的发展、历史的创造提供了一个哲学基础，并为人类学和语言学奠基。

赫尔德的任何一项理论创新，都不是在历史或个人的真空环境中诞生的。首先，在1785年，赫尔德的老朋友、从前的老师康德对《人类历史哲学的理念》(*Ideas for a Philosophy of the History of Mankind*)进行了严厉的批判。[79] 部分原因可能是康德嫉妒赫尔德——赫尔德作为自己的明星学生，在公众中的知名度越来越高。此外，康德也感到自己的哲学见解被人忽略了。但康德和赫尔德之间确实存在着哲学和意识形态上的分歧，康德认为这些分歧必须挑明。他还在赫尔德的文章中发现了对自己思想的隐晦批评。康德认为，人类的幸福是通过国家的制度来实现的，最终会在历史的终结时到来。赫尔德认为，每个生物都因自己的生命感到愉悦，国家的存在是为了促进这种幸福的状态。他还从康德的思想发现了其对欧洲的偏向——康德认为欧洲的国家是一种发展程度更高的实体。[80]

　　两位思想家在很多问题上都有共识。两人都把追求人类幸福视为基本权利和目标。两人都认同牛顿科学法则和宇宙的目的性。康德是这样表述的："人的行动，毕竟与任何别的自然事件一样，都是由普遍的自然法则决定的。"自然只赋予人类理性和自由意志，相应地，"人不应当由本能来引导，或者由生而具有的知识来关照和教导；毋宁说，人应当从自身出发来产生一切"。[81]① 自然并没有给人类提供一个轻松的生存环境，必须不断进行斗争。

　　赫尔德看到了人类的基本社会性，而康德的观点则更为悲观，比起卢梭，它更接近于霍布斯。人类的斗争是充满艰辛的，正如康德所说："为了难以共处，为了妒忌地进行竞争的虚荣，为了无法满足的占有欲甚或统治欲，还真得要感谢自然才是！"② 鉴于随时有可能爆发战争，唯有国家和公民宪政才能

---

① 引文译文参见：《关于一种世界公民的普遍历史的理念》，[德]康德（著），李秋零（译），《康德著作全集》（第八卷），北京：中国人民大学出版社，2010年，第26页。

② 同上书，第28页。

保护我们。但即便如此，国家天然的好战性也会导致战争，唯有建立一个"国际联盟"（league of nations）才能防止战争的爆发。[82] 他认为生活在相对和平的国家里：

200

> 启蒙是渐进式的，时不时伴随着荒唐事与反复无常，不过这件大好事，最终必然会将人从统治者膨胀的私欲中拯救出来，他们总是以为自己了解自己的利益。这种启蒙，以及随之而来的某种发自内心的认同——开明之人不可能不对其谙熟的思想表示支持——必然一步步传递至君主那里，影响他们的政治统治原则。[83]

人类历史有其目的和安排，康德认为每个国家都会经历这样的阶段："但在这时其他民族的国家历史，就关于它们的知识正是通过这些已启蒙的国民逐渐地传给我们而言，像插曲一样添加进来，那么，人们就将发现在我们这块大陆（它很可能有朝一日为所有其他大陆立法）上国家宪政改善的一个合乎规则的进程。"[①]

通过前面的论述，我们可以发现，康德等德意志思想家似乎明显受苏格兰启蒙运动的影响。苏格兰理论家关于人类历史发展阶段性的理论具有阴暗的一面。正如孟德斯鸠对气候的观点可以用来阐释热带气候地区人民的劣等性一样，阶段性理论也可以用来指定某些民族是优等民族，而其他民族是劣等民族。这种阐释在康德的早期著作《论优美感和崇高感》（*Observations on the Feeling of the Beautiful and the Sublime*，1764 年）中体现得非常明显，在关于人种问题的讨论中，其开头的部分听起来与休谟的观点很像："非洲的黑人在天性上并没

---

① 引文译文参见：《关于一种世界公民的普遍历史的理念》，［德］康德（著），李秋零（译），《康德著作全集》（第八卷），北京：中国人民大学出版社，2010 年，第 36 页至第 37 页。

有什么超出于愚昧之上的感情。休谟先生曾质问过，有没有一个人能举出哪怕是一个例子来证明黑人有才干……这两个人种之间的区别太有根本性了，而且似乎在心灵能力上差别也和在肤色上同等地巨大。" 84①

启蒙运动可能是像雅努斯那样，有两幅面孔。启蒙运动中一些最为杰出的头脑，如休谟和更年轻一点的康德（于 1804 年去世），都有着关于"优等"和"劣等"的思想，用我们今天的话来说这就是赤裸裸的种族主义。在性别优劣的问题上，这些思想家也好不到哪里去。康德有关性别的观点，遭到现代哲学家雅克·德里达（Jacques Derrida，于 2004 年去世）的严厉抨击，用德里达的话讲，康德的"人类植物学"（anthropobotany）使他幻想男人追求家庭和睦，而女人则具有某种不佳特质；简而言之，德里达认为康德的著作和"他对女性堕落的分析，体现了男性中心主义的复杂体系"。85 虽然很难想象康德在任何事情上都特别具有阳刚之气，但这种指责与现代女性主义对男性主义话语的批判产生了共鸣——无论他可能声称自己有多么开明。

到了 18 世纪 80 年代，康德发生了改变。在他的《关于一种世界公民的普遍历史的理念》（*Idea for a Universal History with Cosmopolitan Intent*）和《回答这个问题：什么是启蒙？》（*What is the Enlightenment?*）中——这两篇论文都发表于 1784 年——他提出了一种更加开放的思想——探寻人类愿望的普遍意义。接着，法国大革命爆发了。根据 1789 年所有当世的记载，康德为来自巴黎的消息所震惊。他认为，自己现在可以安详地离开人世了，因为他听到了如此激动人心

201

---

① 引文译文参见：《论优美感和崇高感》，［德］康德（著），何兆武（译），北京：商务印书馆，2001 年 11 月，第 60 页。

且重要的消息。与许多欧洲人不同的是，在恐怖统治之后，康德也未曾否定大革命。他还支持美国的革命运动和 18 世纪 90 年代后期爆发的爱尔兰起义。康德是年轻的共和主义的忠实拥护者。然而，在其 18 世纪 90 年代发表的作品中，他声称一个民族没有权力发动起义。康德是想与普鲁士当局保持良好的关系，还是他认为革命的手段在德意志的任何一个地方都行不通？又或者是他认为德意志民族不具有那样的政治成熟度？ [86]

　　康德作为一位公民的个人观点与他的哲学论证之间存在着差异，为此人们给出了各种解释。重要的是，我们必须认识到，在 18 世纪 90 年代，康德否定了帝国主义以及被用来为其辩护的种族主义。相反，他试图阐明一种世界主义的观点，比如，各国可以永久地和平共处，并通过正义来保障人权。[87] 康德为其做出的辩护至今仍有价值。我们可能不会原谅其早期的观点——尽管这些观点在那个时代非常常见——但是我们需要思考的是，是什么让他成了 18 世纪最伟大的哲学家的？

　　康德出版了大量著作，1781 年他出版了《纯粹理性批判》(*Critique of Pure Reason*)，这部著作是他所有著作中篇幅最长、内容最艰深的。在他的朋友所写的第一批评论中（他们为了不冒犯康德而没有发表），约翰·哈曼（Johann Hamann）认为康德试图在莱布尼茨和洛克之间找到一条中间的道路，将现象与概念——感性与知性——整合到某种"先验的东西"中，莱布尼茨和洛克的思想于此仿佛要完全消失了。他指责康德是"屁股先着地"，用"光明的武器"传播黑暗。哈曼希望这部著作能得到一些人的赞许，为人所知，并"成为能为染血的少数人理解的最杰出作者的身份的标志"。从中我们可以看出，哈曼为什么不选择在自己在世时发表这篇评论。[88]

　　一言以蔽之，康德的著作并不容易理解。然而，《纯粹理性批判》将西方哲学带入了一个全新的方向，为后来所谓的德意志唯心主义（German Idealism）奠定了基础，也让康德成为人类历史上最重要的哲学家之一。像许多德意志主要哲学家一样，康德出身卑微，父亲是一位工匠，母亲是一位虔诚的信徒，她从小就是虔信派教徒，自然希望自己的儿子也能接受同样的教育。康德转而对其主情主义进行了反抗，并终其一生将理性视为自己的指路明灯。

其他德意志启蒙思想家也是如此。他们可以非常大胆，当时还名不见经传的卡尔·弗里德里希·巴赫特（Carl Friedrich Bahrdt）曾因发表了一部反对普鲁士首相的丑剧而被捕入狱，1792 年，他刚刚出狱，就发表了《统治者和臣民在国家和宗教方面的权利和义务》（*Rights and Duties of Rulers and Subjects in Relation to the State and Religion*），主张性满足的权利。他指出。这与生命权、饮食权和财产权一样重要，"如果社会妨碍了这一选择和这种享乐，那这个社会就是有罪的"。[89] 他的所有观点都被统括在这部三卷本的巨著中。

巴赫特的观点在当时影响不大，可能是人们将他的观点与拥护革命联系在了一起。然而，他为开明的人类自由探索射出了另一支箭。德意志的哲学家们从来没有摆脱过其政治结构中最核心的绝对主义原则所施加的限制。他们为 19 世纪的德国留下了一套抽象的理念，使德国对民主的追求始终难以实现，直到 1945 年才被征服纳粹德国的盟军所强加。这段历史为在这些德意志哲学家们死后人们仍一直追寻但从未实现的东西赋予了一层悲剧性的色彩。

203

第七章　那不勒斯与米兰

想要通过陆路抵达意大利，就必须翻越阿尔卑斯山。对18世纪的旅人而言，无论是从身体上还是心理上，这段旅程都是严峻的挑战。旅行者所到的城市或公国互不统属，但其中的大部分地区都属于奥地利哈布斯堡家族或教宗的势力范围。在这里，到处都是天主教信徒，对宗教改革的严厉打击仍随处可见。诞生于16世纪的耶稣会和宗教裁判所，对整个意大利的文化和知识生活发挥着近乎决定性的影响。

我们只需看看17世纪90年代在那不勒斯开始展开的迫害行动，就能找到一个事例作为本章的开端。这些行动旨在使学校摆脱原子论、无神论和极端自由主义的影响，当时的神职人员认为学校里充斥着这类东西。人们用"现代哲学"（Modern Philosophy）统称所有这些自然哲学观点，据说这些观点受到了笛卡儿思想的启发，而在17世纪90年代，那不勒斯成了这类思想的大本营。"现代哲学"的方法是实验性的，并倾向于对学校所传授的亚里士多德主义学说进行批判。在医学领域，现代派对放血疗法等当时的医疗方法提出了强烈的批评，他们认为完全自由的探索对医学的进步是十分必要的。他们还会到那些欧洲最好的图书馆，在那里，从古代原子论者到现代哲学家——如斯宾诺莎——的著作他们都可以接触到。那不勒斯当局也像罗马宗教裁判所一样——采取长时间审讯或禁绝的手段，并发表公开谴责——将原子论者囚禁起来，一般不对他们进行公开审判。

那不勒斯的耶稣会学校的负责人乔凡尼·德·贝内迪克提斯（Giovanni De Benedictis）对当下盛行的自由风气大加斥责，他还指责笛卡儿、伽桑狄（Gassendi）以及其他人的新科学是天主教信仰面临严重威胁的根源。在威尼斯共和国，新科

学的支持者也受到了类似的指控。1693 年，一位耶稣会士从
那不勒斯写信给一位同事解释说："这里的情况是，几乎所有原
子论者都被发现是无神论者。两个人公开放弃主张，十二个人
入狱。"[1] 现代派哲学家们则认为原子论是从古希伯来人那里继
承而来，他们喜欢阅读英国新科学的支持者——如罗伯特·波
义耳等人——的著作。德·贝内迪克提斯对笛卡儿所说的"我
思故我在"不以为然，他认为，这一思想充满主观的个人主
义，并将想象力置于真理之上。笛卡儿的"我思故我在"鼓励
人们对思想进行自由探索。他提出，"小体"是自然界的主要
组成部分。这一概念使经院哲学的惯常说辞变得毫无意义。原
子论不可避免地带来了无神论。[2]

相比之下，17 世纪 90 年代的伦敦，艾萨克·牛顿的一
位至交，理查德·本特利，在著名的田野圣马丁教堂（St.
Martin-in-the-Fields）的讲坛上，发表了他对原子论的解
释，他认为，这种学说为牛顿形而上学的反唯物主义提供了支
撑。他批判了基于伊壁鸠鲁原子论的唯物主义，并认为是万有
引力的非物质力量——而不是原子——在宇宙的真空中起作用。
几年后，塞缪尔·克拉克也阐述了类似的观点。通过他们的努
力，这些有关牛顿学说的讲话被翻译成了各种欧洲语言。[3]

从伽利略（于 1642 年去世）开始，在意大利半岛，人们
并不理解新科学。异端搜捕人员对新科学保持警觉，他们认为
这种科学体系会带来无神论和唯物主义，还会破坏经院主义学
说［这一学说源自圣托马斯·阿奎那（St. Thomas Aquinas）
对亚里士多德学说的阐释］。经院主义学说通常被用来解释天
主教的变质说（transubstantiation）及其他教义。面对经院哲
学家的谴责，一些现代派人士勉强对"寂静主义"（quietism）
表示了接受，认为少数教义就可以体现基督教的信仰，而真正
的信徒应该顺从地去争取一种内在的精神和平，而不追求外在

的信仰表现。

1707 年，塞莱斯蒂诺·加利亚尼（Celestino Galiani，1681—1753）和他的同行开始进行牛顿光学实验，罗马的启蒙运动迎来了重大进展。但是，对于牛顿新科学能否在意大利茁壮成长，加利亚尼仍信心不足；1705 年，他给一位朋友写信说道："我们真正担心的不是宗教裁判所，而是那些认为［科学实验］不过是杂技演员的把戏的人。"⁴ 但他十分坚定，并赞同牛顿光学的核心——原子假说。宗教裁判所没有明确对哥白尼学说（Copernicanism）表示责难，但在近一个世纪以前，宗教裁判所曾为此判伽利略有罪。当时，加利亚尼秘密支持的原子论，也是令宗教裁判所感到忧惧的学说之一。对于原子论和日心说，牛顿显然是支持的，但也是未言明的。

莱比锡的拉丁文期刊《教师学报》（*Acta eruditorum*）发布的通告促进了意大利牛顿学说的发展。当时，莱布尼茨正在罗马，他通过这份期刊详细地了解了牛顿科学，他对哥白尼学说的支持也变得更加坚定。他与天主教知识分子交流广泛，而只要他与一名路德派信徒的互动密切就会使这些天主教徒遭到怀疑。不过，通过这类互动——无论这显得多么可疑——意大利启蒙运动的第一波浪潮到来了，塞莱斯蒂诺·加利亚尼和他的密友安东尼奥·尼科里尼（Antonio Niccolini）正是这场运动的中心人物。尼科里尼在去往英国后遭到了怀疑，后来他回到佛罗伦萨加入了共济会，与加利亚尼一起仔细研读英国和法国思想家的著作。

加利亚尼年轻时一贫如洗，他成了一名修道士，在罗马度过了一段学习时光，这段经历使他精通哲学和科学。1731年，他接受了主教职位，成了那不勒斯教育生活的领导者，但是他也为自己的显赫地位付出了沉重的代价。面对宗教裁判所的高压，他决定永远不公开发表任何著作，并悄悄抛弃了"亚里士多德派毫无意义的辞藻与故弄玄虚的话语"转而研读笛卡儿的著作。他一开始是一位笛卡儿主义者，后来逐渐转向了牛顿，他一直是牛顿科学的追随者，并成了本特利、克拉克等人所阐述的物理神学的坚定信徒。加利亚尼在科学圈子有一位密友——修道院院长安东尼奥·孔蒂（Antonio Conti），此人曾在伦敦见过牛顿，并阅读了许多关于唯物主义和英国自由思想家哲学论争的著作。安东尼奥·孔蒂之前曾试图将加利亚尼从神的旨意中拉出来，但无济于事。而且，这个圈子里的思想家对斯宾诺莎、霍布斯、托兰德及其他牛顿学说的阐释者——如大卫·格雷戈里、威廉·斯格拉维桑德（Willem's Gravesande）——的著作也完全熟悉。到了18世纪20年代，尽管宗教裁判所竭力压制新思想，但欧洲的新启蒙主义文化已经传播到意大利的知识界了。

正如我们在其他地方所见到的那样，城市中心有着独特的知识活力。虽然我们的讨论聚焦于那不勒斯和米兰，但是亚平宁半岛上的其他城市也值得被简要提及。但凡是个聪明的年轻人，选择了神职这条道路，罗马就是他们的必经之地，在这里他们可以受到良好的教育。当然，作为教宗国的首都，罗马被教宗及其审查机构所控制。这一地区在经济上几乎处于完全被动的状态，无法制造什么东西。18世纪40年代，时任教宗本笃十四世（Pope Benedict XIV）对罗马大学实行改革，使其开始教授新科学，并将化学和物理学应用到实验实践中。罗马与那不勒斯和米兰一样，新出现的经济问题亟待改革，呼唤着新的政治和经济方案。[5]

都灵位于意大利北部［皮埃蒙特－萨伏依（Piedmont-Savoy）］，西面与法国接壤。与罗马的光辉历史相比，直到1563年被选作萨伏依的首府之前，这座城市一直寂寂无闻。在这段时期，都灵发现了一件举世闻名的圣物——都灵裹尸布

（the Holy Shroud of Christ），都灵的历任公爵也对城市进行了一系列改建，使其中心城区呈现出如今这般优雅的 18 世纪风貌。在 1700 年，其人口已经增长到约 44000 人——几乎与爱丁堡的人口规模相近。当地王权的绝对主义形式仰仗于该地区土地贵族的权力，但城市本身已经成为国家财政结构的一个重要组成部分。[6]

18 世纪 30 年代，都灵是意大利各公国中最强大、最专制的公国，几乎没有人能反抗它所施加的权威。到了 18 世纪 80 年代，都灵的启蒙主义学术文化氛围生机勃勃，与其他意大利甚至欧洲的城市相比都可以挺起胸膛。但这并非总是如此。都灵囚禁了那些被意大利其他邦国或教宗视为威胁的人。那不勒斯法学家和历史学家吉安诺内·加诺内（Pietro Giannone，1676—1748）就是其中之一。加诺内曾在一部有关那不勒斯从古至今的历史巨著中对教会进行了贬低，他因此被投入萨伏依监狱，忍受了 12 年的煎熬。[7]

加诺内严厉批判了教会的腐败以及教会对国家政治生活的干涉；他也不喜欢西班牙人，并对他们在统治那不勒斯时期的所作所为感到不满。继霍布斯、普芬多夫和斯宾诺莎之后，加诺内也主张君主应该动用其所有权力来维护那不勒斯的独立和权利，从而确保政府的稳定。加诺内的《民政史》（*Civil History*）于 1723 年出版。出版后几年内，该书被翻译成英文和法文，1758 年又被翻译成了德文。加诺内从一个默默无闻的小人物变成了一位名人，同时也招致了许多人的不满。很快，他的著作就被列入"禁书目录"，加诺内以及其出版人也被逐出教会。不明事理的人们对加诺内发起抗议，他只得乔装出逃。[8]

在维也纳，加诺内受到了奥地利宫廷的热情款待，但是，在他造访的每一个意大利邦国，他糟糕的名声都使其陷入危险的境地。1734 年，奥地利人将那不勒斯输给了波旁王朝，加诺内又逃到了威尼斯。在那里，他被威尼斯的宗教裁判抓获，经过一番简短的审讯又被驱逐出境。他得知可以从新教城市日内瓦回到意大利，可惜他被骗了，并在深夜被萨伏依国王派来的武装卫队逮捕。萨伏依当局把他关进了监狱。值得一提的是，加诺内那本饱含他对教会和封建主义批判的那不勒斯历史著作，于 1770 年重新出版了。而这本著作所提出的问题，至那时仍未得到解决。

加诺内甚至在威尼斯也遭到了驱逐，而威尼斯是一座自由城邦，因印刷出版而闻名。威尼斯也不是没有受到过宗教裁判所的干涉，比如贝卡里亚关于犯罪与惩罚的著作就遭到封禁（图 11），并被列入罗马天主教的"禁书目录"。然而，威尼斯孕育出了一种生机勃勃的开明天主教，世俗人士承认理性的局限性和启示的必要性。这一时期的主要自由派天主教徒卢多维科·穆拉托里［1672 年在摩德纳（Modena）附近出生］是一位虔诚的教士，穆拉托里的政治改革思想影响了意大利各公国的公爵和亲王，其中就包括威尼斯。[9] 其目的仍是将世俗权力从教宗的干预中解脱出来。穆拉托里也希望统治者能够鼓励工商业发展，在奥地利属意大利，他带去的影响最为真切。穆拉托里最著名的论著《论公共幸福》（*Della pubblica felicità*，1749 年出版）认为，改革必须从君主开始。即使是私人奢侈品，只要它所带来的好处能直接作用于公共需求，就应该被容忍。他的思想在那不勒斯影响最大。[10] 穆拉托里还认为道德教育是政治行动的必要准备工作。[11]

加诺内的反天主教（anti-Catholicism）情绪断送了自己的人身自由。面对牢狱之灾，唯一的办法就是逃亡，都灵的阿尔贝托·拉迪卡蒂·迪·帕塞拉诺（Alberto Radicati di Passerano，1698—1737）在其动荡起伏的职业生涯中学到

210

211

图11　贝卡里亚，第一个猛烈抨击在司法审讯过程中使用酷刑的人。切萨雷·博尼萨诺·德·贝卡里亚（Cesare Bonesano de Beccaria，1884–1990）（ID# 1002350）. Courtesy of Bridgeman Images.

了这一点。拉迪卡蒂出身于一个显赫的贵族家庭，该家族在当地久负盛名。拉迪卡蒂从小就很叛逆；他的第一段婚姻十分失败，他探寻知识的路径也充满艰辛，从新教思想，最终走向了自由思想和唯物主义。他试图说服维托里奥·阿梅迪奥二世（Victor Amadeus II）①效法欧洲的伟大君主，削弱自己领地内教会和宗教裁判所的权力。拉迪卡蒂的建议与加诺内和穆拉托里的建议有一些相似之处，但这些想法在维托里奥·阿梅迪

———————————

①　即萨伏依公爵（duke of Savoy），后来又做了西西里王国国王和撒丁王国国王。

奥二世眼里太过激进，国王选择与教宗和平相处。拉迪卡蒂在论争中失势，确信在皮埃蒙特－萨伏依实行改革几乎是不可能的——甚至他可能也会被宗教裁判所治罪——拉迪卡蒂决定流亡。1730 年，或者是在更早的时候，流亡伦敦的拉迪卡蒂身无分文，他开始用英语发表自己的著作。

拉迪卡蒂明显受到了孟德斯鸠《波斯人信札》的影响，1730 年，他匿名出版了《基督教的真面目》（*Christianity Set in a True Light*），在书中，他以一位被迫叛依异教的穆斯林的口吻进行叙述——这里的"异教"指的就是天主教。在叛依进程中，他的向导是一名托钵僧，他顺带观察到，其新信仰中的所有教士都是术士。[12] 书中的脚注多次提到他的家乡都灵，整本书猛烈抨击了天主教。荷兰的审查员们立刻认出了这本书的真正作者，拉迪卡蒂转而用英语写作。在《基督教的真面目》之后，他又假借一位穆斯林之名，给犹太拉比写了一部伊斯兰教阐述书。该书认为摩西是一位冒名顶替者，到了 1732 年，这部著作已经在欧洲的自由思想家圈子内传开了。[13] 为了避免人们对拉迪卡蒂的立场产生怀疑，出版商借拉迪卡蒂最为大胆的著作《关于死亡的哲学思考》（*Dissertation upon Death*，1732 年）宣传了托兰德的全部作品。[14]

《关于死亡的哲学思考》认为人类有权选择自杀。拉迪卡蒂在书中给"自然女神"（the Goddess Nature）写了一首颂诗，完美展现了托兰德泛神论对他的影响："运动之于物体就像热之于火一样重要。[它们]处于永恒共存的状态，因为它们不可能无中生有……物质，通过运动被塑造成无数种不同的形式，这就是我所说的自然。"[15] 宣扬唯物主义并主张人类有自杀的权利——这是一种邪恶的有违基督教伦理的组合——使当局终于采取了行动。在收到伦敦主教的来信之后，国务秘书下

212

令逮捕了拉迪卡蒂及为他出书的出版商和印刷商。三人最终获释，但被收取了数额惊人的 400 英镑保释金。有人——我们并不知道他是谁——挺身而出，支付了这笔费用，让他们重获自由。

尽管贫病交加，拉迪卡蒂仍在推销自己的论著。而在 1734 年、1735 年之交的冬天，他突然再次逃亡，这次是逃往荷兰共和国。在荷兰，他的许多著作被翻译成法语，这些著作再次申明了他期待一位强大的君主来统一意大利的心愿。1734 年，他与那不勒斯的新国王波旁的卡洛斯（Charles of Bourbon）联手，拉迪卡蒂成为最早一批呼吁意大利统一的人之一。拉迪卡蒂还再次对教士阶层进行了攻击。此时的拉迪卡蒂仍生活贫苦，饱受肺结核之苦，但他显然对宗教问题改变了看法。在荷兰讲法语的新教神职人员的影响下，拉迪卡蒂忏悔了，并与归正会和解，告别了人世。[16]

拉迪卡蒂曾说，他希望建立一个由世俗当局监管的公民宗教，并将意大利统一在一个强大的主权国家下。第二个目标直到 19 世纪才实现，而尽管自 1945 年以来，意大利天主教会收到的资助不断下降，但第一个目标却从未实现。

那不勒斯与改革的必要性

1734 年，奥地利在那不勒斯的统治宣告终结，拉迪卡蒂为新君卡洛斯三世（Charles III）统治下那不勒斯改革突如其来的前景感到激动，这样想的政治思想家不止他一位。卡洛斯三世将宫廷设在两西西里王国的首都那不勒斯，并着手展开各种改革和建设计划：挖掘赫库兰尼姆（Herculaneum）考古遗址、兴建新的剧院、重新组建大学。神圣罗马帝国的王公斯皮内利家族（The Spinelli family）也修建了一座宫殿，里面摆满了艺术品、书籍和科学仪器，其中很多物件是向荷兰工匠购买的。他们将这座宫殿修建成"密涅瓦的神庙"（Temple of Minerva），一座世界性的学术中心，以歌颂卡洛斯的新政及其支持者斯皮内利家族。[17] 斯皮内利家族赞助了一所新学院，该学院以这座宫殿为依托举办聚会活动。随着时间的推移，伴随着那不勒斯出现的各种社会问题，这座"神庙"似乎只是在对财富进行轻浮地展示，实际上没有促进任何学问。卡洛斯的改革措施试图削减贵族享受的一些特权，并减少教士阶层对国家事务的干涉；而这些改革措施对缓解农民或劳动阶层长期面临的贫困问题没有什么作用。

214

　　1700 年，那不勒斯拥有 20 万人口，在欧洲大陆是人口规模仅次于巴黎的第二大城市。到 1750 年，其人口又增长了 10万，这一增长势头甚至保持到了下个世纪。维苏威火山在其天际线上若隐若现，在 18 世纪的大部分时间都处于活跃期。这一景象既壮观又可怕。在那不勒斯和伦敦之间通信需要 3 至 4周的时间，如果遇到恶劣天气或战争，耗费的时间会更长。最重要的是，那不勒斯及其周围的乡村地区存在一些极端贫困的飞地，那里犯罪猖獗疾病蔓延。即使如此，那不勒斯充满活力的音乐和艺术生活吸引了大批来自欧洲其他地区的游客，他们都受过良好的教育；1770 年，莫扎特父子也在那不勒斯为英国大使演奏。活跃在那不勒斯的文化鉴赏家可以一周花上两晚的时间待在剧院，另外再花上两晚在家举办音乐会，最后用一晚的时间与某个学术协会的贵族或朋友们交流。[18] 然而，那不勒斯的社会和政治问题仍普遍存在，亟待解决。[19]

　　可以想见的是，那不勒斯的大学在推行改革的过程中发挥了重要作用，在塞莱斯蒂诺·加利亚尼的带领下，牛顿学说再一次成了知识的催化剂。形势十分乐观，安东尼奥·杰诺韦西（Antonio Genovesi）也加入了进来。加利亚尼认识到杰诺韦西有着出众的哲学才能，杰诺韦西也开始宣扬自己的牛顿学说，尤其对英国有关物质和运动的论争非常熟悉。加利亚尼对杰诺韦西评价很高，以至于让他在大学里教授形而上学理论的任务。他也希望能教授神学，但受到了强有力的对手的阻挠。杰诺韦西毫不畏惧，将自己过人的才能投入到了世俗问题上，其中最具挑战性的就是意大利南部的极端贫困问题。1754 年，他被授予政治经济学教授职位，这是欧洲大学中的第一个这样的职位。杰诺韦西从英国和荷兰的牛顿学说中寻找灵感，试图通过有理论依据的科学手段来改善农业和制造业的生产状况。他受到穆拉托里的启发，但也热衷于研究英、法两国思想家的学术理论。农业必须实行改革，制造业也必须得到激励。[20] 只要是由本国生产的，即便是奢侈品也应该有自己的一席之地；奢侈品能促进资金流动，并能在一定程度上促进改良。尽管被神职人员所谴责，但奢侈品的价值成了新生的政治经济学所关注的主要问题之一。

1734 年以后是那不勒斯各学院的黄金时代。这些学院为医学等各个行业的人提供了一处安身之所，也为讨论当前政治和宗教气候提供了场所。因此，教会当局认为它们十分可疑，并对其展开了严密的监视。教会还试图接手学术文化事业，比如主教们都会为自己的学院提供赞助。塞拉菲诺·菲兰杰里（Serafino Filangieri）是著名的加埃塔诺·菲兰杰里（Gaetano Filangieri）的叔叔，后者是《论立法的科学性》（*La scienza della legislazione*）（之后我们会详细讨论这本书）的作者。塞拉菲诺·菲兰杰里曾担任大主教，并一直致力于为神职人员提供必要的知识工具来打击自由思想家。在大主教任上，他还将新的科学方式融入天主教文化。塞莱斯蒂诺·加利亚尼任命他为那不勒斯大学的实验物理学教授。塞拉菲诺·菲兰杰里还是名牛顿思想的忠实追随者，同时十分熟悉约翰·洛克的思想。在他的支持下，圣米歇尔（San Michele）神学院于 1782 年成立了。通过复兴护教学，圣米歇尔神学院力图培养出符合启蒙主义时代需求、有较高文化水平的神学家。[21] 然而，那不勒斯各学院的宗教声誉并没有因此而提高，因为这里的许多学院都与该市的共济会联系密切。相比之下，米兰的世俗宗教文化更加活跃，尤其是在纪念某些特定的圣人和宗教节日上。[22]

可以想见的是，穆拉托里的改革思想在那不勒斯产生了巨大的影响力。一个来自经济学界的新人——费迪南多·加利亚尼（Ferdinando Galiani，生于 1728 年，是塞莱斯蒂诺的侄子）进入了他的社交圈。他在那不勒斯的文化和政治生活中是一位风云人物，并因其 1751 年匿名出版的著作《货币论》（*Della Moneta*）而备受瞩目。当人们得知他是这本书的作者时，他才仅 23 岁。他认为，货币制度只是一种自发的制度。货币价值的高低，取决于人在追求事物时对自身需求度的主观评估；随后，效用和稀缺性将在价值计算中发挥作用。这篇论文体现了牛顿主义学说的应用："渴望获益，或幸福地生活"在道德科学中的意义就如同引力在物理学中的地位一样。同时，这篇论文也为人们建立基于效用的主观价值理论指明了方向："效用是能带来真正愉悦的任何事物。"黄金和白银因为有价值，所以被用作货币，而我们对同类钦佩之情的普遍渴望，要求我们努力追求优越性。黄金和白银就可以满足这种渴望。[23]

《货币论》几乎一出版就出名了，尽管一开始没有几个人知道它的作者究竟是谁。无论是教宗当局，还是世俗当权者，都想找到真正的作者。加利亚尼从货币实践的历史开始，指出美洲的金银给西班牙带来的影响，并对经济繁荣带来的财富和幸福赞不绝口。他甚至称赞，奢侈是良好政府管理的必然结果。他承认，一个人的财富增长可能会使另一个人的财富减

217

少，但是他认为这是和平与繁荣的必然结果。[24] 十年后，在狄德罗主编的《百科全书》里，也出现了类似的论点。虽然意大利的政治经济学深受英国、苏格兰和法国思想家的影响，但加利亚尼的研究首次将对国家的世俗研究同经济发展联系起来。[25] 和许多启蒙思想家一样，加利亚尼也会通过研究旅行文学去了解当时仍然在"印第安人和未开化族群"中奉行的古老习俗。[26]

加利亚尼的政治经济学理论在巴黎广为人知并非偶然。卡洛斯是一位来自波旁家族的国王，他希望深入了解法国宫廷正在发生的一切。1759 年，他将加利亚尼任命为他的个人代表，并派他前往巴黎。加利亚尼的样貌非常古怪：他身高 4.5 英尺，是一位剃了顶发的修道士，操着一口那不勒斯口音的法语。加利亚尼本人也认为自己的巴黎之行很不愉快："事情都非常糟糕。空气浑浊沉重，水仿佛被投了毒一般，气候奇怪得令人难以置信……没有水果，尝不到奶酪，吃不到上等的海鲜——一切都与那不勒斯人的脾气反着来。"[27] 但是加利亚尼住了下来，最终成了一位亲法人士。

加利亚尼的运气是突然间好起来的。由于同父异母的兄长的去世，卡洛斯不得不退位，回到西班牙继承他的王位；加利亚尼在巴黎被提拔到更高的职位，并在修道院院长莫雷莱（abbé Morellet）的陪伴下进入了启蒙主义社交圈。现在，整个哲学家圈子都知道加利亚尼：狄德罗、霍尔巴赫、格林、爱尔维修和爱尔维修夫人、内克尔夫人、经营各个知名沙龙的多名贵妇人、曾经是卢梭的情人的德皮奈夫人（Madame d'Épinay）。加利亚尼成了狄德罗和格林的好友，他的经济学思想现在更是广为人知。他和杰诺韦西将经济学思想引入意大利知识界；然而，那不勒斯的经济状况却没有什么好转。1764 年，那不勒斯再次发生饥荒，随后是一场瘟疫。而农业改革也几乎是遥不可及的。1769 年，杰诺韦西去世，他在大学的职位也被取消了。在巴黎，莫雷莱周围的圈子仍对政治和经济思想感兴趣，莫雷莱将米兰改革家贝卡里亚的作品翻译成了法语。

加利亚尼还留下了另一部经济学著作《关于谷物贸易的对话》(*Dialogues on the Grain Trade*，1770 年出版)。在这一著作中，他责备所谓的"经济学家"——其中很多是法国人——他们认为谷物价格应随着市场的变化而调整，而不顾价格波动给人民带来的苦难。他声称自己遵循理性和经验，并从当时十分常见的一种假定——农业是所有国家财富的基础——开始了他的讨论。普通人认为对谷物的管理是一个政治问题；而精英认为这纯粹是一个商业问题。加利亚尼将其置于两种观点之间，他认为谷物价格既不能完全不受监管，也不能由国家来规定。他所援引的实例来自欧洲各地，而他尤其关注英国和荷兰共和国的情况。

随着卡洛斯前往西班牙，改革的重任落在他的儿子和继承人费迪南多(Ferdinand)身上。费迪南多的受教育程度很低，不喜欢书籍和知识分子。然而奇怪的是，他在某种意义上却成了一位改革者；他希望削减天教会的权力和财富。费迪南多还受到葡萄牙和法国等其他天主教国家的启发，在 1767 年的一个晚上，将耶稣会士召集起来，驱逐出境。耶稣会的学校和财富被宣布为世俗财产，由国家管理。费迪南多国王受到奥地利改革、菲兰杰里(1752—1788)、加利亚尼及其他人的著作的影响，在首相、反教权者贝尔纳多·塔努奇(Bernardo Tanucci, 1698—1783)的帮助下，削弱了教会在教育领域的权力，改革了科学和文学学院，并提升了大学的学术水平。来自维也纳的王后卡罗琳娜(Carolina)鼓励扩大共济会的规模，从而提高共济会的声望，因此共济会在宫廷和精英圈里的

219

影响力也越来越大。[28] 国王关心的是国家的权力，而支持启蒙运动的人关心的则是世俗改革。

在世俗改革者中，有一位名叫玛丽亚安杰拉·阿丁盖利（Mariangiola Ardinghelli）的人，她是牛顿学说的追随者，翻译了英国牛顿学者斯蒂文·黑尔斯（Steven Hales）的著作，并成了巴黎科学院（Paris Academy of Science）的一名非正式但却十分重要的联络人。[29] 她在那不勒斯的沙龙因为介绍最新的科学消息而名声渐起。在沙龙活动中，她见到了修道院院长让·诺莱（abbé Jean Nollet），他是欧洲大陆的主要科学教师之一。通过让·诺莱，她进入了一个"文学共和国"，这将她与其他国家的哲学家联系起来。博洛尼亚的劳拉·巴斯（Laura Bassi）是欧洲第一位担任大学教授的女性，与她不同的是，阿丁盖利像当时欧洲许多受过教育的女性一样，宁愿隐姓埋名。[30] 她最重要的成就是通过私人通信完成的，这一点仰赖于她渊博的知识和极高的文化修养。这些通信将那不勒斯和法国的启蒙运动联系在一起，甚至到了 18 世纪 70 年代，更进一步地与所谓国际共和主义讨论联系在了一起。

菲兰杰里

在这场对话中，意大利最重要的贡献者是加埃塔诺·菲兰杰里，他著有 5 卷本《论立法的科学》（1780 年在那不勒斯出版）。这套著作有无数个意大利语版本，并拥有当时所有欧洲主要语言的译本。在之后的几个世纪中，甚至是在其初版后十年不到的时间内，《论立法的科学》就陷入了一个并非由它自己带来的历史叙事泥潭中。菲兰杰里写作这本书时，美国的独立战争正在进行；1789 年，法国大革命爆发，而菲兰杰里在1788 年就英年早逝了。

法国大革命使法国甚至欧洲历史被极大修正，形成了我们今天仍非常熟悉的左右两派对峙的局面。突然间，在"雅各宾派"一词还没有诞生以前（*avant la lattre*），人们就将菲兰杰里的著作视为雅各宾派的作品，也受到了相关的赞美或批评。接着，正如我们所见，1799 年那不勒斯爆发了革命，随后诞生了一个短命的共和国。① 菲兰杰里被他们视为自己的英雄，也遭到其反对者的禁绝。到了后冷战时期，人们才试图将《论立法的科学》与其真正所属的思想背景——18 世纪 70 年代后期的意大利启蒙主义运动——联系在一起。

1734 年后，卡洛斯及其子费迪南多的全部举措，都是为了改革从中世纪承袭而来的各种制度。其重点是改革教会的弊病，限制贵族作为地主或法官的过度的职权。18 世纪 70 年代是那不勒斯改革的关键时期。在《论立法的科学》出版前，菲兰杰里曾经参与了一场有关这些法官滥权行为的争论，并主张哲学家必须采取行动，确保司法为人类的权利服务。他此时就已经被看作是一位启蒙主义改革者了。重要的是，要知道在那不勒斯，人们几乎可以听到有关欧洲任何地方的消息。[31]

意大利的报纸几乎每天都在关注美国革命的进展，其中有着两个月的时间差。[32] 菲兰杰里不需要离开意大利半岛，就能够参与国际共和主义讨论。1782 年，美洲殖民地爆发的各种事件启发了菲兰杰里，他向本杰明·富兰克林致信，询问自己是否能到新生的美利坚合众国去，为"正在筹备的伟大法典"的成型做贡献，"法律……不仅决定［各州］命运，而且也会影响这个新的半球的未来"。[33] 富兰克林温和地提醒这位年轻的哲学家，这个正在艰难创业的共和国将面临诸多困难，而对

221

① 即帕登诺珀共和国（意大利语：Repubblica Partenopea，法语：République parthénopéenne），1799 年 1 月 21 日至 1799 年 6 月 13 日存在，为法国督政府在意大利南部那不勒斯地区建立的傀儡政权。

一个贵族出身的人来说，这尤为艰苦。在菲兰杰里看来，美国意味着一种未来整个西方世界可能施行的模式。但在一个问题上，他谴责了新生的合众国，那就是奴隶制。正如他所说，"唯有宾夕法尼亚没有奴隶"，他对威廉·佩恩（William Penn）大加赞赏。同时，他也像赫尔德一样，谴责欧洲的帝国主义。

菲兰杰里是最早一批，甚至是第一个将立宪主义对新生美国的影响理论化的人。一个共和国不需要像古人所认为的那样小，而为了适应自身的发展，它需要实行代议制民主制度。古代宪法，只要它赋予君主和贵族以特权，就必须被一种代表制所取代，在这种代表制下，立法机构能够修订宪法，但难度极高。宪法必须是一份书面文件，必须将权力在立法、行政和司法机构间进行分配，但不赋予任何一个机构以主权或超过其他两个机构的更大的权力。在菲兰杰里理论化和图式化的新宪政思想中，任何一个行政实体都不能将其他实体边缘化，所有这些都是基于人类平等的理想。最近且也是最有见地的一位研究菲兰杰里思想遗产的历史学家指出：他从自身的生活经验中——特别是在与那不勒斯的共济会成员交流与讨论中——汲取了启蒙文化。[34]

222 　　菲兰杰里并非唯一一位被弟兄情谊所影响的启蒙改革者，莱辛和赫尔德也有过类似的经历。然而，正如他们两人坦率指出的那样，任何有理智的人都清楚，共济会会所里可以见识各种特权与故弄玄虚的行为或言论。此外，意大利的会所还策划起了宫廷阴谋，并得到了王后卡罗琳娜的帮助。她是奥地利人，因此将他们视为抵御西班牙影响的盟友。[35] 然而，在意大利，还有什么地方能够找到一种平等相待的意识形态使人凭才干而不是出身获得提拔呢？

18 世纪 80 年代，距法国大革命爆发还有不到 10 年的时间，为了奖赏其手下的退役军官和一小批丝绸制造商，一向爱好打猎、玩打仗游戏的费迪南多国王开始了一项社会实验。他不惜血本，给予这些人极高的薪水、良好的医疗和受教育条件，并用改革后的法律法规管理他们。同时代的人认为，这些近乎是乌托邦式的改革措施，应该是受到了菲兰杰里的启发，如果没有法国大革命，费迪南多就会是一位伟大的改革家。[36]这一期许让一切显得更加残酷，十年后，那不勒斯爆发了革命，但遭到英国海军与波旁王室、教会以及贵族的联合绞杀。他们曾许诺赦免革命者的罪过，但又反悔，这使背叛的骂名一直跟随英国指挥官纳尔逊子爵（Lord Nelson）进入坟墓。波旁王室也再没有摘掉"暴君"的帽子。

　　菲兰杰里在世时，对煽动革命并不感兴趣。相比之下，他更赞同一种说法，即"无论是地方执政官、贵族，还是君主，暴政都是一样的暴政"。他并不接受那些"赋予地方执政官、贵族或君主在任何意义上与人民自由、个人安全、国家普遍利益或公共幸福（这也是所有法律的首要目标）相悖权力"的古老代惯例或宪章。[37]这些将是所有有作为的政府的施政目标。绝对统治权，"不受限制、没有边界的权力，是很多王公已经拥有或希望拥有的……不过是一把双刃剑，会使抓住它的傻瓜受伤"。无论是在维也纳还是在柏林，抑或是在马德里，菲兰杰里的思想都不会给君王们带来什么慰藉。菲兰杰里希望建立一个中央集权的国家，保护财产和个人权利，确保法律和协定的执行。[38]

　　除此之外，菲兰杰里还对英国的政体及其不成文的宪法提出了批评。在某些情况下，英国国王可以与议会联手——就像当年亨利八世那样——实现自己的意志：他难道没有犯下"侵犯人民自由的罪行"吗？[39]即使发出过这样的批评，菲兰杰里还是像许多欧洲哲学家一样，明确表示了自己对英国所取得的

223

成就的钦佩。他并不主张废除君主制或贵族制，而是提倡对其进行根本性的改革："赋予每个公民进入贵族阶层的权利，只要他的功绩与法律所认可和指示的资格相匹配。"[40] 同样地，他对教会和宗教裁判所滥用权力的行为发出了严厉的批评。为了报复他，宗教裁判所后来将他的《论立法的科学》列入"禁书目录"。菲兰杰里深受加诺内、杰诺韦西、法国哲学家及英国自由思想家著作的影响，[41] 他们当中的大多数人也遭到了宗教裁判所的谴责。在 18 世纪，那不勒斯存在许多问题，而这些问题又因神职人员的特权变得更为复杂。

米兰与政治经济学

米兰公国地处内陆，与外来人隔绝，面积也比那不勒斯小得多，但在 18 世纪初，在宗教事务上，却比其他许多欧洲城市更为虔诚。米兰公国约有 11 万人口，是同时期那不勒斯人口的一半。[42] 奥地利帝国在西班牙王位继承战争期间从西班牙人手中夺取了米兰，从 1706 年起，直到 1859 年，米兰一直是奥地利属伦巴第（Austrian Lombardy）的一部分，中间只有一段时间被拿破仑的军队占领。米兰北邻阿尔卑斯山脉和瑞士联邦，南接波河（the river Po），西面是皮埃蒙特，东边为威尼斯共和国。伦巴第是谷物净出口地，就像西班牙对那不勒斯的控制令那不勒斯人烦恼一样，奥地利对伦巴第的控制也困扰着米兰的理论家。

与那不勒斯一样，米兰的问题也需要通过新生的政治经济学来解决。自 18 世纪中叶以降，从巴黎传来的新经济学理论呼吁取消对谷物价格的一切管控。在米兰，相关的辩论十分激烈，皮耶特罗·韦里（Pietro Verri, 1728—1797）和切萨雷·贝卡里亚（Cesare Beccaria, 1738—1794）是其主要参与者。通过他们，我们就可以触及米兰启蒙运动的核心。简单地说，奥地利当局倾向于自由市场定价，他们认为这样做可以促进农业产值增长，增加税基，并强化维也纳宫廷的权力，同时削弱那些赞成价格管控的地方贵族的势力。玛丽娅·特蕾莎和约瑟夫二世通过从维也纳直接领命的全权代表对地方施政。伦巴第的财政状况非常脆弱，从18世纪40年代开始，改革就成了当务之急。与奥地利属尼德兰的情况一样，维也纳的考尼茨（Kaunitz）在改革税基、建立最高经济委员会（the Supreme Council of the Economy）方面扮演了关键角色。该委员会的成员都不是米兰人，旨在削弱当地贵族的势力。然而，这些"外人"明显处于不利的地位。正如皮耶特罗·韦里所言，他们"不会说当地的语言，不熟悉当地的习俗和制度……而这里是一座错综复杂的迷宫，连当地人都会迷路。"[43] 进入18世纪60年代，在教士阶层的协助和教唆下，改革被控制着宫廷的贵族们扼杀了。

与许多哲学家的经历一样，启蒙运动意味着个人与家族或传统决裂。韦里像贝卡里亚一样反抗了他的贵族父亲，并与其志同道合的朋友们一起，成立了拳头学会（Accademia dei Pugni），辩论是学会内的主要活动。学会内没有来自教士阶层的成员，也没有一个相似的天主教知识分子团体能与之对抗。在奥地利当局的施压下，米兰的教会将大量时间花在保护其财产和特权上。贵族阶层在西班牙人的影响下权力大增，也竭力保护自身的权力，甚至援引了孟德斯鸠的著作中所赋予贵族的中间人的权力。[44]① 当然，启蒙主义改革者也研究了孟德斯鸠的著作，并对他的思想进行了广泛的评注。与他们的法学家父辈

---

① 见"贵族的权力是最天然的中间和从属的权力，贵族在一定意义上构成了君主政体的本质，君主政体的准则就是：没有君主就没有贵族，没有贵族就没有君主，但有一个暴君。"《论法的精神》，［法］孟德斯鸠（著），许明龙（译），北京：商务印书馆，2007年，第85页。

不同，新一代米兰改革者将经济看作改善伦巴第状况的关键。

拳头学会为友谊搭建的桥梁以及这些年轻改革家的早熟，使我们想起让·雅克·卢梭和围绕新百科全书计划形成的学者团体。为了改革，一切都值得被审视。通过这些朋友，性格极其腼腆的贝卡里亚找到了人生的目标和方向，还有他迫切想要实践的人生规划：成为一名哲学家。作为一名倡导人类弱势群体权益的法学家，贝卡里亚冷眼审视着社会上的犯罪与刑罚，其结晶就是他的代表作《论犯罪与刑罚》(*Dei delitti e dellepene*，1764 年出版；图 11）。这本书就像欧洲知识界的一声惊雷。不出几个月，贝卡里亚就成了人们街头巷尾热议的话题，不仅是在米兰，在巴黎和其他地方也是如此。⁴⁵ 奥地利和俄国对酷刑的废除甚至也可以上溯至贝卡里亚的思想，欧洲所有主要语言的各个译本被迅速推出。在这部著作的影响下，玛丽娅·特蕾莎于 1776 年在奥地利废除了酷刑，尽管这一改革花费了很长时间才在全国范围内得到普及。

226

贝卡里亚与霍布斯的观点截然不同："离群索居的人们被持续的战争状态弄得筋疲力尽……法律就是把这些人联合成社会的条件。"⁴⁶① 我们试图牺牲他人的利益来扩大自己的自由，人类的感情就是如此；"促使我们追求安乐的力量类似重心力"，而立者必须"纠正有害的偏重方向"。⁴⁷② 因此，法律和"君主惩罚犯罪的权力"③是必要的。只有法律才能对犯罪行为进行惩罚："只有代表根据社会契约而联合起来的整个社会的立法者才能拥有这一权威。"它规定，君主、"最伟大的人

---

① 引文译文参见：《论犯罪与刑罚》，[意] 切萨雷·贝卡里亚（著），黄风（译），北京大学出版社，2014 年，第 11 页。

② 同上书，第 12 页。

③ 同上书，第 14 页。

和最渺小的人"都受这一契约的约束。"开明理性"禁止"严
酷的刑罚",因为它"违背了公正和社会契约的本质"。⁴⁸① 法
官只能执行法律,而不能阐释法律。当受到"已厘定的法律的
管制时,公民就能保障自己的人身与财产安全"。⁴⁹

　　贝卡里亚将"开明理性"用于犯罪和惩罚这一其他哲学家
很少涉猎的话题。他没有援引"罪恶"和"人的堕落的本性"
等概念来解释犯罪行为,也没有接受当时在法国启蒙运动中伴
随唯物主义而来的"决定论"(determinism)的说法。人类
及其情感源于"完全和普遍意义上的行动自由",但必须牺牲
一部分自由以保障其安全和其他自由。他以平等主义为基本原
则:"了解和掌握神圣法典的人越多,犯罪就越少"。印刷术和
学习识字被判定是合法的;它们使"公众而不是少数人成为神
圣法律的保管者"。② 侵犯公民安全和自由的行为是最严重的
犯罪,其犯人既包括"平民……也包括某些贵族和官员"。归
根到底,犯罪的本质就是危害社会,其中最严重的是叛国罪,
其次"就是侵犯私人安全的犯罪"。⁵⁰③

　　在贝卡里亚的著作中,我们发现了一个有趣的现象,这
在那些反对他的神职人员的著作中也有所体现。他们称贝卡里
亚及其圈子为"社会主义者"(socialist),这一称呼是由贝
卡里亚的反对者发明的。他们将贝卡里亚与卢梭及那个时代的
其他乌托邦思想家联系在一起——这些人相信通过社会中人与
人之间的契约关系,可以促进仁慈与进步。"社会主义者"一
词当时并不具有我们现代的含义,但正是启蒙运动中的激进人

227

---

① 引文译文参见:《论犯罪与刑罚》,[意] 切萨雷·贝卡里亚(著),黄风(译),
　　北京大学出版社,2014年,第16页至第18页。

② 同上书,第28页。

③ 同上书,第27页。

士促进了该词的诞生。主张人类平等不可避免地带来了对社会和经济不平等问题的讨论。这令意大利政治经济学的缔造者们感到忧虑。意大利农村和城市的贫困所显现出来的令人绝望的不平等，在任何一个欧洲国家都可以看到，可能只有荷兰共和国能被排除在外。[51] 杰诺韦西和穆拉托里的著作深刻地影响了贝卡里亚，而经济不平等的问题也促使皮耶特罗·韦里写出了《政治经济学沉思录》(*Meditations on Political Economy*, 1771 年出版)。刑法改革必须与暴政和不公所带来的混乱分开，尤其是在那些"大人物"的行为出现这些问题的时候。[52]

每个人都应由与其地位同等的人来裁判，这种法律是最有益的，因为"不让那些煽动不平等的感情作怪"，恐惧和嫉恨就可以被消除。① "对于贵族和平民"，刑罚应该是一致的。② 贝卡里亚确信，相对于穷人，法律对富人和有头衔的人更有益。作为对犯罪行为的回应，刑罚的目的"既不是要摧残折磨一个感知者，也不是要消除业已犯下的罪行"③。贝卡里亚认为，刑罚的目的在于"阻止罪犯再重新侵害公民，并规诫其他人不要重蹈覆辙。"④ 他大胆地建议"应该推敲出……一套能在人们心中留下持久印象且对犯人的身体造成较少折磨的刑罚和实施方法。"[53]

这一想法令贝卡里亚同时代的很多人感到可笑。在欧洲国家，任何侵犯财产的行为都可以被判处死刑，例如英国的马匹盗窃罪。很多国家仍通过一个人能否忍受酷刑折磨来确定他是否有罪（图 12）。而对某些罪行的审判和惩戒是秘密进行的，在奥地利属尼德兰地区对鸡奸的审判就是如此。[54] 同

①　引文译文参见：《论犯罪与刑罚》，[意] 切萨雷·贝卡里亚（著），黄风（译），北京大学出版社，2014 年，第 41 页。

②　同上书，第 60 页。

③　同上书，第 36 页。

④　同上书，第 36 页。

样，控告也可以秘密进行，正如罗马宗教裁判所的办事人员所做的那样。贝卡里亚极力批判了酷刑的使用："一种合法的暴行……除了强权以外，还有什么样的权力能使法官在罪与非罪尚有疑问时对公民科处刑罚呢？"[①] 如果企图通过施加痛苦找到真相，那就意味着"不幸者的筋骨和皮肉中蕴藏着检验真相的尺度"[②]，而且还存在无辜者有可能遭受折磨的巨大风险。而认为"可耻"之人必须被打断骨头的观念，"在 18 世纪是不能被容忍的"。一些法庭在定罪前先要求犯人认罪，贝卡里亚斥责了这种做法，因为他认为这一做法起源于宗教——忏悔（the confession of sins）是圣事的一个重要组成部分。他进一步指

图 12 皮卡尔对酷刑的描绘。贝尔纳·皮卡尔，(ID# 1748817). Courtesy of Bridgeman Images.

---

① 引文译文参见：《论犯罪与刑罚》，[意]切萨雷·贝卡里亚（著），黄风（译），北京大学出版社，2014 年，第 46 页。

② 同上书，第 46 页。

出，一个人为了摆脱被折磨的痛苦，会承认任何事情。⁵⁵

贝卡里亚并不抵触严惩罪犯。比如偷窃财产罪，犯罪的人也应该被剥夺部分或全部财产。如果一个人犯下了残暴的罪行，就应该被驱逐，或被剥夺所有财产，"必然到来"的惩罚会比酷刑折磨更为有效。废除死刑是贝卡里亚的底线。"人们可以凭借怎样的权利来杀死自己的同类呢？"① 他接着列举了所有为死刑辩护的论据，并逐一反驳。贝卡里亚认为，终身苦役的威慑力与死刑一样大。他指出：

> 用死刑来向人们证明法律的严峻是没有益处的……体现公共意志的法律憎恶并惩罚谋杀行为，而自己却在做这种事情；它阻止公民去做杀人犯，却安排一个公共的杀人者。我认为这是一种荒谬的现象。⁵⁶②

到了这个时候，我们可能会期待贝卡里亚从卢梭的著作引用一页，支持民主政体。而恰恰相反，他主张加强"[当今]欧洲坐在王座上的仁慈的君主的权威……开明的公民也是因此才更热切地渴望加强这些君主的权威。"⁵⁷ 如果我们把贝卡里亚想象成激进启蒙运动的代表，那就是对他的误判。和皮耶特罗·韦里一样，贝卡里亚是一位贵族，尽管他不承认教士阶层的权力，但他并不反对宗教。他也看到了当地精英的权力，看到了他们千方百计地阻挠改革。他热情地支持奥地利政权及其为改革所做的一切努力——从谷物贸易到教士阶层特权都在改革的范围内。⁵⁸ 他读过唯物主义者的著作，也受到了达朗贝尔等学者

---

① 引文译文参见：《论犯罪与刑罚》，[意]切萨雷·贝卡里亚（著），黄风（译），北京大学出版社，2014年，第76页。

② 同上书，第84页。

的称赞，但他并没有接受他们的决定论或无神论。[59] 然而，他对启蒙思想圈子和欧洲各国宫廷的影响却是非常惊人的。[60]

贝卡里亚和韦里的联合从刑罚制度改革延伸到了政治经济学领域。两人都看到了困扰下层阶级的贫困问题，认为必须通过准确了解他们的困境来确定改革方案，而这种改革方案只有国家才能实施。与那不勒斯的理论家一样，韦里从货币的本质及作用出发研究政治经济学，接着，他指出了当前财富只被少数人享有的经济状况。他记录了穷人的不满情绪以及折磨他们的失业状态，并主张废除财产单一继承制，将土地和财物分配给所有子女，无论男女，无论是否成年。[61] 此外，他对奢侈品的辩护是完全世俗的，摒弃了道德的因素。奢侈品行业是促进经济发展的引擎。韦里借用了牛顿科学的一个概念，认为"平衡"，即国民生产与消费的平衡，将会缓慢但坚定地促成普遍繁荣。

在贝卡里亚和韦里（包括韦里的弟弟）的合作下，一份重要的启蒙期刊《咖啡馆报》（*Il Caffè*）在米兰诞生了。这份期刊创刊于 18 世纪 60 年代中期，只存在了两年的时间，重点关注经济改革和创新，"所有的一切都是面向公共事业的"。贝卡里亚宣称，他看到了"一种更强烈地追求平等的冲动，这种冲动是前所未有的。"当时，在米兰的总共 3 万个家庭中，有 2000 个家庭占据了一半以上的净产值。半数至三分之二的工人阶级家庭还生活在最低生活水平线之下。[62]

即使如此，伦巴第的经济在 18 世纪下半叶逐渐增长，且完全以农业生产为基础。面对国际竞争，当地的工业和制造业没有出头的机会。农产品（主要是谷类）的价格在 18 世纪的最后几十年里增长了 50%，而这一新的繁荣景象要归功于奥地利实施的土地改革政策。韦里和贝卡里亚都参与了这次改革，为考尼茨提供了助力。他们都被授予了国家公职，这使他们成

231

了天主教欧洲少数几个能发挥官方作用的哲学家。贝卡里亚在培养国家未来行政官员的学校中任教，他将农业和劳动分工视为伦巴第发展的着力点。在奢侈品及其对商业发展的刺激作用方面，韦里的观点与米兰政治经济学家的观点一致。他们只会在一种情形下批评奢侈品，那就是在教会中发现它们的时候。

　　嫉妒和性格上的差异令韦里和贝卡里亚的友谊注定走向终结。尽管在米兰他们被普遍认为是一对好搭档，但贝卡里亚的国际声誉远远高过韦里；韦里因此感到嫉妒。在欧洲，《论犯罪与刑罚》被人赞颂，并被广泛地阅读和思考；在北美殖民地，这部著作的地位也举足轻重，尤其是它深刻影响了富兰克林和杰斐逊。杰斐逊曾经受过法学训练，他将贝卡里亚著作的大部分内容抄入自己的法律知识摘录簿中。他也因此认为，死刑只适用于叛国罪或谋杀罪。富兰克林也希望大大减少对死刑的使用；他和好友本杰明·拉什——他也受到了贝卡里亚的影响——致力于废除奴隶制，拉什甚至主张废除死刑。[63]贝卡里亚的著作几乎传遍了新生的美利坚合众国的每一个州，在那里，它仍有发挥作用的空间。

第八章　18世纪90年代

当地上王国原本稳定的统治根基被撼动时——当国王向那些他生来就要管教的民众卑躬屈膝时……在许多情况下，人类的实体经济和组织可能会经历一些引人同情的类似的革命，这并不是好事。[1]

按照传统观点，我们将1789年视为启蒙运动的落幕之年，也是法国大革命爆发之年。欧洲和新生的美利坚合众国开始关注巴黎及其他地方发生的事件，继而将目光转向随之而来的英、法两国之间的紧张关系（最终演变成战争）。在18世纪90年代中期，法国革命军（the French Revolutionary Army）侵略并占领了低地国家，最终深入到德意志、意大利和俄国。1799年那不勒斯爆发了革命，但是遭到了残酷镇压。

就在大革命爆发前的两年，阿姆斯特丹和布鲁塞尔成了革命发酵的中心。从1789年到1790年，比利时已经有十个省宣布脱离奥地利的统治，并且以美国《独立宣言》——尽管这并不是他们的政治信仰——为模板发表了政治宣言。[2] 美国《独立宣言》也被意大利出版商广泛传播。在英国，宗教异端人士对美国的反叛者抱有一定的同情心，并将他们视为英国革命传统的继承人。

到了1790年，哲学家的著作、受教育者开明的态度，以及世俗时间和空间的扩展似乎已过时，不如从费城、布鲁塞尔和阿姆斯特丹以及最引人注目的巴黎传来的革命信息更有吸引力。时间本身似乎也在加速。随着国家和王国的统治根基被动摇，在这类政治创伤的影响下，人们的生活也经历了情感上的转变。这些转变也归功于一百年前的那场知识界的热潮——启蒙运动。在18世纪90年代，启蒙运动为一种新人格的创立提供了知识工具——一个以世俗原则为指导的、富于思考和有批判思维的人——为革命者和改革者的情感认同提供了依据。在那些自认为开明的人中，有些人是反对民主革命的，但这只是少数。

因此，文化运动，以及更普遍的健全的思想，并不会突然消亡，理想也不会失去其现实意义。相反，它们是被转化了。在 18 世纪 90 年代，法国、英国、德意志、荷兰、意大利、美国的知识分子以及启蒙和革命理想的同情者不得不面对一场突然转向恐怖统治的革命，拿破仑随之崛起，最终，大革命在 1815 年以一场对其理想的深刻反动告终。尽管受到了打击，但启蒙运动仍然存在，特别是在作家和知识分子中，他们通常被称作"浪漫主义者"，18 世纪的大胆思想塑造了他们的精神。作为美国的总统，托马斯·杰斐逊（图 13）在向其革命同志约瑟夫·普里斯特利写信谈论自己对其敌人的看法时，明确表示了自己对启蒙主义原则的赞同："野蛮的人自以为是，[认为]他们真的能回到野蛮的时代，那时，无知的人把一切权力都交到权贵和教士的手中。科学的所有进步都被视为创新之举而被禁止……这也是你受到攻击的真正原因。"[3]

有些人亲身经历过法国大革命，渴望更平静的时代。1792年底，孔多塞（Condorcet）在巴黎写信给杰斐逊，谈及法国大革命的革命进程，他解释称，一些革命的支持者现在希望"让它回到启蒙运动温和而缓慢的斗争中去"。[4]然而，所有经历过 18 世纪 80 年代末到 90 年代的一系列事件的人都清楚，他们每个人都发生了改变，是革命深刻地塑造了他们。

1789 年后，想要走回头路已经是不可能的了。正如雅各宾派的反对者所说的那样，"背信的思想观念已经从书本上转到了人身上；从死物上转移到活着的人身上了"，现在聚集在散发出不祥征兆的群体中。据称，伏尔泰、沃尔内（Volney）

图 13　托马斯·杰斐逊，美国启蒙思想家和激进革命家。伦勃朗·皮尔（Rembrandt Peale，1778–1860）（ID# 258634）. Courtesy of Bridgeman Images.

和达朗贝尔为托马斯·潘恩（Thomas Paine）和伦敦通讯协会（the London Corresponding Society）铺平了道路。法国大革命的反对者充满偏见地认为，启蒙运动中的优秀自然神论者变成了大革命中的优秀民主人士。[5]

法国大革命宣扬民主，结束了教会和国家的绝对主义，从而将这些理想信念永远地列入西方世界的议事日程上。在18世纪90年代，巴黎不仅是政治剧变的中心，同时也是一个充满狂热的期望和令人伤神的惊恐的情绪大熔炉。时间一天天过去，改革者和革命者你方唱罢我登场。人们随政治局势变化经历着情感上的波澜起伏；民主公民的产生需要个体的转变，这是一种具有主观性的、独特的体验，往往伴随着对风俗和旧例的超越。[6] 对于那些认同启蒙主义价值观的男男女女而言更是如此——在 1750 年以后的数十年里，从自然宗教到改良后的君主制，再到激进哲学家的令人兴奋不已的唯物主义或是卢梭的民主梦想，他们为各种相关的书籍所陶醉。一些人仍然坚守这些法则，另一些人则无奈地放弃了，很多法国的早期革命者逃到了英国，或是来到了新生的美国。他们将巴黎街头的戏码带到了那里。

英格兰、爱尔兰、苏格兰和威尔士：革命热情的深度

在 18 世纪 90 年代，对大革命遥远的支持者们而言，他们当前所面临的挑战是如何摆脱旧秩序下被君主和教会束缚的生活。在改革者看来，哲学家们宣扬的所有异端思想与法国教会和君主制的崩溃相比都显得微不足道，况且随之而来的还有恐怖统治，以及一支所谓想要将民主理念传播到每个国家的革命军队。现在，一切都可以被质疑，被重新思考、重新想象，甚至以前所未有的新的方式生活。英国浪漫主义作家罗伯特·骚塞感叹道："一个光怪陆离的世界似乎正向［我们］敞开大门……这一切只能让人联想到人类的重生。"[7] 在威尔士的异见人士理查德·普莱斯（Richard Price）眼中，美国和法国的革命是多么的辉煌并富有感染力："我想，我看到了对自由的热忱在蔓延，人类事务将会被普遍地修正，原来属于教士的统治将让位于理性和良知。"[8]

而那些反对革命的人，则表现出了截然相反的情绪。在其著作《法国大革命反思录》（*Reflections on the Revolution in France*，1790 年出版）中，著名保守派政治家埃德蒙·伯克坚称法国大革命会破坏一切道德规范，废除教会和家庭中的

父权制权威，并释放无神论的极端思想以及他认为是相伴而生
的非自然的激情。伯克的一位追随者认为，法国大革命废除了
所有神圣的法律和教义。[9]

伯克的结论可能是正确的，但却是站在错误的出发点上。
他厌恶法国大革命，以及他想象中的大革命所代表的一切。相
反，那些被大革命吸引来的英国人，则从大革命中看到了重新审
视法律和风俗的可能性，看到了创造一个解放的甚至是民主的政
体的良机。在英格兰和爱尔兰，对革命的同情（先是同情美国独
立战争，而后又同情法国大革命），在非圣公会的新教徒，也
就是异见人士，中最为明显。在18世纪90年代，传统异见派
的激进主义者经常在王国的主要城市中组建小团体和会社。伯
明翰的约瑟夫·普里斯特利，伦敦的威廉·葛德文（William
Godwin），剑桥的乔治·戴尔（George Dyer）和贝尔法斯
特的威廉·德雷南（William Drennan）是其中的灵魂人物。
他们与那些作为浪漫主义诗人名声流传至今的威廉·华兹华
斯、塞缪尔·泰勒·柯勒律治和罗伯特·骚塞，以及在当时同
样重要，但现在却不太知名的人，如约翰·特尔韦尔（John
Thewall）、夏洛特·史密斯（Charlotte Smith）、安妮·普
伦普特里（Anne Plumptre）、玛丽·海斯（Mary Hays）和
玛丽·罗宾逊（Mary Robinson）结成同盟。[10] 他们中的许多
人在普里斯特利一家动身前往宾夕法尼亚之前定期在伦敦聚会
喝茶。[11] 反革命的暴徒捣毁了普里斯特利在伯明翰的家和实验
室，远走高飞似乎确实是更好的选择。

可能葛德文以最大胆的方式捕捉了这种新的激进主义的
冲动。他的《政治正义论》（*Enquiry Concerning Political
Justice*，1793年出版）认为，只有对读者进行道德改造，才
能使真正的政治变革成为可能。葛德文反对孟德斯鸠的地理决
定论，希望通过理性来促进人类的变革。随着其写作的深入，

葛德文对政府的不信任与日俱增。渐渐地，他认为政府可以被
取代，现有的法律和财产所有形式也应该被废弃。在被经济发
展的种种迹象所围绕时（在谈到蒸汽机时，他问道："谁敢说
这种进步是有止境的呢？"），葛德文的回应很古怪，他还谴
责婚姻制度是一种"欺骗的制度"。宇宙中永恒的必然法则推
定"我必须有一个终身伴侣，这其实是各种恶习并发的结果"。
甚至每个孩子的父亲也是依据"贵族身份、利己主义和家族荣
耀"选定的。[12] 而儿童不应该是某种形式的财产。葛德文的推
理使他从机械设备转向婚姻家庭，认为经济增长取决于道德和
个人的革新。

之所以葛德文会认同这种世俗层面上的道德教育，很大
程度上要归功于其宗教背景，他是一个异见主义者。他的《政
治正义论》在首次出版时非常昂贵，但很快就出现了廉价的盗
版书，在爱尔兰和苏格兰都能找到。他的忠实读者甚至还会当
众大声朗读这部著作。在其后续版本中，葛德文进一步强调了
"同情心"和"感情"，这是他在阅读了亚当·斯密的著作后
开始采用的一种方式。尽管被斥为煽动者和无神论者，或者可
能正因为如此，葛德文在 19 世纪的社会主义者中有一大批追
随者。事实上，他是为无政府主义运动撰写了一部圣经。

经济和社会问题是激进文人圈内最常讨论的话题。乔治·
戴尔从未忽视有关穷人的议题，并成为将在宾夕法尼亚实施的
一项乌托邦计划"大同世界"（pantisocracy）的指导者之一。
这位浪漫主义诗人计划离开英国，加入这项计划；他们认为普
里斯特利的思想将是这项计划的指导精神之一。尽管这项计划
从未实现，但这种社区实验仍是 19 世纪第一个十年里的主要
目标。追随者为其失败感到惋惜。[13] 戴尔认为，完全世俗化的
善"是更开明时期的希望和向导"，这是由所有独立的个体所
拥有的"理性信仰"诞生出的。[14]

　　与社会激进主义相伴的是非常规的个人尝试。1800年，戴尔本来要出版一部诗集，但却遭到了打压。而目前唯一已知的诗集副本中收录了一首他写给一位男性友人的颂诗："哦！愿我以沉醉的目光再看一次 / 就像与你，安德森，在一起的时候，我迷失了 / 所有奇妙变幻的景色都出现在了我的眼前。"[15] 正如伯克所预料的那样，戴尔、华兹华斯、柯勒律治、骚塞等人的圈子超越了情欲和异性恋者友谊的规范。[16]

　　在这些圈子里，关于社会制度的讨论总会转向婚姻和女性教育。一位敬虔的英国圣公会观察家认为，之所以会爆发法国大革命，是因为男女之间的差距太大。[17] 像葛德文这样的激进主义者会质疑整套制度，而骚塞及其朋友会讨论如何让女性参加工作。[18] 他们的敌人对带有"民主色彩"女性尤其蔑视，这是作家夏洛特·史密斯的一位熟人在1792年和1793年对她说的。她对法国大革命有着浓厚的兴趣，尽管这种热情因"恐怖统治"而有所衰减，但是从未被浇灭。

　　饱受折磨的夏洛特·史密斯称自己无非是"一个合法的妓女"，在事实层面上被卖给了她丈夫——"那个魔鬼"。[19] 她为丈夫生育了12名子女，而他却死在了债务人监狱里。致力于改革和革命事业的期刊经常刊登有关妇女的才能的长文，并经常提到死于难产的葛德文的妻子玛丽·沃斯通克拉夫特（Mary Wollstonecraft）的女性主义著作。这些期刊拒绝接受任何认为女性在精神上低人一等的观念。它们还批判奴隶制。[20]

　　虽然对法国流亡者的困境表示同情，但夏洛特·史密斯仍相信大革命的原则：自由与平等。她也会阅读哲学家们的著作，甚至在旅行途中还带着一本贝尔主编的法文版的《历史批判词典》。[21] 她的激进主义伙伴约翰·特尔韦尔对她大加赞赏，说她的十四行诗"比我见到的所有英语诗歌都能展现出更动人的忧郁、更具诗意的素朴……天才般地富有活力，且修辞得当。"[22]

对于年轻的一代，尤其是那些出身于工业家庭的人来说，法国大革命正符合他们对英国统治阶级和地主阶级的蔑视。新兴工业产业的公认代表是陶器名家约书亚·韦奇伍德和改良了蒸汽机的詹姆斯·瓦特（James Watt）。韦奇伍德充满赞许地将发生在巴黎的一系列事件称为"一场辉煌的革命"。[23] 他们的儿子已经成了朋友。1791 年 5 月初，小约西亚·韦奇伍德写信给小詹姆斯·瓦特，表达了自己深深的疏离感，并强调了对人民进行普遍启蒙的必要性：

> 依我之见，我不相信下议院的任何头面人物有纯粹的自由理念，至少如果他们有，也不敢公开，因为两党都受到外部的影响，这种影响既来自国王，也来自强势的贵族阶层。在这个国家，除了人民，没有任何改革的动力，而他们还远远没有得到充分的调动。"约翰牛"（John Bull）长久以来为自己的自由感到自豪，我相信，他们所拥有的不过是幻影，而且他们一直安于现状，以至于无心也无意了解实质。然而，我希望，我们的法国邻居的事业能够欣欣向荣，而且"约翰牛"有榜样在前，将最终认识到他们与自己境况的不同。[24]

对很多英国激进主义者和大革命的同情者而言，在恐怖统治降临法国之后，他们的幻想破灭了。1794 年，小约西亚·韦奇伍德再次给小詹姆斯·瓦特写信："本来，法国是值得我们效仿的榜样国家，但'断头台夫人'（Dame Guillotine）实在是太忙了……没有人愿意冒险去那里，直到时间冷却了人民的热情，并表明到那里定居是安全的。"[25] 每个支持共和主义的英国人都必须接受法国大革命的现实，承认其失败的一面，或者在某些情况下完全否定法国大革命。

英格兰、苏格兰和威尔士的大城市，如爱丁堡、诺里奇、贝尔法斯特、卡马森（Carmarthen）和布里斯托，都孕育着激进主义，在异见主义者的圈子里体现得尤为明显。诺里奇一直以来都被认为是辉格派的大本营，当地的知识生活深受长老会、一位论教派和贵格派影响。普伦普特里姐妹就来自这里，她们也是伦敦社交圈的常客，对大革命所释放出来的自由的各种可能性甚为着迷。安妮·普伦普特里甚至将外国作家纳入了英国激进主义者的秘密计划。德意志剧作家和外交官奥古斯特·冯·科策布（Augustus von Kotzebue）著作颇丰，作为其作品的译者，普伦普特里发现了很多值得称道的观点。科策布在一部剧中将一名犹太人描绘成唯一宽厚的人，并让一位自由派男爵宣称："没有爱情的婚姻是绝对的奴役。"[26] 在1791年另一部被广泛翻译和演出的作品《古怪老兄莫里茨》（*Bruder Moritz, der Sonderling*）中，科策布主张各民族、各阶层以及两性之间完全平等。反雅各宾派对激进派作家对德意志文学作品的偏爱进行了无情地批判。[27] 作为一名小说家，普伦普特里进一步打破了有关性别的刻板印象，展现出智慧女性的魅力。在她1801年的小说中，男性才是那些追求浪漫的、爱写信的人。[28]

普伦普特里对有组织的宗教的漠视，反映了激进启蒙主义圈子中出现的形而上学的情绪。唯物主义普遍受到欢迎。我们可以找到与普里斯特利的情况相关的资料，乔治·戴尔在给他们共同的朋友玛丽·海斯写信时开玩笑说："我已经很久没有在我的有序物质（my *organized matter*）中听到过律动了。"[29] 同时，海斯还为爱尔维修的唯物主义辩护，用它来论证男人和女人在"自然力量、天资和性情"上没有什么不同。[30] 几年前，她曾被视作一位论者，但她很可能已经离她最初信奉的有神论或自然神论很远了。18世纪90年代中期的某天，乔治·戴尔

243

给她写信，并转达了他对"所有问起我的朋友的敬意，无论他们是爱尔维修的门徒，还是像你的好母亲一样，继续忠实于耶稣基督。"[31]

约翰·特尔韦尔是华兹华斯－柯勒律治圈子里的密友，他对自己献身唯物主义的决心毫不怀疑。他在诗中宣称：

> 从自然的法则到自然的成因，穿过它们的所有迷宫，我们可以发现，在永恒的演进中，遵从最原始的命令，普洛透斯式的原子在完全范围内的无限变化和交换，是如何被推进的——[32]

特尔韦尔因其政治主张遭到囚禁，出狱后，他在大部分时间里都在进行巡回演讲。在他1834年去世时，他的遗孀和3岁大的孩子仍过得十分贫困。直到最近20年，他作为18世纪90年代激进主义中心人物的声誉才得以恢复，部分原因在于人们重新发现了他许多失传的著作。

在同一时期，骚塞与柯勒律治一样，将自己视为异教徒和斯多葛派学者爱比克泰德（Epictetus）的追随者。柯勒律治在哀悼一位挚友的去世时说："他是我道德上的外在和本质——一种第二良知……是他教我将卢梭搁在一边，转向爱比克泰德。"[33]杰斐逊也认为爱比克泰德的著作很有阅读价值，他以古代斯多葛派的精神写信对女儿说："通过决心和计谋克服每一个困难……是美国人的性格的一部分。"[34]爱比克泰德（生于公元前50年代）非常强调人类的选择与自由；他也曾是一名奴隶。他认为人类可以塑造自己的环境，并将秩序和构想强加给自然。

爱比克泰德的异教自然主义为对新科学所产生的唯物主义信仰提供了十分便利的补充。18世纪90年代的一份匿名出版的激进主义的重要刊物，刊印了爱尔维修著作的节选。[35]1794年一位匿名人士在他撰写的教理问答中宣称："人有了自由，就有了美德。"[36]普伦普特里又将贝卡里亚的两位重量级好友——格林和狄德罗的书信翻译成了英文。[37]像亨利·约克（Henry Yorke）这样的激进主义者秉承法国主要哲学家的精神，谴责神职人员篡夺"所有其他人的意见和判断，将理性从他们的胸膛中驱逐出去……教会的历史，或者说教士统治的历史……是闹剧战胜真理，迷信战胜理性的记录"。[38]相比之下，夏洛特·史密斯对流亡的神职人员还心存好感，但对贵族却没有。

这种情绪令当局感到愤怒和害怕，他们密切监视在伦敦、爱丁堡、都柏林以及许多地方城市兴起的各类社团，并最终展开了迫害行动——但并不是总是成功的。约克参加的社团在伦敦和谢菲尔德都设有机构。伦敦和威尔士的社团提供了一个人际网络，满足了法国大革命在威尔士的支持者的各种需求。相关社团旨在建立一个国内和国际的共和主义者网络，以便与其法国同伴取得联系。

对于18世纪90年代和启蒙运动的历史而言，重要的是在这些社团中有着数量空前的有文化的工匠或受过些微正规教育的中间阶层。威尔士作家约洛·摩根格（Iolo Morganwg，1747—1826）①就是如此，他是一位石匠、激进主义者，也是一个一位论派信徒。就像许多支持法国大革命的英国人一样，约洛加入了废奴事业，并对奴隶制发起了激烈的谴责。就像其他许多反对奴隶制的新教福音派人士一样，在他经营的店里，约洛拒绝售卖来自西印度群岛奴隶种植园的糖。在威尔士的反奴隶制运动中，我们又一次看到了非国教派新教异见人士的影响以及启蒙运动的精神。这场运动在19世纪初的几十年里才

245

———————

① 原名爱德华·威廉斯（Edward Williams）。

逐渐壮大起来。[39]

反对这些激进的工匠的人说，所处的"社会阶层越低……越容易陷入轻信"。[40] 在这些英国工匠中，最有名的当然莫过于威廉·布莱克（William Black）——他是诗人、激进分子和才华横溢的艺术家。与托马斯·潘恩在他的《人的权利》（*Rights of Man*）中所采取的方式一样，布莱克也采用了一种有力且直接的表达方法，这样他的诗歌就能拥有更广泛的受众，这种做法无论是在内容上还是在形式上都洋溢着民主的精神。布莱克欣然运用《圣经》的文本及意象，以展现美国的革命和法国大革命是如何最终实现《圣经》的预言的。[41]

相关社团在 1799 年被宣布为非法组织；当时，"人身保护令"（habeas corpus）已被废止。在英格兰，因煽动叛乱而入狱的可能性始终存在。镇压性的法律、对雅各宾派嫌疑者的监视以及对欧洲大陆新闻报刊的监控一直延续到 19 世纪 20 年代，而此时世界上基本已经没有战争和革命了。贫困问题也引起了英格兰人的不满，从 18 世纪 90 年代开始，时不时会有议会报告为改善穷人的状况发声。[42]

苏格兰和爱尔兰的局势并不像英格兰那样容易控制。正如我们在第五章所看到的，詹姆斯·瓦特的一个儿子格雷戈里·瓦特（于 1804 年去世）在 18 世纪 90 年代就读于格拉斯哥大学，他的社交圈内有年轻的激进主义者，也有偏好同性恋情的男子。苏格兰的激进社团从法国大革命中汲取了灵感，而英国政府则想要镇压他们，两者之间的政治斗争十分激烈，对此，格雷戈里·瓦特显然十分清楚。在 1793 年和 1794 年，苏格兰的主要激进分子经常受到监视。当时格拉斯哥大学的大多数教授都反对法国大革命，但格雷戈里·瓦特与支持法国大革命的少数同伴一起学习，其中包括化学领域的罗伯特·克雷格霍恩（Robert Cleghorn），逻辑学领域的乔治·贾丁（George

Jardine），道德哲学领域的阿奇博尔德·亚瑟（Archibald Arthur）、托马斯·里德（Thomas Reid）和约翰·米勒（John Millar）。他的导师托马斯·杰克逊（Thomas Jackson）在1796年因其政治观点而未能担任自然哲学教授。[43]

格雷戈里1793年的学生笔记显示，格拉斯哥大学的教学内容肯定是有争议的，因为教师赞同启蒙主义，甚至支持法国大革命。格雷戈里明显受到了他的老师，可能还有他的兄弟小詹姆斯·瓦特的影响，他在笔记中写下了对弑君行为的认可："贪婪的暴君坐在他光彩夺目的宝座上……卑下的人民服从他，惧怕他，当时他被看作……处于人类荣耀的巅峰。死亡之手将他的旅程缩短，他消失在自己的光辉中。"[44]喜爱旅行、体弱多病，又对科学怀有浓厚的兴趣，这些因素可能使格雷戈里没有更深入地参与到激进主义者的圈子中。在18世纪90年代初期，小詹姆斯·瓦特投身于雅各宾派的事业，前往巴黎，伯克在议会上对他的行为表示谴责。

格雷戈里·瓦特在英国南部疗养时（他于1804年死于肺结核，就像先他而去的姐妹一样），认识了年轻的汉弗里·戴维（Humphry Davy）。格雷戈里的父亲詹姆斯·瓦特的交际圈使戴维走上了科学研究的道路；戴维分离出一氧化二氮并发明了矿用安全灯，成为国际知名学者，并担任伦敦皇家学会（the Royal Society of London）会长。戴维的保守派敌人常常攻击他女里女气，一副花花公子的模样，称他的妻子在他们的无子婚姻中掌权当家。戴维与化学家托马斯·贝德多斯（Thomas Beddoes）和柯勒律治（戴维给他注射了一氧化二氮）等知名激进主义者交际的事实在反雅各宾派的圈子里是一种警示讯号。戴维小心避免援引伊拉斯谟·达尔文的唯物主义，但他还是明确表示了自己受益于启蒙主义并相信这是一个属于地球的时代。[45]

随着其个人的发展变化，政府几乎没有理由担心戴维的政治倾向。然而，其他苏格兰、英格兰、威尔士和爱尔兰的激进主义者相互联系，这一定会令当局愈发警觉。虽然在大多数城市中不满情绪都显而易见，但在实际行动上，只有爱尔兰人于1798年起义。这场反抗行动是迄今为止1789年法国大革命在英伦三岛掀起的革命浪潮中最危险和最暴力的一次。其结果是大约有2万人至3万人伤亡，其中大多是爱尔兰农民。

爱尔兰起义（The Irish Rebellion）由长老会主导的爱尔兰人联合会（the United Irishmen）领导，也成了一场天主教起义。屠杀和暴行助长了当时的狂热情绪，伴随着由政府准许的处决行动，以及起义者肆意发动的暴力行为。起义者所期盼的法国侵略部队登陆了，但由于兵力严重不足，革命只维持了几周的时间。法军最终败北，起义也宣告失败。

起义的同情者因起义的失败而心灰意冷，其中，托马斯·摩尔（Thomas Moore，生于1779年）在起义失败后侥幸逃过了被围捕的命运；他后来成为著名的诗人和词曲作家。他的好友罗伯特·埃米特（Robert Emmet）因为参与了1803年的另一场起义而被处决。作为一名天主教徒，1799年，设法在都柏林圣三一学院（Trinity College）读预科的摩尔离开爱尔兰去了伦敦；在伦敦，他融入了辉格派的社交圈，并与天主教徒解放运动（Catholic Emancipation）的支持者们成了朋友。

摩尔也是一位激进主义作家，他的情欲主义不易被归类。虽然他是爱尔兰天主教徒和民族主义者，但在新教堡垒圣三一学院，他接受了自由和古典主义教育。他阅读古代双性恋诗人阿那克里翁（Anacreon）的作品，而这只是当时对一个男孩的教育中的一部分，似乎这是非常普遍的。[46]但摩尔不单单是阅读，他还将阿那克里翁的作品翻译成英文，并在译本中加入了这位古代诗人写给一位年轻人——巴图鲁斯（Bathyllus）——

的诗，甚至连柯勒律治都认为这首诗是完全不可接受的。[47] 十多年后，摩尔和拜伦勋爵成了非常亲密的朋友；拜伦是摩尔女儿的教父。摩尔为拜伦撰写传记，在写作过程中淡化甚至掩盖了拜伦的双性恋倾向，而摩尔很可能非常清楚这一点。骚塞在转向保守主义之后，给他们贴上了"恶魔派"（the Satanic School）的标签。拜伦和摩尔开始鄙视骚塞，认为他是一个向荣誉和财富屈服的叛徒。这里的重点不在于摩尔和拜伦的友谊，而是两人共同的价值观：两人都对法国大革命表示赞赏；两人都有民主倾向，都愿意摒弃传统习俗；两人都鄙视流行风尚和那些他们认为不真实的东西，支持天主教徒解放运动，捍卫爱尔兰受压迫者的权利。[48] 他们也同样对有组织的宗教持否定态度。[49]

尽管翻译阿那克里翁的作品给摩尔带来了声誉，但他自己的一卷诗集却遭到了道貌岸然者的鄙视。然而，他写出了一些当时最流行的诗歌和歌曲，其中很多作品至今仍被爱尔兰民族主义者所熟知。[50] 拜伦触犯了公众的性道德，辗转于欧洲各地最终为希腊的革命事业献出了生命。拜伦的一生是对由18世纪90年代的一系列政治事件所激发的"同情和类似革命的情绪"的典型体现。

这些情绪、罪行或理想信念，都被狂热的反雅各宾派看在眼里。他们的文学作品在18世纪90年代可谓独具特色，这些作品声称对"异教徒会社"（Infidel Society）有详细的了解：在这类社团里，"原则和实践都腐化堕落"，人们被淹没在"法国无神论的死水里……就像索多玛（Sodom）死一般的湖泊……令人作呕"。[51] 反雅各宾派还提出了一种有关不道德行为的隐秘逻辑，在这一假设中，内在的堕落或失望，以及对屈从于秘密同性性欲的恐惧之情，都会助长其政治上的忠诚。[52] 格雷戈里、柯勒律治还有拜伦和摩尔也许是在探索"自然的美德与恶习"，但反雅各宾派的学者们指出，在他们的社团内部，人不过是"堕落的凡人，他们为自己不过是物质的组成而感到骄傲"。他们不是简单的自然神论者或民主主义者——而是无神论者和唯物主义者。

民主的倡导者们在爱尔兰的日子更不好过。当地的天主教教徒长期以来一直受到不公正对待，农村地区普遍存在贫困现象，新教徒和天主教徒之间也存在着不信任。税款也被以不正当的手段降低。在新教徒内部，真正能够掌控政治权力的是圣公会信徒，而不是其他教派的信徒。拥护民主的激进派也无一例外地是民族主义者，他们拒绝接受国王和教会的统治。爱尔兰的改革运动始于 18 世纪 80 年代，后来失败了，但在法国爆发大革命之后又重新活跃起来。

威廉·德伦南（William Drennan）参与的社团爱尔兰人联合会在西奥博尔德·沃尔夫·托恩（Theobald Wolfe Tone）的带领下，借鉴美国《独立宣言》中所阐述的原则，发起了一场最为持久的独立运动。他们以奴隶的身份向同胞发表讲话，用卢梭式的语言论证他们可以摆脱英国政府的不公正对待并获得自由。他们还援引了 17 世纪中期英国的共和主义传统。[53] 他们支持彻底的宗教宽容政策，这也体现了其对民主的呼唤，因此，他们对启蒙运动文本做出了激进的解读。[54]

有一段时间，托恩像许多爱尔兰激进主义者一样，逃到了费城，但是他在新世界的所见所闻并没有让他兴奋起来。在 18 世纪 90 年代，当所有和平改革的希望都似乎已经破灭的时侯，托恩以新教徒的身份向他的天主教同胞致信，他认为"任何改革如果不把赋予罗马天主教徒的选举权作为一项基本原则的话，都是不光彩、不公正和行不通的。"[55] 他成为 1798 年爱尔兰起义的领导者，成了爱尔兰独立事业的斗士。1798 年，他在都柏林的狱中去世。

　　在爱尔兰的一连串暴力事件中，人们一面呼吁宗教平等，一面要求与英格兰享有同等经济地位。1803 年，罗伯特·埃米特领导的另一场短命的起义更突显了爱尔兰人对经济情况的不满；这一问题在整个 19 世纪都在持续发酵。无论是为了什么，第一次起义作为一段双方互相杀戮和残害的历史留在了大众的集体想象之中。这场起义所伴随的暴行使爱尔兰历史的叙事一直到 20 世纪都充满了暴力色彩；事实上，这一黑暗的遗产至今仍影响着北爱尔兰的部分地区。值得注意的是：许多逃到新生的美洲共和国的爱尔兰人联合会成员都是公开的民主人士。

新生的美洲共和国

　　纵观我们在本书中所讨论的不同流派的启蒙思想，对美国思想家影响最大的莫过于苏格兰的启蒙思想。[56] 对农业改良的关注，对调和宗教与科学的渴望，尤其是对进步的性质以及最能促进进步的社会组织形式的关注，使苏格兰思想家和北美殖民者的交流合情合理。然而，殖民地有一个苏格兰并不存在的因素：奴隶制。有人认为，启蒙主义文本是在帮助和支持种植园主，而不是在帮助奴隶。这种观点是对读者对作品的解读和作者写作意图的混淆。除了休谟和早期的康德之外，很少有被我们认定为启蒙主义者的人希望自己的学说或理论鼓动人们去奴役他人。[57] 托马斯·杰斐逊是一个与他的奴隶（也是他的情妇）生下子女的奴隶主，他认识到了自身处境中的悖论：

251

　　　　人是多么了不起、多么难以置信的机器啊！为了维护自己的自由，他可以忍受苦难、饥饿……监禁甚至死亡本身，而下一刻他又对支撑他通过试炼的这一动机充耳不闻，对他的同胞施加奴役，他一个小时给他的同胞带来的痛苦，比他起来反抗时所感受到的所有痛苦都要多。[58]

同理，美国独立战争刚取得胜利，就在 18 世纪 90 年代发生骚乱，与其最激进、最自由的原则背道而驰。这里举一个例子。托马斯·潘恩在英国和法国待了多年之后，于 1802 年回到了他在新世界的家。他声名在外，在巴尔的摩（Baltimore），没有一家旅馆愿意接待这位既是雅各宾派又是无神论者的客人。当潘恩到那里时，民主主义者的身份已经变得极具争议性，这在很大程度上是人们对法国大革命中出现的极端行为的反馈。回想几年前，杰斐逊曾称赞潘恩的思想是"健全而纯粹"的。法国大革命及其所带来的影响为跨大西洋的国际共和主义对话注入了活力，涉及大部分欧洲语言。[59] 这在一定程度上得益于数以百计的英国、爱尔兰和法国移民，他们都是 18 世纪 90 年代政治事件的亲身经历者。伊利胡·帕尔默（Elihu Palmer）是 18 世纪 90 年代美国最知名的自然神论者，他在庆祝美国国庆日的时候指出，法国大革命受到了美国独立战争的启发，法国士兵满怀彻底摧毁专制主义的愿望返回故土："全世界的专制暴君联合起来扼杀自由之子的诞生，但这是徒劳的。"[60]

早在美国和法国革命爆发前几十年，人们就开始了关于自由和专制的讨论，这也是启蒙运动的一个内在组成部分。18 世纪中叶以来本杰明·富兰克林的阅读和写作都体现了一个受过教育的美国人，是如何参与共和主义思想、自然神论、共济会、科学活动的，以及他为成为一个有教养的人所付出的努力——在学习了大量"有用的学问"之后，他就可以开展政治活动、建立功勋。[61] 富兰克林和当时的许多试验者一样，试图了解电的性质，并将其应用到有用的方向。[62] 在对改革宗教性的开明探索上，他还希望能够达成一种共识，这种共识可以使一个有

252

德行、崇尚自由的人的需求得到满足。

我们发现富兰克林在 1782 年的时候就是巴黎九姐妹会所的导师，即所谓"受尊敬者"（Le Venerable）。富兰克林在费城的一间会所入会之后，一直活跃了数十年，并且是会所内的领袖。在加入费城的圣约翰会所（St. John's Lodge）后不久，富兰克林在《自传》（*Autobiography*）中这样写道："在我看来，现在是一个很好的时机，通过将世界各国有德行的善良之人结成一个常规的组织，用适当良好而英明的规章制度来进行管理，而这些有德行的善良之人或许会比普通人更一致地遵守这套共同法则，从而形成一个'道德联合会'（Party of Virtue）。"富兰克林后来回忆道，为了实现这个目的，自己当时花了很多时间去寻找所有宗教的共同之处，以便将其作为一种所有人都能接受的普遍的自然宗教的基础。在他所提及的道德原则中，最引人注目且最有意义的是："对人行善，是人类对上帝唯一的服务。"

相比寻找一种普遍意义上的自然宗教，富兰克林在共济会汲取了更多的养分。他还学到了群体行为和政治组织方面的经验。1774 年，他同大卫·威廉斯（David Williams）共同创办了十三人协会（the Society of 13）。这是一个自然神论者的圈子，其创始成员包括富兰克林、威廉斯、梅杰·道森（Major Dowson）、托马斯·本特利［Thomas Bentley，他是约西亚·韦奇伍德（Josiah Wedgwood）的助手］、詹姆斯·斯图亚特（James Stuart）、约翰·怀特赫斯特（John Whitehurst）、托马斯·戴（Thomas Day）和丹尼尔·索兰德（Daniel Solander）。十三人协会呼应了共济会中有识之士的秘密社团的模式，保留了共济会的传统：在受到迫害的国家限制会员的人数，一般限定为 13 人。与该协会相关的所有人员都是激进的辉格党人和共和主义者；他们认为自己受到了迫害——

253

这样想也并非完全错误。

理查德·普莱斯、约瑟夫·普里斯特利、本杰明·沃恩（Benjamin Vaughan）、约翰·赖因霍尔德·福斯特（J. R. Forster）、爱德华·班克罗夫特（Edward Bancrof）、托马斯·潘恩以及大卫·哈特利（David Hartley）都是与该协会有关的大人物。沃恩与富兰克林有大量书信往来，特别是在道德哲学的问题上，他比大多数人都更熟悉富兰克林在道德阐释（主要是世俗制度）方面的尝试。所有这些人都支持美国的革命，而且这个协会最主要的作用是通过秘密手段将英国和法国的激进主义者安全地运过大西洋。

就性情而言，杰斐逊对秘密社团和哲学性的礼拜仪式并无好感，但他还是知道了这个团体，并与其成员进行通信。作为一个自然神论者，杰斐逊与他们在宗教和政治上的观点是一致的。富兰克林、普莱斯、普里斯特利与另一个英国激进主义组织有关，该组织明显受到了共济会的影响：立宪辉格党（the Constitutional Whigs）的总会所（the Grand Lodge），其起源可溯源至 1689 年光荣革命和之前几年的反对派政治思想。[63]

围绕宗教的性质和起源的思想不断发酵，当这些思想与新的社会团结形式相结合时，促使人们的注意力转向政府，特别是对其绝对主义形式的关注。在 18 世纪后期，这种关注——在当时并不为人所接受——在法、德两地特别明显，但在奥属尼德兰和意大利也能时有显现。我们不认为对基督教正统观念发起的启蒙主义挑战与 18 世纪 80 年代后期爆发的民主革命有多大关联，并且，这一点应该被重新审视。

1765 年，约翰·亚当斯（John Adams）认为对美洲的殖民开辟了"上帝为照亮无知者而设计的宏伟场景。"18 世纪 90 年代的其他美国人认为，新生的美利坚合众国是世界上"最开明"的国度。[64] 他们能够在认同一场国际和世界性运动的同时，宣布自己对国家的忠诚。矛盾的是，他们一边想象自己是一个平等的群体，但又一边将黑人和美洲原住民排除在公民身份之外。美国的繁荣加强了这种"开明"的正义之感。

这些哲学家也引起了殖民地政治思想家们的注意。在 1765 年的印花税法危机（the Stamp Act crisis）中，塞缪尔·亚当斯（Samuel Adams）在讨论政治自由取决于"冷静的头脑"时，援引了孟德斯鸠的观点。[65] 他用卢梭式的话语进一步描述了这种自然状态："任何一个处于自然状态的人，未经他人同意，都不得占有他人的财产。"[66] 同样，塞缪尔·亚当斯认为，"当今的时代比起以前的时代更加开明……这样的一个时代……将极其看重全民教育的效用，以促使国家对此给予足够的支持和帮助。"[67] 到 1794 年，他认为法国人已经摒弃了"世袭及排他性特权那些荒谬、不近人情的要求……〔他们〕从长期的沉睡中突然苏醒过来，废除篡夺，并将每个人置于平等权利的基础上"。[68]

这种正面的论断并没有阻止法国和美国政府之间日益增长的敌意。1798 年，《客籍法和镇压叛乱法案》（the Alien and Sedition Acts）试图压制新生合众国内部潜在的激进反叛运动。在联邦党人的领导下，民主的反对者试图贬低现在这种既属于美国也属于法国的革命传统。革命应该走多远？要解救奴隶？女性？还是贫困的人？这就是自 17 世纪以来一直存在的紧张关系，它是由自称"生来自由的英国人"造成的，这些人在此实行奴隶制，还从中获利。

托马斯·杰斐逊在一封写给理查德·普莱斯的信中坦率地阐述了这类紧张关系，这封信论及普莱斯 1784 年出版的小册子《论对美国独立战争重要性的看法》（*Observations on the Importance of the American Revolution*）。杰斐逊说，切萨皮克（Chesapeake）以南的人们不会接受这本小册子对奴隶

255

制的谴责；再往北一点，人们则会在理论上接受它，但"没有勇气将他们的家庭从奴隶制财产中剥离，尽管这份财产让他们的良心备受煎熬"。在马里兰州以北的地区，奴隶越来越少，奴隶制的反对者主要是一些年轻人。杰斐逊认为，做出废除奴隶制的决策，或许仍然是有可能的，"而且这一刻的到来不会太久"。[69] 在更黑暗的时刻，民主革命的继承者可能已经意识到，有朝一日或许只有战争才能解决奴隶制的问题。

在美国独立战争初期，起义军也很恐慌。因此，杰斐逊通过写作安慰那些真正目睹了巴黎血腥事件的美国人，他们有时会感到害怕。但杰斐逊认为，他们也需要"慢慢消化而且如果他们能像巴黎人那样迅速回归正常的生活，就会快乐起来"。[70] 像杰斐逊这样的革命者认为，每一代人有权造就属于自己的共识、习俗和法律。杰斐逊先是在巴黎工作了几年，又做了美利坚合众国的总统，数年过后，他写道，任何组建和治理一个崭新共和国的试验"都不会比我们现在的试验更有趣，而且我们相信这场试验最终会明确一个事实，即我们现在是用理性和信任来治理共和国的"。[71] 他讲的这段话非常符合其哲学家的身份。

日耳曼大地

在德语地区和荷兰语地区，人们对法国大革命的反应有很大的不同。德意志地区由王公贵族管辖，即便是其中最具自由主义精神的萨克森－魏玛－艾森纳赫（Saxe-Weimar and Eisenach）这样的小公国，也没有正式表示对法国大革命的支持。公国甚至通过将当地监狱中的囚犯卖给英国人来赚钱，而英国人则让他们成为士兵参与英属北美殖民地的作战。诗人歌德作为政府的官员，积极参与了这场交易。公国实行绝对主义君主制，革命是不被准许的政治活动。即使在魏玛，政府也竭力避免民众接触革命思想，在法国大革命之后尤为如此。[72]

在德语地区，激进秘密组织光明派的出现及其在1786—1787年发表的秘密文件，为这种反应奠定了基础。德意志诸国当局歇斯底里的反应与早在1789年秋法国大革命的反对者表现出的日益增长的恐怖情绪融合在了一起，认为法国大革命是哲学家和共济会秘密策划的阴谋所致。我们已经见识了苏格兰的约翰·罗比森是如何利用这种阴谋论（见本书第五章），并使其成为当今极右政治哲学不可磨灭的一部分的。实际上，我们目前认为整个德意志地区大约只有600名光明派成员。必须再重复一遍：阴谋论从来不以事实为依据。

魏玛公国还担心好战的法国人会发动入侵，这种担心特别严重，因为当地的农民和学生开始表现出自己对法国大革命的好感。有关部门对新闻界和大学采取了各种镇压手段，而不满情绪基本上转入了地下。很明显，德意志诸国当局（例如普鲁士和萨克森）都很担心，在魏玛，公爵甚至找来歌德撰文反对革命。[73]魏玛的知识分子并没有一致反对革命，但是在这样的情况下，他们行事非常低调。

像汉堡这样的独立港口城市开始对法国发生的一系列事件表现出相对开放的态度。期刊《密涅瓦》（*Minerva*）在当地创刊，它刊登法国和法属加勒比的新闻，并讨论一些经济问题，所有这些都是汉堡的商人们所关心的。18世纪90年代，德意志的期刊呈爆发式的增长状态，已经超过了一千种。很多供稿人（如弗里德里希·席勒）试图维持自己的审美品位，并完全规避政治话题。他们的德意志启蒙主义前辈早就在政治上摆出了这种缺席姿态。但是也有人冒险声援巴黎爆发的一系列事件，至少在1793年9月路易十六被处决之前是这样的。

在法国大革命爆发前的数十年里，德语地区的各个邦国都在启蒙主义原则的激励下进行了改革。在1776年的哈布斯堡帝国，玛丽亚·特蕾莎皇后废除了在司法审讯中使用酷刑的做法，这一举措受到了其改革派国务大臣文策尔·考尼茨亲王（Prince Wenzel Kaunitz）的支持，亲王直接受到了意大利哲学家贝卡里亚著作的影响。贝卡里亚于 1764 年出版的《论犯罪与刑罚》成了所有认为欧洲的监狱和酷刑是野蛮行径的人的理论依据。考尼茨和特蕾莎皇后（于 1780 年去世）在哈布斯堡的领地上开启了改革和建设计划，对象包括奥属尼德兰（今天的比利时）。皇后的儿子——约瑟夫二世继承了这些开明的举措。[74]

约瑟夫二世（于 1790 年去世）成了所谓的"开明专制"的典范。尽管这一表述存在很多内在的矛盾，但它体现了约瑟夫二世的思想方针以及他想将启蒙运动带到哈布斯堡领土的愿望。在这一行动中，他得到了维也纳共济会及其西欧弟兄的帮助。[75] 约瑟夫二世对有限的宗教宽容和放宽审查制度的本心唤起了下层阶级类似的冲动——他们对教士阶层和贵族的特权及傲慢感到不满。正如我们所见，在那不勒斯，卡罗利娜王后（Queen Caroline）也利用共济会来加强宫廷的权力，并使其与哈布斯堡家族的利益关系保持一致。在米兰，约瑟夫二世的改革使非宗教人士在教育系统中拥有了特权，并更重视对有志于从事法律和医学等自由职业的学生的教育。[76]

接着，法国大革命爆发了。这场革命的影响波及整个哈布斯堡帝国，尤其是匈牙利。甚至农民也对巴黎传来的消息做出了反应，反对教宗、反对教士和贵族特权的小册子如开闸的洪水一般涌了出来。在约瑟夫二世看来，自己别无选择，因为他目睹鞋匠、裁缝和厨娘都站在了反对特权的一边，只得放弃这场开明改革。早在法国大革命之前，在哈布斯堡帝国西部，就酝酿着一场风暴，1787 年布鲁塞尔果然爆发了革命。在那一年或稍早之前，约瑟夫二世就命令秘密警察严加戒备，在他于

1790年去世时，对启蒙精神的弹压已经成了常态。

约瑟夫二世的继任者利奥波德二世（Leopold II）试图恢复比利时的公共秩序，他在加强君主制的同时，也试图维持农民对贵族权力的反对势头。一位匈牙利教授在此效力时对利奥波德的政策进行了总结："在大量血腥暴力事件之后，美国人和法国人颁布了一系列善法。陛下也颁布了一系列善法，所有开明人士都对此表示钦佩……没有爆发任何革命。"[77] 随着利奥波德二世限制了警察的秘密活动，启蒙运动又重新回到了政治议程上。1792年，利奥波德二世去世，他的儿子弗朗茨二世（Francis II）继位，他再次放弃了开明专制的政策。法国军队已经向低地国家推进，奥地利对法国的战争已不可避免。推行审查制度、动用秘密警察、关闭独立报刊成了当下的主流操作。

到了1793年，共济会已经停止了集聚活动。当时，反对派团体的活动不得不改为私下会面，他们传阅托马斯·潘恩《人的权利》的法译本，唱着法国大革命的歌曲，而民主小册子的手抄本也在革命的同情者之间流传，卢梭的《社会契约论》被翻译成了匈牙利语。警察部认为，当奥地利军队在法国人那里接连遭遇失败时，雅各宾派已经策划出了一场阴谋。1794年夏天，警方对想象中的雅各宾派人士进行了打击。任何被怀疑为无神论者的人都会被逮捕、警告，有时则会遭到鞭打或是被投入大牢。1795年，匈牙利法庭判处18名"雅各宾派分子"绞刑，无论是在帝国的奥地利，还是匈牙利，都有大量的人被判处监禁。在哈布斯堡帝国，反启蒙主义已经取得了胜利。

260

那不勒斯的动荡局势

值得一提的是，卡罗利娜王后是奥地利人，是法国国王的妻子玛丽·安托瓦内特（Marie Antoinette）的妹妹，她的姐姐于 1793 年 10 月被送上断头台，这是有名的大事件。对于巴黎发生的一系列事件，那不勒斯宫廷比欧洲的其他任何一个地方都要震惊。随着消息从法国传来，当地王家警察和间谍的数量激增，当局对民众的监视力度也大大加强，这尤其适用于那些法国大革命的同情者。然而不知为什么，《人的权利》的意大利语版本开始流传，而那不勒斯宫廷则拒绝接待来自法兰西共和国的新大使。法国派出一支舰队到那不勒斯港，要求当局做出解释，那不勒斯只好接受法国的要求。

镇压行动再次开始，但人们也组建了各种社团，高呼"不自由，毋宁死"，甚至"不共和，毋宁死"。秘密法官开庭，数十人被捕，三名年轻的学生被判处死刑。在那不勒斯宫廷支持下，恐怖统治开始了，不出所料，这激起了一场激烈的反抗。拿破仑和他的军队将法国大革命带到了那不勒斯。法国大革命的支持者们宣布成立共和国，在很短的一段时间内，那不勒斯似乎有机会成为欧洲的第二个新式共和国。接着，纳尔逊子爵指挥的英国舰队抵达了那不勒斯。1799 年底，那不勒斯共和国便不复存在，法国人战败，英国人和奥地利人取得了胜利。意大利的启蒙运动也遭遇了同样的命运，至少在某段时间内被挫败了。

261

荷兰共和国

自 1648 年正式从西班牙脱离后，荷兰共和国一直是一个独立的国家，直到它 1795 年被法国革命军侵占。1813 年，法国才从荷兰撤军，在之后召开的维也纳会议上，奥兰治家族恢复了君主制，取代了本来就较为脆弱的省督制度。荷兰 18 世纪的经济史也展示了其从 17 世纪的繁荣时代［即所谓的"黄金时代"（*Gouden Eeuw*）］开始，就一直在走下坡路。

我曾在其他地方论述过，启蒙运动始于 17 世纪末的英国和荷兰共和国。这两个地区的出版环境相对自由，为出版斯宾诺莎、霍布斯和洛克所撰写的基础理论性文本提供了可能。特别值得一提的是，荷兰的出版社专门从事秘密出版，出版的作品从淫秽色情读物到亵渎神明的著作无所不包。然而，1750年之前的这种文化活力到了18世纪下半叶却消失了。荷兰在大西洋的贸易额急剧下降，自1747年至1748年的革命爆发时起，不稳定因素阻挠了共和国的发展。就像法国和德意志的改革者一样，荷兰的开明之声开始对帝国主义表示厌恶。1769年，欧诺·兹维尔·范哈伦（Onno Zwier van Haren）的剧作《万丹苏丹阿贡》（*Agon, Sultan van Bantam*）将荷兰东印度公司（VOC）设定为反派；对各帝国及其在殖民地的全部作为都充满敌意。[78] 在这部剧作问世前后的十年时间里，共和国内普遍存在的不满情绪甚至引起了外国游客的关注。

　　1787年爆发的一次起义本来可以从根本上改变这个国家，但却被普鲁士的入侵打断了。[79] 起义的领袖们——所谓"爱国者"（*Patriotten*）——流亡法国，他们中的很多人后来随着法国的胜利之师回到了荷兰。他们最先是受到了美国独立战争的启发，然后是法国大革命，无论他们关于革命有怎样的分歧，但他们始终忠于革命原则。

262

　　在这些流亡法国的"爱国者"当中，J.A.克雷延肖特（J. A. Craÿenshot）曾经在阿姆斯特丹著名共济会会所"贤友社"（La Bien Aimée）做过演说人。他曾经出版过观点激进的反对奥兰治派的小册子，他的共济会弟兄都是跨国商人、商船船长、银行家、外科医生、教授或艺术家。这间会所定是一处非常了不得的聚会场所。当时还默默无闻的让·保尔·马拉（Jean Paul Marat）和即将名声大噪的贾科莫·卡萨诺瓦（Giacomo Casanova）都是这间会所的访客，除他们以外，还有很多来自费城、爱丁堡和莫斯科的访客。这个会所内的各种演讲都能体现出他们对自由的热爱。1782年，这间会所与他们的美国同仁缔结了协约。十三年后，当法国军队入侵荷兰时，他们唱着《马赛曲》前去迎接。从阿姆斯特丹到巴黎的这条城市走廊，先是见证了启蒙运动，然后又拥抱了美国和法国的民主革命。[80]

尾 声

18 世纪思想领域的发展对人类社会产生了深远的影响，但其在各地产生的效果却并不总是统一的。启蒙运动在荷兰共和国的命运就与德语地区和意大利语地区的情况大不相同。在某些地方，启蒙精神得以在 18 世纪 90 年代及以后的镇压中幸存，因而更有可能催生出民主政体。如果我们把目光投向 20 世纪及以后，与欧洲德语地区和意大利不同的是，荷兰几乎不存在纳粹主义和法西斯主义的土壤。

启蒙运动的意义主要体现在 18 世纪政治结构和个人生活的转变上，这在 18 世纪最后二十五年的思想和生活中体现得最为明显。莱辛和赫尔德告诉他们的读者要"看世界"，看看由弟兄情谊取得的各种成就。杰斐逊痛斥神职人员的权术；富兰克林则着手建立一种新的道德意识。在伦敦，一位论派教会改革了礼拜仪式，以表达对英国圣公会教阶制和正统观念的普遍不满。[1]数十年前，伏尔泰曾对一位论派的理智信仰表示拥护。他无法想象像民主这样荒谬的东西；然而，到了 18 世纪 60 年代，卢梭在表达他的民主愿景时，几乎没有任何犹豫。到了 18 世纪 70 年代，美洲殖民地爆发了革命，启蒙人士很清楚，西方世界也会迎来这样一场实验。

从 17 世纪 80 年代晚期，一直到 18 世纪 90 年代，各类人士都试图打破传统，为教会和国家中的绝对主义寻找替代方案。像伊莎贝拉·德·穆尔洛斯（见本书第三章）这样的人几乎是在偶然的情况下才出现的。在 18 世纪初的荷兰共和国，她在学校教书，但对当地的神职人员投以冷眼，并热情洋溢地写下了提倡性自由的文章。她因此被抓进监狱，几乎被逼疯。数十年后，在荷兰共和国，胡格诺派流亡者让·鲁塞·德梅西成了一名革命者，在经历了 1747 年至 1748 年的一系列事件之后，他遭到流放。像英国、美国和法国的革命者一样，他援引约翰·洛克的观点为自己的反抗斗争辩护。[2] 意大利的共和主义理论家菲兰杰里曾写信给富兰克林，表示希望去往新生的合众国，这样他就可以协助其发展建设；几年之后，爱尔兰的激进主义者和共和主义者成批涌向那里，很多人留了下来。

当时和现在一样，政治往往是私人话题。寻求替代绝对君主制及其教会的人遍及市民社会的各个角落，活跃在大大小小的咖啡馆、沙龙、饮食俱乐部和共济会会所里。在那里，他们可以找到同道中人、好斗之士，甚至还有乖忤之徒和颠覆分子。更重要的是，这些场所都免费提供报纸和期刊。18 世纪最终以各地纷纷爆发的革命画上了句号——布鲁塞尔、阿姆斯特丹、巴黎、贝尔法斯特、都柏林、那不勒斯——这些革命使人们的注意力集中在建立新制度、颁布新法律、孕育新希望、追求新梦想上。所有革命都关注的是此时此世。罪恶、地狱和救赎变得更为虚幻，或者说人们不再那样迫切地关注这些要素。对城市地区受到教育、有工作的人而言，消费变得更加容易；无论是书籍，还是用来衡量阅读时间的钟表，种类都比以前更加丰富。一些人意识到，可以蔑视神职人员，也可以不去教堂，哪怕是去了教堂也可以只欣赏它的建筑之美；甚至连伟大的一神论宗教的创始人都可以被讥讽。到了 1800 年，与 1700 年相比，有关地球空间和时间的神迹、圣徒故事和预言出现得更少了。世俗元素——我们仍生活在其中——已经变得无孔不入，甚至令有宗教信仰的人反感。19 世纪，美国的新教福音派信徒仍然渴望着一次"大觉醒"，恢复其与上帝之间的"契约"。18 世纪的启蒙思想家尽管存在各种分歧，但在面对宗教组织和执行教会法则的教士时，都带有一种普遍的不信任。在此，我们试图回顾他们的思想脉络以及产生这种思想的社会和政治背景。这一历史性的叙述不是为了回到过去，而是为了把世俗启蒙运动的精神瑰宝带到未来。

约翰·亚当斯（Adams, John）：美国政治家、律师和政治理论家。美国第二任总统。

塞缪尔·亚当斯（Adams, Samuel）：美国政治家、政治哲学家。美国开国元勋之一。

米歇尔·阿丹森（Adanson, Michel）：18世纪法国植物学家和博物学家。

托马斯·艾肯海德（Aikenhead, Thomas）：一位原籍爱丁堡的苏格兰学生。英伦三岛最后一位因渎神罪被处决的人。

阿那克里翁（Anacreon）：古希腊抒情诗人。

约翰·安德森（Anderson, John）：苏格兰自然哲学家和自由主义教育家。工业革命时期科技应用领域先驱。

圣托马斯·阿奎那（Aquinas, St. Thomas）：意大利多明我会修士，天主教教士和圣师(Doctor of the Church)。

玛丽亚安杰拉·阿丁盖利（Ardinghelli, Mariangiola）：意大利牛顿学说追随者，翻译过英国牛顿学者斯蒂文·黑尔斯的著作，后来成为巴黎科学院的一名非正式（但十分重要的）联络人。

亚里士多德（Aristotle）：古希腊哲学家。

彼得·弗里德里希·阿尔佩（Arpe, Peter Friedrich）：德国律师、历史学家和法学作家。

阿奇博尔德·亚瑟（Arthur, Archibald）：苏格兰启蒙主义哲学家。活跃于格拉斯哥大学，先是担任托马斯·里德的助理，后于1796年开始他的教学生涯。

弗朗西斯·培根（Bacon, Francis）：英国哲学家和科学家。科学方法论的推动者。他的《新工具》(*Novum Organum*)是欧洲科学革命中的一部重要著作。

卡尔·弗里德里希·巴赫特（Bahrdt, Carl Friedrich）：德国圣经学者、神学家和辩论家，是当时颇具争议性的人物。

爱德华·班克罗夫特（Bancroft, Edward）：内科医生和药剂师，出生于美国。在美国独立战争期间，他是双面间谍，同时为美国和英国的谍报系统工作。

奥古斯丁·巴吕埃（Barruel, Augustin）：法国舆论家、耶稣会士。因其记述雅各宾派历史的回忆录而闻名，该书认为法国大革命是一场由秘密会社策划并推动的阴谋。

劳拉·巴斯（Bassi, Laura）：意大利物理学家和学者。欧洲第一位女性大学毕业生和教授，她推动了牛顿学说在意大利的传播。

安德鲁·巴克斯特（Baxter, Andrew）：苏格兰形而上学者。

皮埃尔·培尔（Bayle, Pierre）：法国哲学家、胡格诺派流亡者和作家，因其著作《历史批判词典》而闻名于世。

切萨雷·贝卡里亚（Beccaria, Cesare）：意大利犯罪学家、法学家、哲学家和政治家。其代表作是《论犯罪与刑罚》，这一著作批判了酷刑和死刑。

托马斯·贝德多斯（Beddoes, Thomas）：英国内科医生和科学作家。

巴尔萨泽·贝克（Bekker, Balthazar）：荷兰牧师、哲学家和神学家，在其最知名的著作《中了魔的世界》（*De Betoverde Wereld*）中，捍卫理性，抨击了迷信思想。

教宗本笃十四世（Benedict XIV, Pope）：原名普罗斯佩罗·洛伦佐·兰贝蒂尼（Prospero Lorenzo Lambertini)）：1740年至1758年任罗马教宗，在其任期内推动了科学研究工作。

安东尼·贝尼泽（Benezet, Anthony）：法国胡格诺派改革家。他还是废奴主义者和教育家，主要活跃于费城，创办了"拯救受到非法奴役的自由黑人协会"（the Society for the Relief of Free Negroes Unlawfully Held in Bondage），该协会是世界上最早的废奴组织之一。

理查德·本特利（Bentley, Richard）：英国古典学家和神学家。剑桥大学三一学院院长。

托马斯·本特利（Bentley, Thomas）：英国瓷器制造商，以其与约西亚·韦奇伍德的伙伴关系而出名。

雅克·贝尔纳（Bernard, Jacques）：活跃在荷兰的法国神学家和辩论家。

让·弗雷德里克·贝尔纳（Bernard, Jean Frederic）：法国作家、翻译家。

约瑟夫·布莱克（Black, Joseph）：苏格兰内科医生和化学家。因发现镁、潜热、比热和二氧化碳而闻名于世。

威廉·布莱克（Blake, William）：英国诗人、画家和版画家，生前默默无闻，如今被公认为英国浪漫主义的开创性人物。

让-巴蒂斯特·德·布瓦耶（阿尔让侯爵）（Boyer, Jean-Baptiste de）：法国哲学家和作家。

罗伯特·波义耳（Boyle, Robert）：盎格鲁-爱尔兰自然哲学家和科学家，被公认为第一位现代意义上的化学家。

乔尔丹诺·布鲁诺（Bruno, Giordano）：出生时名为菲利波·布鲁诺（Filippo Bruno）。意大利多明我会修士、哲学家、数学家和诗人，被天主教会处以火刑。

埃德蒙·伯克（Burke, Edmund）：爱尔兰政治家、作家、政治理论家和哲学家。英国下议院辉格党成员。

乔治·戈登·拜伦（拜伦勋爵）（Byron, George Gordon）：英国贵族、诗人和浪漫主义运动的领袖人物。

269

让·卡拉（Calas, Jean）：法国商人。他是一位在天主教法国被判处死刑的新教徒，是宗教不宽容的受难者。

贾科莫·卡萨诺瓦（Casanova, Giacomo）：意大利冒险家、社会评论家和批评家。其著作《我的一生》（*Story of My Life*）被视为有关 18 世纪欧洲社会生活风俗和准则的最真实的资料来源之一。

恩斯特·卡西尔（Cassirer, Ernst）：德国新康德主义哲学家。试图将唯心主义科学哲学理论化。

让-安托万·沙普塔（Chaptal, Jean-Antoine）：法国化学家、内科医生、农学家、政治家和慈善家。

沙特莱夫人（Châtelet, Madame du）：法国自然哲学家、数学家和物理学家，因翻译牛顿的《自然哲学的数学原理》而闻名。

塞缪尔·克拉克（Clarke, Samuel）：英国哲学家和圣公会教士。

罗伯特·克雷格霍恩（Cleghorn, Robert）：苏格兰内科医生和药理学家。

约翰·克利兰（Cleland, John）：英国作家。

塞缪尔·泰勒·柯勒律治（Coleridge, Samuel Taylor）：他被公认为英国最著名的浪漫主义诗人。

安东尼·科林斯（Collins, Anthony）：英国哲学家，自然神论的推动者。

安东尼奥·席内拉·孔蒂（Conti, Antonio Schinella）：以其宗教头衔"孔蒂修道院院长"为人所知。意大利作家、翻译家、数学家、哲学家和物理学家。

J. A·克雷延肖特（Crayenshot, J. A）：阿姆斯特丹共济会成员。

威廉·库伦（Cullen, William）：苏格兰内科医生和化学家。爱丁堡医学院最重要的教授之一。

路易丝 – 苏珊娜·屈尔绍（Curchod, Louise–Suzanne）：法瑞沙龙组织者和作家，是法国旧制度时期最负盛名的沙龙活动的主办人。她是财政大臣雅克·内克尔的妻子，斯达尔夫人的母亲。婚后改名为"苏珊娜·内克尔"。

威廉·丹皮尔（Dampier, William）：英国探险家和航海家。他是第一个在澳大利亚进行探险活动的英国人，也是第一位完成三次环球航行的航海家。

伊拉斯谟·达尔文（Darwin, Erasmus）：英国内科医生、自然哲学家和废奴主义者。

汉弗里·戴维（Davy, Humphry）：来自康沃尔郡的化学家和发明家。他因首次分离出钾、钠、钙、锶、钡、镁、硼等一系列物质而为世人铭记。

托马斯·戴（Day, Thomas）：英国作家和废奴主义者，因其著作《桑福德与墨顿的故事》（*The History of Sandford and Merton*）而闻名，该书着重讨论了卢梭的教育理念。

乔凡尼·德·贝内迪克提斯（De Benedictis, Giovanni）：那不勒斯耶稣会士，又名贝内代托·阿莱提诺（Benedetto Aletino），那不勒斯学院的哲学教授。

路易丝·德皮奈（德皮奈夫人）（d'Épinay, Louise）：出身于上流社会，法国作家、沙龙组织者。

雅克·德里达（Derrida, Jacques）：法国哲学家，以其解构主义分析方法闻名，是后结构主义和后现代主义哲学的主要代表人物之一。

德札古利埃（Desaguliers）：出生于法国的英国自然哲学家、教士、工程师和共济会成员，1714 年作为艾萨克·牛顿的实验室助理入选皇家学会。

蒂尔·博纳旺·德佩里耶（Des Périers, Bonaventure）：

270

法国作家。

约翰·杜威（Dewey, John）：美国哲学家。他的思想对教育和社会改革产生了深远影响。

保尔－亨利·提利·霍尔巴赫（男爵）（D'Holbach, Paul-Henri Thiry）：法德作家、哲学家、《百科全书》编纂者。本名保罗·亨利希·迪特利希（Paul Heinrich Dietrich），是法国启蒙运动中的代表人物。

塞缪尔·迪金森（Dickenson, Samuel）：英国牧师和植物学家。

德尼·狄德罗（Diderot, Denis）：法国哲学家。最著名的作品是（与让·勒朗·达朗贝尔合编的）《百科全书》。《百科全书》对当时全世界的知识进行了汇总。

罗伯特·多兹利（Dodsley, Robert）：英国书商、诗人和剧作家。

威廉·德雷南（Drennan, William）：爱尔兰内科医生、诗人和政治激进分子。爱尔兰人联合会（Society of United Irishmen）的主要缔造者之一。

亨利·迪朗斯（DuLaurens, Henri）：一位被开除神职的法国神父，后成为政治讽刺作家和小说家。

安娜－玛格丽特·杜努瓦耶（Dunoyer, Anne-Marguerite）：18 世纪初著名记者。

大卫·杜兰德（Durand, David）：来自法国的胡格诺流亡者，后成为英国牧师和历史学家。

乔治·戴尔（Dyer, George）：英国古典主义者、诗人和编辑。

尤斯图斯·范埃芬（Effen, Justus van）：荷兰作家，主要用法语写作，其作品也对荷兰文学做出了重大贡献。

罗伯特·埃米特（Emmet, Robert）：爱尔兰民族主义者、共和主义者、演说家和起义领导人。1893 年，他领导反英起义失败被捕，并被以叛国罪处死。

爱比克泰德（Epictetus）：希腊斯多葛派哲学家。

萨伏依的欧根亲王（Eugene of Savoy, Prince）：奥地利大公国和神圣罗马帝国陆军元帅、政治家。

约翰·伊夫林（Evelyn, John）：英国作家和日记作家。当时能与之匹敌的是塞缪尔·佩皮斯，后者也记述了 17 世纪的英国社会风貌。

玛丽·伊夫林（Evelyn, Mary）：约翰·伊夫林之女，被认为是《女性世界》（*Mundus Muliebris*）的真正作者。

亚当·弗格森（Ferguson, Adam）：苏格兰启蒙运动时期的哲学家和历史学家。

加埃塔诺·菲兰杰里（Filangieri, Gaetano）：意大利法学家和哲学家。

塞拉菲诺·菲兰杰里（Filangieri, Serafino）：意大利大主教。

约翰·赖因霍尔德·福斯特（Forster, Johann Reinhold）：苏格兰裔，加尔文派牧师和博物学家，对早期鸟类学研究做出了贡献，并和詹姆斯·库克一起完成了第二次环太平洋航行。

奥古斯特·赫尔曼·弗兰克（Francke, August Hermann）：德国路德派教士、慈善家和圣经学者。

本杰明·富兰克林（Franklin, Benjamin）：美国百科全书式的全才，美国的奠基人之一。

弗里德里希三世（Frederick III）：第一任普鲁士王国国王（1701—1713），勃兰登堡选帝侯。

弗里德里希大王（Frederick the Great）：普鲁士王国国王，1740 年至 1786 年在位，启蒙运动时期的艺术赞助者。

弗里德里希·威廉一世（Frederick William I）：1713 年

直至去世，一直是普鲁士王国国王和勃兰登堡选帝侯。弗里德里希大王的父亲。

尼古拉·弗雷列（Fréret, Nicolas）：法国学者。

本杰明·弗利（Furly, Benjamin）：英国贵格派商人，约翰·洛克之友。

修道院院长让-克洛德·盖姆（Gaime, Abbé Jean-Claude）：被认为是卢梭作品中"萨瓦省的牧师"的原型。

塞莱斯蒂诺·加利亚尼（Galiani, Celestino）：意大利大主教。

费迪南多·加利亚尼（Galiani, Ferdinando）：也被称为修道院院长加利亚尼。意大利经济学家。

伽利略·伽利雷（Galileo, Galilei）：意大利百科全书式的全才。与哥白尼、开普勒和牛顿一样，是自然哲学向现代科学过渡时期的核心人物。

皮埃尔·伽桑狄（Gassendi, Pierre）：法国哲学家、神职人员、天文学家和数学家。其观点与同时代的笛卡儿针锋相对，试图将伊壁鸠鲁的原子论与基督教教义相调和。

彼得·盖伊（Gay, Peter）：出生于德国，在纳粹势力上台后出逃美国，是当时最重要的欧洲历史学家之一。

安东尼奥·杰诺韦西（Genovesi, Antonio）：意大利作家、哲学家和政治经济学家。

吉安诺内·加诺内（Giannone, Pietro）：意大利历史学家，曾与天主教会和教宗发生公开冲突。

威廉·葛德文（Godwin, William）：英国记者、政治哲学家和小说家。被认为是功利主义最早的倡导者之一，也是现代第一个无政府主义者。在其著作《关于政治正义的调查和事物的本来面目：威廉·葛德文历险记》（*An Enquiry Concerning Political Justice and Things as They Are; or, the Adventures of Caleb Williams*）中，他抨击了当时的政治制度和阶级结构。

约翰·沃尔夫冈·歌德（Goethe, Johann Wolfgang）：德国作家、政治家。

约翰·梅尔希奥·格策（Goeze, Johann Melchior）：德国路德派牧师、神学家。

约翰·戈特舍德（Gottsched, Johann）：德国哲学家和文学批评家。

路易丝·戈特舍德（Gottsched, Luise）：德国诗人、剧作家和散文家，德国现代喜剧的奠基人之一。

大卫·格雷戈里（Gregory, David）：苏格兰数学家和天文学家。曾任爱丁堡大学数学教授，后担任牛津大学天文学教授。他是牛顿的追随者。

弗里德里希·梅尔希奥·格林（Grimm, Friedrich Melchior）：冯·格林男爵 (Baron von Grimm)，出生于德国的法语记者、艺术批评家、外交官，也是狄德罗《百科全书》的撰稿人，其美学思想的影响尤为深远。

胡果·格劳秀斯（Grotius, Hugo）：荷兰法学家。在以自然法为基础的国际法的建设过程中起到了奠基作用。

尼古拉·格德维尔（Gueudeville, Nicolas）：之前是法国本笃会僧侣，被解除神职后成了记者和历史学家。

阿尔布雷希特·冯·哈勒（Haller, Albrecht von）：瑞士解剖学家、生理学家、博物学家和诗人。常被称为"现代生理学之父"。

约翰·格奥尔格·哈曼（Hamann, Johann Georg）：德国哲学家，其著作在德国前浪漫主义时代（pre-Romantic）的"狂飙突进运动"中有很大的影响力。

欧诺·兹维尔·范哈伦（Onno Zwier van Haren）：荷兰

政治家、剧作家。

大卫·哈特利（Hartley, David）：英国哲学家，创立了联想主义心理学。

约瑟夫·海顿（Haydn, Joseph）：奥地利古典音乐作曲家，被公认为"交响乐之父"。

格奥尔格·威廉·弗里德里希·黑格尔（Hegel, Georg Wilhelm Friedrich）：德国哲学家，德国唯心主义重要人物。

克洛德·阿德里安·爱尔维修（Helvétius, Claude Arien）：法国哲学家、唯物主义者和共济会成员。

路易·埃内邦（Hennepin, Louis）：罗马天主教教士，方济各会改革派传教士，曾探索至北美腹地。

约翰·戈特弗里德·冯·赫尔德（Herder, Johann Gottfried von）：出生于虔诚的路德派家庭，后来成为这一时期德国最有影响力的知识分子之一。

托马斯·霍布斯（Hobbes, Thomas）：现代政治理论的创立者。霍布斯经历了英国内战，其最重要的著作为《利维坦》（1651 年）。

威廉·贺加斯（Hogarth, William）：英国画家、版画家和社会批评家。

亨利·霍姆（Home, Henry）（卡姆斯法官）：苏格兰法官、哲学家和作家。苏格兰启蒙运动的中心人物，爱丁堡哲学学会成员。

乔治·霍恩（Horne, George）：英国教士、作家和大学行政管理人员。

大卫·休谟（Hume, David）：苏格兰经验主义哲学家、历史学家和散文家。他是苏格兰启蒙运动的代表人物。

弗朗西斯·哈奇森（Hutcheson, Francis）：爱尔兰哲学家。出生于苏格兰长老会家庭，后来成为苏格兰启蒙运动的主要人物之一。

约翰·哈钦森（Hutchinson, John）：高派圣公会教士。

詹姆斯·赫顿（Hutton, James）：苏格兰地质学家、内科医生和博物学家。被认为是"现代地质学之父"，他为地质学做出了奠基性的贡献，包括提出"均变论"，即通过地质年代的自然进程来解释地壳的特征。

克里斯蒂安·惠更斯（Huygens, Christiaan）：日记作家和科学家，是威廉三世的支持者。

康斯坦丁·惠更斯（1596—1687）：荷兰诗人、作曲家和国务秘书。

弗里德里希·海因利希·雅各比（Jacobi, Friedrich Heinrich）：德国哲学家和作家，使"虚无主义"深入人心。

乔治·贾丁（Jardine, George）：苏格兰牧师、哲学家、学者和教育家。

托马斯·杰斐逊（Jefferson, Thomas）：美国开国元勋之一、第三任总统。

塞缪尔·约翰逊（Johnson, Samuel）：极具影响力的英国作家和诗人。

约瑟夫二世（Joseph II）：约瑟夫·本尼迪克特·安东·米夏埃尔·亚当（Joseph Benedikt Anton Michael Adam），1765 年至 1790 年为神圣罗马帝国皇帝，1780 年至 1790 年也是哈布斯堡领地的国王。

伊曼努尔·康德（Kant, Immanuel）：德国哲学家，现代哲学的中心人物。对启蒙运动做出了"人类脱离自己所加之于自己的不成熟状态"这一著名的总结。

安东·文策尔·考尼茨（Kaunitz, Wenzel Anton）：即文策尔·考尼茨亲王，哈布斯堡王朝时期奥地利和捷克的外交官、政治家。开明专制的强力推动者。

约翰·凯尔（Keill, John）：苏格兰数学家、学者和作家。牛顿的一位重要门生。

奥古斯特·冯·科策布（Kotzebue, Augustus von）：德国戏剧家和作家，同时，在俄国和德国从事领事工作。

让·巴蒂斯特·拉巴（Labat, Jean Baptiste）：法国教士、植物学家和探险家。他曾在加勒比海的法国属地上开展传教活动。

约瑟夫·拉菲托（Lafitau, Joseph）：法国耶稣会士和博物学家。在加拿大活动。

约翰·约阿希姆·朗格（Lange, Johann Joachim）：德国新教神学家和哲学家。

安托万·拉瓦锡（Lavoisier, Antoine）：法国贵族、化学家。被认为是"现代化学之父"。

乔治－路易·勒克莱尔（Leclerc, Georges Louis）：即布丰伯爵，法国博物学家和数学家。他的作品影响了接下来两代的博物学家，包括让－巴蒂斯特·拉马克（Jean-Baptiste Lamarck）和乔治·居维叶（Georges Cuvier），其最重要的著作是《自然史》（*Histoire Naturelle*）。

戈特弗里德·威廉·莱布尼茨（Leibniz, Gottfried Wilhelm）：德国百科全书式的哲学家，在牛顿学说之外，发展出了一套独立而完备的微积分算法。

戈特利布·冯·莱昂（Leon, Gottlieb von）：奥地利作家、图书馆管理员。

戈特霍尔德·埃弗拉伊姆·莱辛（Lessing, Gotthold Ephraim）：德国作家、哲学家和艺术批评家。被认为是德国最杰出的戏剧作家。

夏尔·勒维耶（Levier, Charles）：活动在海牙的地下出版商，曾以《斯宾诺莎的生平与精神》为名首次出版《论三个冒名顶替者》（1719）。"禧年骑士"成员。

约翰·洛克（Locke, John）：英国哲学家和内科医生。被公认为是启蒙运动及政治自由主义传统中最有影响力的人物之一。

路易十四（Louis XIV）：法国国王，被称为"太阳王"，其统治时期为 1643 年至 1715 年。

理查德·洛威尔·埃奇沃思（Lovell Edgeworth, Richard）：英裔爱尔兰政治家、作家和发明家。

尼科洛·马基雅维利（Machiavelli, Niccolò）：意大利文艺复兴时期的政治哲学家和历史学家。

科林·麦克劳林（Maclaurin, Colin）：苏格兰数学家，为几何学和代数学做出了卓越贡献。

詹姆斯·麦迪逊（Madison, James）：美国政治家、开国元勋之一，《美国宪法》（the U.S. Constitution）最重要的起草人之一。

伯努瓦·德·马耶（Maillet, Benoît de）：法国外交官和自然史学家。提出进化假说，解释地球及其内部物质的起源。

托马斯·马尔萨斯（Malthus, Thomas）：英国教士和学者。其最著名的作品是 1798 年出版的《人口论》（*An Essay on the Principle of Population*），这是一部有关政治经济学和人口学的著作。

让·保尔·马拉（Marat, Jean Paul）：法国政治理论家、内科医生和科学家，是法国大革命期间的激进派记者和政客，并因此闻名。

普罗斯珀·马尔尚（Marchand, Prosper）：法国目录学家、"禧年骑士"成员。

玛丽娅·特蕾莎（女王）（Maria Theresa［Queen］）：1745 年至 1765 年为神圣罗马帝国皇后，1740 年至 1780 年为奥地利女大公。

玛丽·安托瓦内特（1755—1793）：法国大革命爆发之前法国的最后一位王后。在大革命期间被处决。

约翰·马歇尔（Marshall, John）：英国当代历史学家。对约翰·洛克和宗教宽容研究颇丰。

卡尔·马克思（Marx, Karl）：德国哲学家、经济学家、历史学家、政治理论家、社会学家和记者。其著作《共产党宣言》和《资本论》等深受黑格尔影响。

摩西·门德尔松（Mendelssohn, Moses）：德国犹太哲学家。哈斯卡拉运动（即犹太启蒙运动）的开创性人物。

路易－塞巴斯蒂安·梅西耶（Mercier, Louis-Sebastien）：法国剧作家和作家。

约翰·米勒（Millar, John）：苏格兰哲学家和历史学家。曾于1761年至1800年在格拉斯哥大学担任民法教授。

米拉波（伯爵）（Mirabeau［Count］）：法国大革命早期政治领袖。

伊莎贝拉·德穆尔洛斯（Moerloose, Isabella de）：荷兰作家，撰写了一部自传。

约翰·门罗（Monro, John）：英国内科医生、精神病专家。

孟德斯鸠（Montesquieu）：法国文人、政治哲学家。全名为夏尔－路易·德·瑟贡达（Charles-Louis de Secondat），拉布列德及孟德斯鸠男爵（Baron de La Brède et de Montesquieu）。

托马斯·莫尔（Moore, Thomas）：爱尔兰天主教徒、诗人和词曲作家和艺人。

皮埃尔－路易·莫罗·德·莫佩尔蒂（Moreau de Maupertuis, Pierre-Louis）：法国数学家、哲学家和文人。法国科学院院长、普鲁士科学院（the Prussian Academy of Science）首任院长。

沃尔夫冈·阿马德乌斯·莫扎特（Mozart, Wolfgang Amadeus）：奥地利古典音乐作曲家、共济会成员。

卢多维科·安东尼奥·穆拉托里（Muratori, Lodovico Antonio）：意大利历史学家和天主教改革者。其最著名的成就在于发现了《穆拉托里残篇》，这是已知最早的《新约》目录片段。

雅克·内克尔（Necker, Jacques）：出生于日内瓦的银行家，后来成为法国政治家和路易十六的财政总监。

霍雷肖·纳尔逊（Nelson, Horatio）：即纳尔逊子爵，英国皇家海军军官。在拿破仑战争期间，为英国的军事行动发挥了重要作用。

艾萨克·牛顿（Newton, Isaac）：英国物理学家、数学家和天文学家。其著作《自然哲学的数学原理》（1687年）在启蒙运动中具有开创性意义。

安东尼奥·尼科里尼（Niccolini, Antonio）：意大利修道院院长、法学家和学者。托斯卡纳（Tuscany）的文化领袖。

弗里德里希·尼古拉（Nicolai, Friedrich）：德国作家、书商。

让·安托万·诺莱（Nollet, Jean Antoine）：法国教士、物理学家。作为一名神职人员，他也被称为"诺莱修道院院长"。

托马斯·潘恩（Paine, Thomas）：美国政治活动家和政治理论家，出生于英国。美国开国元勋之一，其思想在美国独立战争期间影响深远。

伊利胡·帕尔默（Palmer, Elihu）：美国作家和自然神论者。

埃瓦里斯特·帕尔尼（Palmer, Elihu）：法国诗人。

塞缪尔·佩皮斯（Pepys, Samuel）：英国海军行政长官、议员。他的日记是还原英国复辟时期的最佳史料之一，十分有名。

约翰·佩兹尔（Pezzl, Johann）：德国作家、图书馆管理员。

贝尔纳·皮卡尔（Picart, Bernard）：法国雕刻家。

阿奇博尔德·皮特凯恩（Pitcairne, Archibald）：苏格兰内科医生。

安妮·普伦普特里（Plumptre, Anne）：英国作家和翻译家。

亚历山大·蒲柏（Pope, Alexander）：英国诗人，其最重要的贡献是翻译了《荷马史诗》。他还是一位伟大的文体家，在《牛津英语引用语大辞典》中，是仅次于莎士比亚的被引用次数最多的作家。

理查德·普莱斯（Price, Richard）：威尔士道德哲学家、传道士和数学家。积极投身于各项激进事业，如美国独立战争。

约瑟夫·普里斯特利（Priestley, Joseph）：英国一位论教派神学家、自然哲学家、化学家和政治理论家。据说他是最早发现氧气的人。

塞缪尔·普芬多夫（Pufendorf, Samuel）：德国法学家、政治哲学家、经济学家、政治家和历史学家。

阿尔贝托·拉迪卡蒂·迪·帕塞拉诺（Radicati di Passerano, Alberto）：意大利历史学家、哲学家和自由思想家。

雷纳尔修道院院长（Raynal, Abbé）：本名纪尧姆·托马斯·雷纳尔（Guillaume Thomas Raynal）。启蒙运动时期的法国作家，帝国主义的激烈抨击者。

托马斯·里德（Reid, Thomas）：苏格兰哲学家。大卫·休谟的同时代人，苏格兰常识学派（the Scottish School of Common Sense）的创始人，苏格兰启蒙运动中的重要人物。

埃莉泽·赖马鲁斯（Reimarus, Elise）：德国作家、教育家、翻译家、沙龙组织者。约翰·阿尔伯特·赖马鲁斯（Johann Albert Reimarus）的妹妹，赫尔曼·塞缪尔·赖马鲁斯的女儿。

赫尔曼·塞缪尔·赖马鲁斯（Reimarus, Hermann Samuel）：德国哲学家、自然神论者，对基督教的超自然起源和耶稣基督的神性持否认态度。

马克·米歇尔·雷伊（Rey, Marc Michel）：荷兰联合省极具影响力的出版商。他出版了许多法国哲学家的著作，其中包括让－雅克·卢梭的作品。

玛丽·里奇，沃维克夫人（Rich, Mary, Lady Warwick）：第一代科克伯爵理查德·波义耳（Richard Boyle）与其第二任太太凯瑟琳·芬顿（Catherine Fenton）的第七个女儿。

威廉·罗伯逊（Robertson, William）：苏格兰历史学家、苏格兰教会长老、爱丁堡大学校长。

约翰·罗比森（Robison, John）：苏格兰物理学家和数学家，爱丁堡大学哲学教授。

丹尼尔·罗什（Roche, Daniel）：法国当代社会和文化史学家。

让－雅克·卢梭（Rousseau, Jean-Jacques）：日内瓦法语政治哲学家和作家。他的著作《社会契约论》（1762 年）对启蒙运动和法国大革命影响深远。

让·鲁塞·德梅西（1686—1762）：法国胡格诺派作家和历史学家。

本杰明·拉什（Rush, Benjamin）：美国物理学家、政治家、社会改革家和教育家。美国开国元勋之一。

约瑟夫·赖德（Ryder, Joseph）：18 世纪中期虔敬派新教徒。其日记是这一时期最长的日记作品之一。

277

弗里德里希·席勒（Schiller, Friedrich）：德国诗人、哲学家、医生、历史学家和剧作家，与歌德私交深厚，并在学术思想上联系紧密。

约翰·埃利亚斯·施莱格尔（Schlegel, Johann Elias）：德国批评家和戏剧诗人。

约翰·洛伦兹·施密特（Schmidt, Johann Lorenz）：启蒙运动时期的德国神学家。

威廉·雅各布·斯格拉维桑德（s'Gravesande, Willem Jacob）：荷兰数学家和自然哲学家，通过实验证明了经典力学定律，并因此为人所知。同时，他任莱顿大学教授，在欧洲大陆传播牛顿思想。

里夏尔·西蒙（Simon, Richard）：法国教士和雄辩家。一位极具影响力的圣经批评家。

亚当·斯密（Smith, Adam）：苏格兰经济学家和哲学家。政治经济学先驱，在苏格兰启蒙运动中扮演了重要角色。其最著名的作品有两部：一部是政治经济学著作《国富论》，另一部是道德哲学著作《道德情操论》（The Theory of Moral Sentiments）。

夏洛特·史密斯（Smith, Charlotte）：英国浪漫主义诗人、小说家。

丹尼尔·索兰德（Solander, Daniel）：瑞典博物学家。

罗伯特·骚塞（Southey, Robert）：英国浪漫主义诗人，与威廉·华兹华斯、塞缪尔·泰勒·柯勒律治同属于"湖畔派诗人"。

罗伯特·索思韦尔爵士（Southwell, Sir Robert）：英国外交家，曾任爱尔兰国务秘书，并于1690年至1695年任英国皇家学会会长。

巴鲁赫·斯宾诺莎（Spinoza, Baruch）：荷兰塞法迪 - 葡萄牙裔哲学家，其思想为启蒙运动和现代圣经批评奠定了哲学基础。

亨利·圣约翰（St. John, Henry）：第一代布林布鲁克子爵。英国政治家和政治哲学家。托利派领袖。

斯达尔夫人（Staël, Madame de）：瑞士裔法国女作家。她的作品对欧洲浪漫主义影响深远。

贝尔纳多·塔努奇（1698—1783）：意大利政治家。将开明政府引入卡洛斯三世及其子费迪南多四世的西西里王国。

让·巴蒂斯特·塔韦尼耶（Tavernier, Jean Baptiste）：法国商人、旅行家。路易十四赞助了他的旅行。

杰里米·泰勒（1613—1667）：英国圣公会教士。奥利弗·克伦威尔出任护国公时期的作家。

约翰·特尔韦尔（Thelwall, John）：英国激进派雄辩家和作家。

克里斯蒂安·托马西乌斯（Thomasius, Christian）：德国法学家和哲学家。

拉尔夫·托雷比（Thoresby, Ralph）：英国古物收藏家、皇家学会会员。他被认为是利兹最有影响力的历史学家。

马修·廷德尔（Tindal, Matthew）：英国自然神论作家。

约翰·托兰德（Toland, John）：爱尔兰哲学家。其著作是启蒙运动的早期代表作品。

西奥博尔德·沃尔夫·托恩（Tone, Theobald Wolfe）：爱尔兰革命领袖。爱尔兰人联合会的创立者，1798年爱尔兰起义的领导人。

卢奇利奥·瓦尼尼（Vanini, Lucilio）：意大利哲学家、物理学家和自由思想家。

本杰明·沃恩（Vaughan, Benjamin）：英国政治激进分子。

弗朗哥·文图里（Venturi, Franco）：意大利历史学家和记者。意大利启蒙运动学者，第二次世界大战期间积极参与反法西斯抵抗运动。

皮耶特罗·韦里（Verri, Pietro）：意大利哲学家、经济学家、历史学家和作家。

维托里奥·阿梅迪奥二世（Victor Amadeus II）：1675年至1730年为萨伏依公爵。在都灵有着相当大的文化影响力，重建了都灵王宫及其他建筑。

沃尔内（Volney）：全名"康斯坦丁·弗朗索瓦·德·沙斯伯夫"（Constantin Francois de Chasseboeuf），也即沃尔内伯爵（Count of Volney），法国哲学家、废奴主义者、历史学家和政治家。

伏尔泰（Voltaire）：法国作家和哲学家。推动了牛顿科学在法国的传播。他的全名是弗朗索瓦 – 马里·阿鲁埃（Francois–Marie Arouet）。

西蒙·德弗里斯（Vries, Simon de）：荷兰雕刻家。

格雷戈里·瓦特（Watt, Gregory）：詹姆斯·瓦特和安·麦格雷戈（Ann MacGregor）之子。苏格兰地质学家和矿物学家。

小詹姆斯·瓦特（Watt Jr., James）：苏格兰工程师、商人和活动家。

约西亚·韦奇伍德（Wedgwood, Josiah）：英国陶瓷生产商和企业家，推动了陶器生产的工业化。

克里斯蒂安·赫尔曼·魏瑟（Weisse, Christian Hermann）：德国新教宗教哲学家、莱比锡大学哲学教授。

保罗·怀特海德（Whitehead, Paul）：英国讽刺作家，在臭名昭著的地狱火俱乐部（Hellfire Club）担任秘书。

约翰·怀特赫斯特（Whitehurst, John）：英国钟表匠和科学家，对早期地质学研究做出了重大贡献，是月球社（the

Lunar Society）颇具影响力的成员。

约翰·威尔克斯（Wilkes, John）：英国激进主义者和记者，支持美国独立战争。

大卫·威廉斯（Williams, David）：威尔士哲学家和政治辩论家，同时也是一名牧师。

爱德华·威廉斯（Williams, Edward）：威尔士诗人、古物收藏家和伪作专家。他伪造了大量威尔士文学手稿，在复兴威尔士文化方面发挥了重要作用。

威廉·温德姆（Windham, William）：英国辉格党政治家。

克里斯蒂安·沃尔夫（Wolff, Christian）：德国哲学家和百科全书式的全才。

玛丽·沃斯通克拉夫特（Wollstonecraft, Mary）：英国作家、哲学家和女权主义者。其最有名的作品为 1792 年出版的《女权辩护》（*A Vindication of the Rights of Woman*），主张性别平等。

威廉·华兹华斯（Wordsworth, William）：英国著名浪漫主义诗人。他与塞缪尔·泰勒·柯勒律治合作出版的《抒情歌谣集》（*Lyrical Ballads*）开启了英国文学的浪漫主义时代。

亨利·温德姆（Wyndham, Henry）：英国议会辉格党成员。

亨利·雷德黑德·约克（Yorke, Henry Redhead）：英国作家和激进演说家。

注　释

1　See the opening, "Introduction: Times Like These," in Janet R. Jakobsen and Ann Pellegrini, *Secularisms* (Durham, NC, and London: Duke University Press, 2008). Also see the introduction in Hasse Hämäläinen and Anna Tomaszewska, eds., *The Sources of Secularism* (New York: Palgrave Macmillan, 2017), pp. 1–20.

2　这是一个庞大的学术课题。See Giorgio Agamben, *Homo Sacer: Sovereign Power and Bare Life*, translated by Daniel Heller–Roazen (Stanford, CA: Stanford University Press, 1998); Talal Asad, *Formations of the Secular: Christianity, Islam, Modernity* (Stanford, CA: Stanford University Press, 2003); Jürgen Habermas, *Religion and Rationality: Essays on Reason, God, Modernity*, edited by Eduardo Mendieta (Cambridge, MA: MIT Press, 2002), and see also his dialogue with Ratzinger, *Dialectics of Secularization: On Reason and Religion*, Joseph Cardinal Ratzinger and Jürgen Habermas, translated by Brian McNeil (San Francisco: Ignatius Press, 2006); Mark Lilla, *The Still-Born God: Religions, Politics and the Modern West* (New York: Knopf, 2007); Tomoko Masuzawa, *The Invention of World Religions, or How European Universalism Was Preserved in the Language of Pluralism* (Chicago: University of Chicago Press, 2005); Charles Taylor, *A Secular Age and the Turn to Religion* (Baltimore, MD: Johns Hopkins University Press, 1999), and *Religion and Violence: Philosophical Perspectives from Kant to Derrida* (Baltimore, MD: Johns Hopkins University Press, 2001).

See also Marcel Gauchet, *The Disenchantment of the World: A Political History of Religion*, translated by Oscar Burge (Princeton, NJ: Princeton University Press, 1997); Dale Van Kley, *The Religious Origins of the French Revolution: From Calvin to the Civil Constitution* (New Haven, CT: Yale University Press, 1996), and *The Jansenists and the Expulsion of the Jesuits from France* (New Haven, CT: Yale University Press, 1975); Denis Crouzet, *Dieu en ses royaumes: une histoire des guerres de la religion* (Seyssel: Chap Vallon, 2008), *La genese de la réforme française vers 1520–1562* (Paris: Belin, 2008), *La nuit de la Saint-Barthélemy; un reve perdu de la Renaissance* (Paris: Fayard, 1994), and *Les guerriers de Dieu: la violence au temps des troubles de religion* (Seyssel: Champ Vallon, 1990), in addition to numerous other works; Thomas Kselman, *Death and the Afterlife in Modern France* (Princeton, NJ: Princeton University Press, 1993), and *European Christian Democracy: Historical Legacies and Comparative Perspectives*, edited by Thomas Kselman and Joseph A. Buttigieg (Notre Dame, IN: University of Notre Dame Press, 2003). And not least, "Introduction," in Sanja Perovic, *Sacred and Secular Agency in Early Modern France: Fragments of Religion* (London and New York: Continuum International Publishing Group, 2012).

3　Described in greater detail in Margaret C. Jacob, *Living the Enlightenment. Freemasonry and Politics in Eighteenth-Century Europe* (New York: Oxford University Press, 1991), pp. 188–89.

4　Lynn Hunt, Margaret Jacob, and Wijnand Mijnhardt, *The Book That Changed Europe. Picart and Bernard's Religious Ceremonies of the World* (Cambridge, MA: Harvard University Press, 2010).

5　London, George Allen and Unwin, 1981, now available from Cornerstone Books, Santa Ana, CA; its title then used by J. Israel, *Radical Enlightenment: Philosophy and the Making of Modernity 1650–1750* (Oxford: Oxford University Press, 2002).

Chapter One. The Setting: Space Expanded and Filled Anew

1　Margaret C. Jacob, *The Newtonians and the English Revolution* (Ithaca, NY: Cornell University Press, 1976).

2　John Dewey, *Experience and Nature* (New York: Dover, 2013), a reprinting of the 1958, second edition, pp. 173–76, and introduction. 我之所以能够使用这条引文，要感谢已故学者约翰·斯里夫科（John Slifko）。I am indebted to James W. Carey, *Communication as Culture: Essays on Media and Society* (New York: Routledge, 1992 reprint of 1989 edition).

3 P. P. Boucher, *Cannibal Encounters: Europeans and Island Caribs, 1492–1763* (Baltimore, MD: Johns Hopkins University Press, 1992).

4 See http://digital2.library.ucla.edu/picart/index.html (accessed May 4, 2017). The rest of the title page reads "représentées par des figures dessinées de la main de Bernard Picard, avec une explication historique, & quelques dissertations curieuses" (Amsterdam: Chez J. F. Bernard, 1723–).

5 Point well made in C. John Sommerville, *The Sacralization of Early Modern England* (New York: Oxford University Press, 1992), ch. 2.

6 See Georges Gurvitch, *The Spectrum of Social Time* (Dordrecht: Reidel, 1964), p. 3.

7 British Library, ADD. MS 6185, "Memoirs of the Society for the Incouragement [*sic*] of Learning," f. 1. 该协会创办于 1736 年，因财务问题于 1747 年解散。

8 British Library, ADD. MS 30 866, f. 6, and f. 11v, f. 15 from 1770 for the Bill of Rights and others; f. 17 and f. 37v for Dr. Franklin.

9 *The Spectator*, March 11, 1711. See also http://www.gutenberg.org/files/12030/12030–h/12030–h/ SV1/Spectator1.html#dedication (accessed March 4, 2018).

10 Dorothée Sturkenboom, *Een verdeelde verlichting: stemmen uit de spectators* (Amsterdam: Athenaeum–Polak & Van Gennep, 2001).

11 Bruce Granger, ed. *Proteus Echo (1727–18)* (Delmar, NY: Scholars' Facsimiles & Reprints, 1986), pp. 32–36.

12 Federico Barbierato, *The Inquisitor in the Hat Shop: Inquisition, Forbidden Books, and Unbelief in Early Modern Venice* (Burlington, VT: Ashgate, 2012).

13 For the reception of proselytes, see Prefecture of the Police, Paris, Aa/4/205 arrest of Simon Langlois, 1706.

14 Craig Koslofsky, "Parisian Cafés in European Perspective: Contexts of Consumption, 1660–1730," *French History*, vol. 31, 2017, pp. 39–62.

15 Robert Collis, "Jolly Jades, Lewd Ladies and Moral Muses: Women and Clubs in Early Eighteenth–Century Britain," *Journal for Research into Freemasonry and Fraternalism*, vol. 2, no. 2, 2011, pp. 202–35.

16 Allison Blakely, *Blacks in the Dutch World: The Evolution of Racial Imagery in a Modern Society* (Bloomington: Indiana University Press, 1993), pp. 225–27.

17 Theo van der Meer, *De wesentlijke sonde van sodomie en andere vuyligheeden. Sodomietenvervolgingen in Amsterdam 1730–1811* (Amsterdam: Tabvla, 1984), p. 103.

18 For the books, see L. La Haye and H. de Radiques de Chenneviere, *Inventaire analytique des pieces et dossiers contenus dans la correspondance du Conseil provincial et du procureur général de Namur* (Namur: Douxfils, 1892), p. 303; for the merchant, see Th. Pisvin, *La Vie intellectuelle a Namur sous le Régime autrichien* (Louvain: University of Louvain, 1963), pp. 202–3. I wish to thank Julie Godinas, assistant, Archives de l'Etat a Namur, Boulevard Cauchy, 41, B–5000 Namur.

19 Dossier on "Vie de Louis Robert Hipolithe de Brehan comte de Plelo," where "de tribus impostoribus" is mentioned as a source for the ideas of the priest; see Archives Nationales, Paris, MS L10, dossier IV, no. 2–3, ff. 19–21; and S. Berti, "Unmasking the Truth: The Theme of Imposture in Early Modern European Culture, 1660–1730," in James E. Force and David Katz, eds., *Everything Connects: In Conference with Richard H. Popkin* (Leiden: Brill, 1999), pp. 21–36.

20 Staatsarchiv Dresden, Geheimes Konsilium, Loc. 7209, cited by Martin Mulsow, "Freethinking in Early Eighteenth–Century Protestant Germany: Peter Friedrich Arpe and the *Traité des trois imposteurs*," in Silvia Berti, Françoise Charles–Daubert, and Richard H. Popkin, eds., *Heterodoxy, Spinozism and Free Thought in Early-Eighteenth-Century Europe* (The Hague: Kluwer, 1996), p.

220.

21 Prefecture of the Police, Paris, AA/5/215 for Galoche; ff. 443–642, multiple examples of the books sought by the authorities; AA/7/297–303, and ff. 351 for Priapus, and f. 363, for [Anon.] *Histoire de Dom Bougre, Portier des Chartreux,* 1741.

22 Prefecture, AA/5/642 for injuries to the government; f. 650, satires against the king; f. 756 from 1752–56, satires against king and his mistress and also works against religion; AA/7, f. 756 and f. 766, for the captain.

23 From the 1723 *Constitutions* as reprinted by Benjamin Franklin, and available at http://digitalcommons.unl.edu/cgi/viewcontent.cgi?article=1028&context=library science (accessed July 10, 2017).

24 Bibiotheque Arsenal, Paris, MS 11556, f. 347, dated February 5, 1746.

25 Andreas Önnerfors and Robert Collis, eds. *Freemasonry and Fraternalism in Eighteenth-Century Russia* (Sheffield, UK: Sheffield Working Papers, 2009).

26 Bibliotheque nationale de France, FM 4 149, ff. 167–68.

27 Prefecture, AA/7/ f. 461; f. 541, 1747, printer of prohibited books, Claude Crespy; f. 565, 1748. For the shutdowns, see Bertrand Diringer, "Franc-Maçonnerie et Société a Strasbourg au XVIIIéme siecle," Memoire de Maitrise, Université Marc Bloch, Strasbourg, 1980, pp.10–11; for absolution, p. 37; pp. 42–52. For enlightened priest-freemasons, see Bibliotheque Nationale de Universitaire, Strasbourg, MS 5437, ff. 43–54.

28 Petri Mirala, "Masonic Sociability and Its Limitations: The Case of Ireland," in James Kelly and Martyn J. Powell, eds., *Clubs and Societies in Eighteenth-Century Ireland* (Dublin: Four Courts Press, 2010), p. 327.

29 [Anon.] , *Lettre ecrite par un maçon a un de ses amis en province* (n.p., 1744), written from Paris, pp. 6–7.

30 Kenneth Loiselle, *Brotherly Love: Freemasonry and Male Friendship in Enlightenment France* (Ithaca, NY: Cornell University Press, 2014), pp. 14–15.

31 Margaret C. Jacob, "Newton and the French Prophets: New Evidence," in *History of Science*, vol. XVI, 1978, pp. 134–42.

32 Werner Alexander, *Apologie oder Schutzschrift für die vernünftigen Verehrer Gottes*, vol. 2 (Frankfurt: Insel Verlag, 1972), pp. 350–60.

33 Prefecture, Paris, AA/4/ ff. 636–38, and f. 902 for a long list of Jansenist works.

34 For such a dossier, see Bibliotheque Arsenal, MS 11455, dated 1740, and MS 11213; see MS 11556, ff. 283–85, house-to-house searches for masonic activities, aided by the local curé in Paris; f. 328 for the masonic pope.

35 Bibliotheque Arsenal, Paris, MS 12398, 这是一份关于施托克朵夫的档案卷宗, 这位出版商曾在马斯特拉赫特完成了多笔图书交易: "现在是我们的共和国应该采取行动, 来震慑那些希望逍遥法外、在这里寻求庇护的可怜之人的时候了。" See also Robert Darnton, *The Forbidden Best-sellers of Pre-revolutionary France* (London: Harper Collins, 1996), p. 12.

36 Anthony J. La Vopa, "Herder's *Publikum*: Language, Print, and Sociability in Eighteenth-Century Germany," *Eighteenth-Century Studies*, vol. 29, no. 1, 1996, pp. 5–24.

37 Günther Vogler, "Eugen von Savoyen—Begegnung mit aufgeklärten Ideen und Persönlichkeiten," in Michael Benedikt, Reinhold Knoll, Endre Kiss, and Josef Rupitz, eds., *Verdrägter Humanismus. Verzögerte Aufklärung*, vol. 1, part 2 (Klausen-Leopoldsdorf: Verlag Leben-Kunst-Wissenschaft, 1997), pp. 571–77.

38 Austrian National Library, *Bibliotheca Eugeniana. Die Sammlungen des Prinzen Eugen von Savoyen* (Vienna: Holzhausens, 1986).

39 Abraham Ortelius, *Theatrum Orbis Terrarum* (Antwerp: C. Plantin, 1579).

40 Bibliotheque Nationale, Enfer 233. 可能出版于 1729 年。

41 Wolf. QuN 1013.2; Jacques Sadeur, *Nouveau Voyage de la terre australe* (Paris: Claude Barbin, 1693 [almost certainly a false imprint]), pp. 70–72; next to the Australian voice in the text,

someone wrote "Gabriel de Foigny." This text is bound with tracts published by "Pierre Marteau," *Voyage d'Espagne*, 1667, and *Relation de l'Estat et Gouvernement d'Espagne*, 1667; also in same volume, Madame d' Aunoy, *Memoires de la Cour d'Espagne* (The Hague: Moetjens, 1695).

42 *L'Infidélité convaincu, ou les avantures* [*sic*] *amoureuses* (Cologne: Pierre Marteau, 1676); bound with *Hattige ou les Amours du Roy de Tamaran nouvelle* (Cologne: Simon l' Africain, 1676) [attributed to Gabriel Brémond] .

43 [M. Heliogenes] , *A Voyage into Tartary* (London: T. Hodgkin, 1689), p. 60. Cf. Gordon K. Lewis, *Main Currents in Caribbean Thought: The Historical Evolution of Caribbean Society in Its Ideological Aspects, 1492–1900* (Baltimore, MD: John Hopkins University Press, 1983), p. 87.

44 Jörg Baten and Mikolaj Szołtysek, "A Golden Age before Serfdom? The Human Capital of Central-Eastern and Eastern Europe in the 17th–19th centuries," MPIDR Working Paper WP 2014–008, August 2014; see http://econpapers.repec.org/scripts /search/search.asp?ft=poland+&ftp=false&adv =true&wp=on&art=on&bkchp=on&soft=on&pl=&auth=on&mh=100&sort=rank&lgc=AND&aus=&k w=&kwp=false&jel=&nep=nephis&ni=&nit=epdate (accessed April 30, 2017).

45 Richard Butterwick, "Catholicism and Enlightenment in Poland–Lithuania," in Ulrich L. Lehner and Michael O' Neill Printy, eds., *A Companion to the Enlightenment in Catholic Europe* (Leiden: Brill, 2010), p. 311. See Jerzy Snopek, *Objawienie i Oświecenie. Z dziejów libertynizmu w Polsce* [*Revelation and Enlightenment: On the History of Libertinism in Poland*] (Warsaw: Ossolineum, 1986). 感谢安娜·托马谢夫斯卡（Anna Tomaszewska），她高水平的翻译使我得以阅读这些材料。

46 Boghos Levon Zekiyan, *The Armenian Way to Modernity* (Venice: Supernova, 1997), pp. 64–71.

47 *Archivo Historico Nacional (Madrid)*, Inquisición–legajos: Legajo 4473, no. 5, cited in Patricia Manning, *Voicing Dissent in Seventeenth-Century Spain: Inquisition, Social Criticism and Theology in the Case of El Criticón* (Leiden: Koninklijke Brill NV, 2009), p. 83.

48 Thomas Jefferson, *The Life and Morals of Jesus of Nazareth, Extracted Textually from the Gospels in Greek, Latin, French, and English*, with an introduction [by Cyrus Adler] (Washington, D.C.: U.S. Government Printing Office, 1904).

49 Ezio Vailati, *Leibniz and Clarke: A Study of Their Correspondence* (Oxford: Oxford University Press, 1997), pp. 47–52.

Chapter Two. Time Reinvented

1 As detailed in UCLA, Young Research Library, MS 170/16.4, completed in 1765 and taking three hours and thirty–five minutes.

2 British Library, ADD. MS 30866, f. 39, diary of John Wilkes in July 1773.

3 Morgan Kelly and Cormac Ó Gráda, "Speed under Sail during the Early Industrial Revolution," January 2018; see https://voxeu.org/article/speed–under–sail–during–early–industrial–revolution (accessed June 26, 2018).

4 For the impact of the Reformation in England and the sense of time, see C. John Sommerville, *The Secularization of Early Modern England: From Religious Culture to Religious Faith* (New York: Oxford University Press, 1992), ch. 2.

5 From Bodleian Library, Oxford, Locke MS 16.25, p. 18, and cited in Victor Nuovo, "Locke's Proof of the Divine Authority of Scripture," in Ruth Savage, ed., *Philosophy and Religion in Enlightenment Britain: New Case Studies* (Oxford: Oxford University Press, 2012), p. 68.

6 Jed Z. Buchwald and Mordechai Feingold, *Newton and the Origin of Civilization* (Princeton, NJ: Princeton University Press, 2013), ch. 4. The quotations were kindly supplied by Stephen Snobelen and taken from Newton, "Quaestiones quaedam philosophiae" ("Certain philosophical questions," Cambridge University Library, ADD. MSS. 3996, f. 27r.) On Christ's reign forever, see Yahuda MSS 1.3, ff. 64r–65r, Jewish National and University Library, Jerusalem.

7   Raymond Gillespie, "The Circulation of Print in Seventeenth-Century Ireland," *Studia Hibernica*, no. 29, 1995–97, p. 34. 实际上, 爱尔兰天主教徒在 17 世纪 40 年代就已亵渎了《圣经》。

8   Cosme Bueno, *El conocimiento de los tiempos, efemeride del año de 1794, segundo despues Bisiesto: en que van puesto, los principales aspectos de la luna con el sol: calculados para el meridiano . . . de Lima . . . ; con el calendario de las fiestas, y santos . . . ; va al fin La disertacion sobre los antojos de la mugeres preñadas* [Lima, 1793] . Cf. Laura Delbrugge, ed. and intro., *Reportorio de los Tiempos* (London: Tamesis, 1999).

9   Alison A. Chapman, "Marking Time: Astrology, Almanacs, and English Protestantism," *Renaissance Quarterly*, vol. 60, no. 4 (Winter 2007), pp. 1257–90. And see Rienk Vermij, "The Marginalization of Astrology among Dutch Astronomers in the First Half of the 17th Century," *History of Science*, vol. 52, no. 2, 2014, pp. 153–77.

10 William Donaldson, *The Jacobite Song: Political Myth and National Identity* (Aberdeen: Aberdeen University Press, 1988), pp. 45–47.

11 [Anon.] , *Almanach des Honnêtes Gens. L'an du premier regne de la raison, pour la présente année.* 该书未注明出版日期和地点, 但其所附《高等法院的判决》(*Arrêt de la cour du Parlement*) 的落款日期为 1788 年 1 月 7 日。See pp. 18–19 for the accusations and p. 14 for the author's defense. 西尔万·马雷夏尔 (Sylvain Maréchal) 曾因这款特别的年鉴度过了一段铁窗岁月。

12 For an extreme example of the Catholic attitude toward time, see *Almanach ecclésiastique, contenant la Succession Chronologique des Papes . . .* (Paris: Chez Duchesne, 1755). For the risqué, see [Anon.] , *Almanach des Cocus ou Amusements pour le beau Sexe* (Constantinople [probably Paris] : De l' imprimere du Grand Seigneur, 1741). For an early proclamation of the new revolutionary time, see [Par M. J.B.D. Procureur au Châtelet de Paris, B.D.S.L.] , *Catéchisme du Curé Meslier. Mis au jour par l'Editeur de l'Almanach des honnêtes gens* (L' An Premier, Du règne de la Raison & de la Liberté, 1790). For the work of an astrologer, see [Anon.] , *Almanach des Plaideurs pour l'Anné 1745* (n.p., 1745), Cote 903111 in the Bibliothèque historique de la ville de Paris.

13 UCLA, Young Research Library, MS 1437, box 1, "Diary of Mrs Sherwood, 1788–93," not foliated. Section begins "In 1790 my Grandfather died & my father went over previously to reside in France." 此段内容出自其远房亲戚之口。

14 Ibid., by the same cousin.

15 Vanessa Ogle, *The Global Transformation of Time 1870–1950* (Cambridge, MA: Harvard University Press, 2015), introduction, pp. 1–19.

16 Jeroen Salman, *Populair Drukwerk in de Gouden Eeuw. De Almanak als lectuur en handelswaar* (Zutphen: Walburg Pers, 1999), pp. 136. And see N. W. Lovely, "Notes on New England Almanacs," *New England Quarterly*, vol. 8, no. 2 (June 1935), pp. 264–77.

17 UCLA, Young Research Library, MS 1437, box 8, "Mrs Sherwood's Diaries, 1775–1800," pp. 24–25, typescript based on the original and composed at an older age. 她生于 1775 年, 这一部分内容写于 1835 年; see p. 40, where she attributes the changes to "the Revolution in the neighboring country."

18 Thomas Hobbes, *Philosophicall rudiments concerning government and society. Or, A dissertation concerning man in his severall habitudes and respects, as the member of a society, first secular, and then sacred. Containing the elements of civill politie in the agreement which it hath both with naturall and divine lawes. In which is demonstrated, both what the origine of justice is, and wherein the essence of Christian religion doth consist. Together with the nature, limits, and qualifications both of regiment and subjection* (London: Printed by J.G. for R. Royston, at the Angel in Ivie-lane, 1651).

19 S. de Vries, *Omstandigh Vervolgh op Joh. Lodew. Gottfrieds Historische Kronyck: or algemeen historische Gedenk-Boeken der woornaemste, uytgeleesenste weereldlycke en kercklycke Geschiedenissen . . . tot . . . 1697* (Leiden: Pieter van der Aa, 1700). See Hobbes, *Leviathan: of*

van de stoffe, gedaente, ende magt van de kerckelyke ende wereltlycke regeeringe (Amsterdam: Wagenaar, 1667); and see Catherine Secretan, intro. [Lambert van Velthuysen] *A Letter on the Principles of Justness and Decency, Containing a Defence of the Treatise de Cive of the Learned Mr Hobbes* (Leiden: Brill, 2013). The 1651 English title page speaks only of "The Matter, Forme and Power of a Commonwealth Ecclesiasticall and Civil."

20 Hobbes, *Philosophicall rudiments concerning government and society*, p. 17.

21 Ibid., ch. 18, p. 341.

22 Arianne Baggerman, *Een Drukkend Gewicht. Leven en werk van de zeventiende-eeuwse veelschrijver Simon de Vries* (Amsterdam: Rodopi, 1993), pp. 154–70.

23 书籍出版业工会（the Stationers' Company）的图书馆（伦敦）收藏了大量这类年鉴；see www. stationers.org/archives.html (accessed June 20, 2015).

24 Samuel Clough, *The New England, Almanac for the Year of Our Lord, MDCCIII* (Boston: B. Green, 1703), n.p.

25 J. Salman, *Populair Drukwerk*, p. 163.

26 A. Baggerman, Rudolf Dekker, and Michael Mascuch, eds. *Controlling Time and Shaping the Self: Developments in Autobiographical Writing since the Sixteenth Century* (Leiden: Brill, 2011), pp. 6, 97. 关于荷兰年鉴的信息，见编者给出的导论；for French diaries, see in same volume, Philippe Lejeune, "Marc-Antoine Jullien: Controlling Time," pp. 91–119. For the picture of a Dutch page for note taking, see J. Salman, *Populair Drukwerk*, p. 162 from 1625.

27 [Christopher Sower, printer] , *Der Hoch-deutsch americanische Calendar, aus das Jahr der gnadenreichen Geburt unsers Herrn und Heylandes Jesu Christi* (Germantown, PA, 1752), n.p.

28 J. Glover, *Hemelloopkundige Almanak, of Tijdwijzer voor 't Jaar 1797* (Arnhem: J. H. Moeleman, 1797), p. 5. J. Salman, *Populair*, pp. 173–76.

29 *Teliamed, or Conversations between an Indian Philosopher and a French Missionary on the Diminution of the Sea*, translated and edited by Albert V. Carozzi (Urbana, Chicago, and London: University of Illinois Press, 1968). 该书名更常见的拼写方式为 "Telliamed"。这一版是对原始文本的可靠再现——伯努瓦去世后，编辑在原始文本上进行了大量修改。See also the important contributions of Claudine Cohen, *Science, libertinage et clandestinité à l'aube des Lumières: Le transformisme de Telliamed* (Paris: Presses Universitaires de France, 2011); Francine Markovits, ed., *Telliamed* (Paris: Université de Paris Ouest-Nanterre-La Défense, 2011).

30 Miguel Benítez, *Le Foyer clandestine des lumières. Nouvelles recherches sur les manuscrits clandestins* (Paris: Champion, 2013), vol. I, pp. 117–40.

31 Lejeune, "Marc-Antoine Jullien," pp. 96–97.

32 Paolo Quintili, *Matérialismes et Lumières. Philosophe de la vie, autour de Diderot et de quelques autres 1706–1789* (Paris: Champion, 2009), ch. 2.

33 [Anon., but attributed to the abbé Coyer] , *Lettre au R. P. Berthier sur le Matérialisme* (Geneva, 1759), pp. 1–19; p. 19 for the quotation. Cf. Franck Salaün, *L'Affreuse Doctrine. Matérialisme et Crise des moeurs au temps de Diderot* (Paris: Editions Kimé, 2014), pp. 163–68, for the complexity of the attribution to Coyer.

34 Morgan Kelly and Cormac Ó Gráda, "Adam Smith, Watch Prices, and the Industrial Revolution," UCD Centre for Economic Research Working Paper Series, 2015; see www.ucd.ie/t4cms/WP15_05. pdf (accessed January 16, 2018).

35 Constantijn Huygens, *Journaal van de Reis naar Venetië*, ed. and trans. By Frans R. E. Blom (Amsterdam: Bert Bakker, 2003).

36 Hans-Jürgen Döpp, *The Temple of Venus: The Sex Museum, Amsterdam* (New York: Parkstone Press, 2001), p. 65. 这块表制作于 18 世纪，但其制造者不明。

37 Roland Racevskis, *Time and Ways of Knowing under Louis XIV: Molière, Sévigné, Lafayette* (Lewisburg, PA: Bucknell University Press, 2003), pp. 40–41.

38 A. Baggerman, Rudolf Dekker, Müichael Mascuch, eds. *Controlling Time and Shaping the Self*, pp. 30–31.

39　Bruno Blondé and Gerrit Verhoeven, "Against the Clocke: Time Awareness in Early Modern Antwerp, 1585–1789," *Continuity and Change*, vol. 28, 2013, pp. 213–44.

40　Constantijn Huygens, *Mijn Leven Verteld ann Mijn Kinderen in Twee Boeken*, ed. and trans. by Frans R. E. Blom (Amsterdam: Prometheus, 2003), vol. 1, p. 191.

41　Hendrick Smeeks, *The Mighty Kingdom of Krinke Kesmes (1708)*, ed. by David Fausett, trans. by Robert H. Leek (Amsterdam: Rodopi, 1995), p. 109.

42　Siegfried Kracauer offered an extended meditation on this problem in ch. 6 (with a nod toward J. Herder's similar critique made nearly a century and a half earlier) in *History: The Last Things before the Last*, compiled after the death of the author by Paul Oskar Kristeller (Princeton, NJ: Markus Wiener Publishers, 1969), with a new preface by Kristeller, 1995.

43　Marcel Gauchet, *The Disenchantment of the World: A Political History of Religion*, trans. by Oscar Burge (Princeton, NJ: Princeton University Press, 1997), pp. 55 and 4.

44　Vyvyan Evans, *The Structure of Time: Language, Meaning and Temporal Cognition* (Amsterdam: John Benjamins Publishing, 2003), p. 8.

45　See Edmund Law, *An Enquiry into the ideas of space, time, immensity, and eternity; as also the self-existence, necessary existence, and unity of the Divine Nature: In Answer to a Book lately Publish'd by Mr. Jackson* (Cambridge, UK, 1734), pp. 93–95. 杰克逊（Jackson）是塞缪尔·克拉克的追随者。该书于 1990 年由特梅斯古籍书局（Thoemmes Antiquarian Books）影印再版。

46　Richard Butterwick, "Catholicism and Enlightenment in Poland–Lithuania," in Ulrich L. Lehner and Michael O'Neill Printy, eds., *A Companion to the Enlightenment in Catholic Europe* (Leiden: Brill, 2010), p. 311.

47　John Spurr, "'A Sublime and Noble Service': John Evelyn and the Church of England," in Frances Harris and Michael Hunter, eds. *John Evelyn and His Milieu* (London: British Library, 2003), pp. 145–64.

48　British Library, ADD. MSS 78441, Mary Evelyn, "Book of several designes and thoughts of mine for the regulating my life upon many occasions. Remember thy Creator in the days of thy youth. Redeeme the Tyme 1683," handwritten title page "Redeeme the Tyme" on bottom above date; f. 4 "Rules for spending my pretions tyme well." Cf. Frances Harris and Michael Hunter, eds., *John Evelyn and His Milieu* (London: British Library, 2003); and in the same volume Gillian Wright, "Mary Evelyn and Devotional Practice," pp. 221–32.

49　ADD. MS 78441, Mary Evelyn, f. 4.

50　ADD. MS 78440, f. 558. For such practices among other pious lay women of the period, see Anne Laurence, "Daniel's Practice: The Daily Round of Godly Women in Seventeenth–Century England," in R. N. Swanson, ed., *The Use and Abuse of Time in Christian History: Papers Read at the 1999 Summer Meeting and the 2000 Winter Meeting of the Ecclesiastical History Society* (Woodbridge, Suffolk, UK: Published for the Ecclesiastical History Society by the Boydell Press, 2002), pp. 173–78; 并关注到英国圣公会家庭和那些具有清教徒倾向的家庭在日常行为上的相似之处。

51　ADD. MS 78441, f. 5.

52　Ibid., f. 6.

53　Ibid., f. 9v. 虽然这两本日记并不能说明问题，但我们发现，与她同时代的虔诚的天主教徒威廉·布伦德尔（William Blundell）并没有表现出类似对时间的焦虑；see Rev. T. Ellison Gibson, ed., *Crosby Records: A Cavalier's Note Book . . . of William Blundell* (London: Longmans, Green, 1880); note the usage "at four of the clock and a half retired to his chamber, 1667," p. 133. A similar lack of concern appears in Joseph Gillow and Anthony Hewitson, eds., *The Tyldesley Diary: Personal Records of Thomas Tyldesley . . . during the Years 1712-13-14* (Preston, UK: A. Hewitson, 1873). 蒂尔兹利（Tyldesley）也是一名天主教徒。

54　For example, see British Library, ADD. MSS 61903, dated 1678, Peter Le Neve, f. 9v: "At the new palace yard between 11 & 12 hours by the clock were burnt 3 cart loads of popish vestments, books, beads"; f. 17: "Adjourned till tomorrow 8 a clock"; f. 26v: "adjourned till Monday 9 of ye clock"; or f. 29: "ad. Tuesday 8 clock"; f. 44: "adjourned till Tuesday 8 of the clock." 最后一处

是他更见的表达方式。William L. Sachse, ed., *The Diary of Roger Lowe of Ashton-in-Makerfield, Lancashire 1663–74* (London: Longman's, 1938), p. 13, in 1663: "aclock." See also British Library, ADD. MSS 60522—travel journal in Low Countries in 1720, 32 v: "came to Brussels at 7 a clock. Mons about 8 a clock." 67v: "went on board 4 of ye clock."

55　[Anon.], *The Ladies Diary: or, the Woman's Almanack for the Year of our Lord*, 1712, 这部作品声称截至 1712 年，它已面世九年，其中有许多类似"下午两点休息"（day breaks at 2 a Clock）的表述。

56　Wellcome Trust Library, London, MS 5780, a tour of France "made by my grandfather in 1732 (old style)": "we sett sail for France from Emsworth about 5 o' clock in the morning. We gott clear of the harbour about 8 o' clock and reached the Isle of Wight about noon that day"; f. 1: "about 11 o' clock that morning." 但是 1731 年时托马斯·威尔逊（Thomas Wilson）仍然使用"a clock"这种表述；see C.L.S Linnell, ed., *The Diaries of Thomas Wilson, D.D. 1731–27 and 1750* (London: S.P.C.K., 1964), p. 30. 在这类用法的转变过程中，人们可能还使用过"a' clock"；see William Dobson, ed., *Extracts from the Diary of the Rev. Peter Walkden, Nonconformist Minister, for the years 1725, 1729, 1730* (Preston, UK: Dobson, 1866), pp. 3, 12–13. 莎士比亚使用过"a clock"；see *Mr William Shakespeares Comedies, Histories, & Tragedies, London, 1623, a reprint* (London: Lionel Booth, 1864), p. 245, from Act 4, scene 1, *All's Well that Ends Well*; as seen in Early English Books Online, "o' clock" in printed English first appears in Abraham Cowley, *Cutter of Coleman Street*, 1658, Act 3, scene 5.

57　ADD. MSS 78440, "Mary Evelyn Her Book of Sermon notes 1679"; number 108 appears on handwritten title page, n.f. but dated 1683 and a sermon given by Mr. Dalbe.

58　Ibid., November [?], last page in folded volume.

59　British Library, ADD. MS 58219, diary and commonplace book of Sir Robert Southwell; in margin, entry is titled, "Time." Date of 1659 on f. 11.

60　Quoted from Yorkshire Archaeological Society MS 21, diary of Ralph Thoresby (1677–83), pp. 118–19, 1680, in David L. Wykes, " 'The Sabbaths . . . Spent before in Idleness & Neglect of the Word:' the Godly and the Use of Time in Their Daily Religion," in R. N. Swanson, ed. *The Use and Abuse of Time in Christian History*, p. 214.

61　*Some Remarkable Passages in the Holy Life and Death of the late Reverend. Mr Edmund Trench; most of them drawn of his own Diary*, London, 1693, p. 89. 特伦奇（Trench）虽然在剑桥大学学习过，但一开始并没有皈依圣公会，而是把自己算作温和派（p. 55）。

62　T. Crofton Croker, ed., *Autobiography of Mary Countess of Warwick* (London: Printed for the Percy Society, 1848), p. 23.

63　Ibid., pp. 23–24.

64　Ibid., p. 25.

65　Ibid., p. 34.

66　"绝对的、真实的和数学的时间，通过其本身或其自身属性就可以实现均一地流动，而与任何外在的东西无关，它也被称作'持续时间'：相对的、表面的和普遍的时间可以被看作某种可感知的外在尺度（无论是精确的还是不精确的），往往通过运动来衡量时间的长短，通常会被用来替代真实的时间；例如一小时、一个月、一年。" From Isaac Newton, *Mathematical Principles of Natural Philosophy*, definition xiii, scholium (Motte translation; New York, 1846), p. 77.

67　Robert Poole, *Time's Alteration: Calendar Reform in Early Modern England* (London: University College London Press, 1998), pp. 108–11. 作者将"牛顿时间"与"自然时间"进行了比较（p. 19）。我们认为，作者对前者的表述是值得参考的。

68　*Mathematical Principles*, p. 77. For a further discussion, see William Lane Craig, *The Tenseless Theory of Time: A Critical Examination* (Boston: Kluwer, 2000) pp. 42–53.

69　John Whalle, *England's Mercury, or an Ephemeris for the year of Christ 1690* (London: W.H. for the Stationers Company, 1690); 指出人们对占星术和占星家的不满，并预测奥兰治的威廉即将迎来好运以及法国国王可能会驾崩。

70　Wellcome Library, London, MS 4021. 占星家诺里斯·珀斯罗（Norris Purslow）在 1673 年至 1737

年间的日记［此书献给 "重生的托勒密（Ptolomy redivivus）"］显示：1694 年，他开了一家占星店铺，并 "继承了父亲的手表"；1703 年，他得到了 "托勒密的英文版著作"，并向 "我们的占星会所" 捐钱。

71 John Spurr, *The Restoration Church of England, 1646–1689* (New Haven, CT: Yale University Press, 1991), p. 284.

72 Ibid., p. 286.

73 Lady Warwick, *Autobiography*, p. 36, writing in the 1670s.

74 Jeremy Taylor, *A Choice Manual, Containing What is to be Believed, Practised, and Desired . . . Composed . . . especially of younger persons* (London: J. Grover, 1667), preface, n.p.

75 Ibid., p. 45.

76 Ibid., p. 61. Cf. H. R. McAdoo, *The Spirit of Anglicanism: A Survey of Anglican Theological Method in the Seventeenth Century* (London: Adam & Charles Black, 1965), pp. 57–80.

77 Jeremy Taylor, *The Rule and Exercises of Holy Living . . . The Means and Instruments of obtaining every Virtue, and the Remedies against every Vice, and Considerations serving to the resisting all Temptations*, 11th ed. (London, 1686), pp. 4–5.

78 Ibid.

79 "The Diary of Joseph Ryder," The John Rylands Library, Manchester, UK, May 29, 1733.

80 Ibid., June 16, 1733.

81 Ibid., September 4,1733.

82 Ibid., October 24, 1733; January 10, 1734; March 13, 1736.

83 Ibid., on repentance, July 9, 1735; on concern, March 13, 1736.

84 Ibid., April 14, 1748. 本书所引用的赖德日记中对时间的描述，得益于马修·卡丹（Matt Kadane）的慷慨帮助。 For a definitive account of Ryder, see Matthew Kadane, *The Watchful Clothier* (New Haven, CT: Yale University Press, 2013).

85 Poole, *Time's Alteration*, ch. 1.

86 See Paul Alkon, "Changing the Calendar," *Eighteenth-Century Life*, vol. 7, 1982, pp. 1–18; Poole, ch. 9, notes the many exceptions that had to be made for wages lost, and so on.

87 Florence Maris Turner, ed., *The Diary of Thomas Turner of East Hoathly (1754–65)* (London: John Lane, 1925), p. 14. 不过，他确实读过自由主义者的著作、波义耳的讲义以及《人当尽的新本分》（"the New Whole Duty of Man"）。

88 Ibid., p. 38; 但是在两页之后，他写道："遗憾的是，整天都过得很混乱，还没有从星期五晚上的声色犬马中恢复过来"。

89 British Library, ADD. MSS 37 921 Windham Papers, ff. 1–13. See Macleod Yearsley, ed., *The Diary of Thomas Yeoman* (London: Watts & Co., 1934), p. 40（一位唱诗班班长）："我大约 6 点起床，叫我的堂妹贝齐（Betsey）起床，让她做好准备，等马车来。我的叔叔感到非常不安……我们决心要离开此地，马车来的时候，我们刚刚喝完茶，然后在 8 点时动身……下午 1 点到达牛津街……并前往布伦特福德，4 点半的时候我们到了那里。"

90 Michael A. Mullett, "Catholic and Quaker Attitudes to Work, Rest and Play," in R. N. Swanson, ed., *The Use and Abuse*, pp. 185–98, 在一些英国天主教徒中，我们也可以看到类似的态度，但这种对工作和时间的焦虑，有多大程度是天主教徒对新教批判、新教徒皈依天主教以及冉森主义所产生的影响的反应，还没有确切的答案。同时，时间本身是如何被概念化的，我们也不清楚。

91 *Memoirs of the Life of the Reverend Mr. Thomas Halyburton, Professor of Divinity in the University of St. Andrews . . .* (Edinburgh, 1714), p. 13. For a similar odyssey, see *Some Remarkable Passages in the Holy Life and Death Of the late Reverend Mr Edmund Trench; Most of them drawn of his own Diary* (London, 1693), pp. 19–20, 我们发现他喜欢读 "淫秽诗歌"，还贪吃、酗酒、说脏话，喜欢诅咒别人和偷窃。不过，他没有和 "下流的女人" 混在一起。所有这些都发生在他于 1659 年至 1660 年在剑桥学习的时期。第 68 页提到，他悔过自新了。

92 Ibid., p. 16.

93 *Oxford English Dictionary*, 2006, entry under "punctuality" and citing Mrs. Manley's *The Adventures of Rivella* (London, 1714), p. 12. This shift in meaning was first pointed out in Daniel

A. Rabuzzi, "Eighteenth-Century Commercial Mentalities as Reflected and Projected in Business Handbooks," *Eighteenth-Century Studies*, vol. 29, 1995–96, n. 56.

94 UCLA, Young Research Library, MS 170/196, n.f., toward the last pages in the diary.

95 For evidence of its normalization, see *The Gentleman and Lady's Palladium, for the Year of our Lord*, 1762, where mechanics and optics are treated in succinct formats and time discussed in terms of relative or absolute, pp. 24–26. 这些日记的整体叙述口吻是精确且科学的。See also *Fame's Palladium, or Annual Miscellary: being a supplement to the Ladies Diary . . . 1767*, pp.1–4 on longitude, on Bentley's letters to Newton, pp. 22–26. British Library, ADD. MSS 19211 "Journal began July ye 4th 1764," f. 18, "a drole genius who entertained us with fears of traveling for fear of losing his Family Watch." 他看了看自己的怀表，然后将它在马车里传递，引得人们议论纷纷。For a general discussion, see A. J. Turner, *Of Time and Measurement: Studies in the History of Horology and Fine Technology* (Aldershot, UK: Ashgate, 1993), pp. 22–23, from ch. 1.

96 Rudolf Dekker, "De rafelrand van het zeventiende-eeuwse hofleven in het dagboek van Constantijn Huygens de zoon Roddel en seks," *Mededelingen van de Stichting Jacob Campo Weyerman*. Jaargang 23 (2000); at www.dbnl.org/auteurs/auteur.php?id=huyg007 (accessed July 31, 2015).

97 My guide through this text is Rudolph Dekker, who kindly sent me an advance copy of his *Family, Culture and Society in the Diary of Constantijn Huygens Jr., Secretary to Stadholder-King William of Orange* (Leiden: Brill, 2013); see p. 112 for the absence of religious conversation. To consult the original diary, see www.dbnl.org/tekst/huyg007jour02_01/ (accessed July 31, 2015).

98 Ibid., p. 51. The day was September 18, 1692.

99 [Balduine van der Aa,] *Bibliotheca Magna et Elegantissima Zuylichemiana . . .Librorum . . . D. Constantini Huygens . . . Secretis Guilielmi III* (Leiden: Peter and Balduine van der Aa, 1701), pp. 92, 99 for Bekker; p. 88 for Simon.

100 Dekker, *Family, Culture and Society*, ch. 10.

Chapter Three. Secular Lives

1 Roland Krebs, *Helvétius en Allemagne ou la Tentation du Matérialisme* (Paris: Champion, 2006), pp. 15–48; p. 31 for the letter from Luise Gottsched.

2 UCLA, Young Research Library, MS 170, 18, manuscript notes for a revised edition done by the author, and the quotation appears between pp. 8-9.

3 Ibid., MS notes next to pp. 34–36.

4 See Peter Gay, *The Enlightenment: An Interpretation. The Rise of Modern Paganism* (New York: Knopf, 1966), ch. 2; and Timothy D. Walker, "Enlightened Absolutism and the Lisbon Earthquake: Asserting State Dominance over Religious Sites and the Church in Eighteenth-Century Portugal," *Eighteenth-Century Studies*, vol. 48, no. 3, 2015, pp. 307–28.

5 UCLA, Young Research Library, MS 170/3.1, written in the late 1750s, f. 25.

6 Ibid., MS 170/16.6, f. 54; on Sicily, notebook begun in 1766, unfoliated second volume.

7 Ibid., f. 36; f. 58 shows the date as January 19, 1760.

8 Ibid., MS 170/16.4, ff. 31–32.

9 Ibid., MS 170/16.5, ff. 44–48.

10 MS 170/18, p. 69–70 printed text.

11 Ibid., MS 170/16.4, ff. 55–56 on the ruins in Arles; and on St. Peter's in Rome, notebook 6, f. 58 last page before index.

12 Ibid., MS 170/16, notebook 9, unfoliated with discussion of Boerhaave and the decline in the teaching of medicine; ends in 1767. See notes opposite p. 74 for the library.

13 Bibliotheque d' Arsenal, Paris, MS 9528 with a preface dated 1749, Peking, and a dedication dated 1758. Facsimile edition available through Google Books and attributed, in the preface of the original manuscript and in the facsimile edition, to Robert Dodsley—that is, Lord Philip Dormer Stanhope Chesterfield. There is a printed version of the text, [Anon.] , *Le Elixir de la morale indienne, ou Economie dela vie humaine* (Paris: Chez Ganeau, 1760); authorized by a royal privilege. See also Harry M. Solomon, *The Rise of Robert Dodsley: Creating the New Age of Print* (Carbondale: Southern Illinois University Press, 1996).

14 See Johann Anton Trinius, *Freydenker Lexicon* (Turin: Bottega d' Erasmo, 1966, with a preface by Franco Venturi), originally published in Leipzig, 1759, pp. 3–7.

15 MS 9528, f. 18.

16 MS 9528, ff. 110–13.

17 John Bray, "The Oeconomy of Human Life: An 'Ancient Bramin' in Eighteenth–Century Tibet," *Journal of the Royal Asiatic Society,* Third Series, vol. 19, no. 4, 2009, pp. 439–58; and James E. Tierney, ed., *The Correspondence of Robert Dodsley 1733–1764* (Cambridge: Cambridge University Press, 1988), pp. 10–11.

18 [Anon.] , *Le Elixir de la morale indienne,* f. 34.

19 Tierney, ed., *The Correspondence of Robert Dodsley,* p. 21.

20 Ibid., p. 21.

21 Lynn Hunt, Margaret Jacob, and Wijnand Mijnhardt, *The Book That Changed Europe: Picart and Bernard's Religious Ceremonies of the World* (Cambridge, MA:Harvard University Press, 2010).

22 UCLA, Young Research Library, MS 170/429, 1758, "Journal of a Voyage to Goree in Africa by Samuel Dickenson," ff. 24–25. 迪金森来自斯塔福德郡的布莱希尔。

23 Ibid., f. 28.

24 Ibid., f. 34.

25 Alexander Campbell, *A journey from Edinburgh through parts of North Britain; containing remarks on Scottish landscape; and observations on rural economy, natural history, manufactures, trade, and commerce; interspersed with anecdotes, traditional, literary, and historical* (London: Printed by A. Strahan, for T. Longman and O. Rees, 1802), vol. 1, pp. 19–22.

26 Dickenson, MS/429, "Journal from London to Marseilles by S. Dickenson 1766, 1767, 1768," ff. 45–50; f. 54 for quotation.

27 Ibid., f. 67.

28 Ibid., "Journal Mediterranean Gibraltar," 1760, f. 29.

29 Richard Lovell Edgeworth and Maria Edgeworth, *Memoirs of Richard Lovell Edgeworth, esq. Begun by Himself, and Concluded by his Daughter, Maria Edgeworth* (London: Richard Bentley, 1844). UCLA, Young Research Library, MS 170/650; this copy belonged to the family and contains handwritten material.

30 UCLA, Young Research Library, MS 170/587: Lectures on Chemistry by Doctor Black and Doctor Hope taken by Lovell Edgeworth; Bound Manuscripts Collection, Department of Special Collections. See http://guides.library.ucla.edu/industrialization (accessed June 24, 2018).

31 Roger L. Emerson, *Academic Patronage in the Scottish Enlightenment* (Edinburgh: Edinburgh University Press, 2008), pp. 129–30, 187–88.

32 Science Museum, London, MS 2416, 3 out of 5, ff. 63–64.

33 Ibid., MS 2416, 5 out of 5, ff. 1–2, 21.

34 Ibid., f. 28–29, "Machines have been constructed which greatly alleviate the labour of man & the exertion of brute force."

35 Ibid., ff. 30–31.

36 Science Museum, London, MS 2421, notebook 3.10, "Government, Part I, Of the Origin and Progress of Government." F. 13 for attack on the Tories; f. 17 for the people form a contract to make government and can unmake it; ff. 18–50 on the stages.

37 Ibid., ff. 59 and 67; and f. 79 on luxury and manufacturing laborers are constantly employed; f. 73;

f. 75 on manufacturing rendering the higher ranks intelligent and the lower ranks ignorant.

38 Joel Mokyr, *The Enlightened Economy: An Economic History of Britain 1700–1850* (New Haven, CT: Yale University Press, 2009).

39 Isabella Moerloose, *Vrede Tractaet. Gegeven van den Hemel door Vroewen Zaet. Beschreven door Isabella De Moederloose Weduwe van Domini Laurentius Hoogentoren, In zijn Leven Predikant in Zuit-Beverland* (Amsterdam: Printed by the author, 1695).

40 J. Campo Weyerman, *De Rotterdamse Hermes*, ed. A. Nieuweboer (facsimile of 1721 edition; Amsterdam, 1980), p. 178.

41 All this is recounted in Herman Roodenburg, "Sex, opvoeding en volksgeloof in de zeventiende eeuw. De autobiografie van Isabella de Moerloose," *Tijdschrift voor social geschiedenis*, vol. 9, 1983, pp. 311–42; a translation can be found in *Journal of Social History*, Summer 1985, pp. 517–40.

42 Wilhelm Lütjeharms, *Het Philadelphisch-Oecumenisch Streven der Hernhutters in de Nederlanden in de Achttiende Eeuw* (Zeist: Zendingsgenootschap der Evang. Broedergemeente, 1935), pp. 144–49, citing in particular "te waken tegen de Sociniaansche, Ariaansche en Arminiaansche dwalingen, alsmede die van Van Hattem, Leenhof, Deurhof, Hernhutters en anderen."

43 Eric Jorick and Ad Maas, eds., *Newton and The Netherlands* (Leiden: University of Leiden Press, 2012).

44 See Henk Boom, *Onze man in Constantinopel, Frederick Gijsbert Baron van Dedem (1743–1820)* (Zutphen: Wals Pers, 2012).

45 Antonio de Ulloa, *Historical Account of Voyage to South America. Relación histórica del viage a la América Meridional* (Madrid: A. Marin, 1748).

46 Francisco Bouligny, *Noticia del estado actual del comercio y población de la Nueva Orleans y Luisiana espanola, y los medios de adelantar aquella provincia que presenta a S.M. Carlos por mano de su ministro de Indias el Ilmo* (MS. Biblioteca Del Museo Ultramar, Madrid, 1776); Luis de Sales, *Noticias de la Provincia de Californias, 1794* (Madrid: J. Porrúa Turanzas, 1960); Antonio de Ulloa and Jorge Juan y Santacilia, *Relación histórica del viage a la América Meridional: hecho de orden de S. Mag. para medir algunos grados de meridiano terrestre, y venir por ellos en conocimiento de la verdadera figura, y magnitud de la tierra, con otras varias observaciones astronómicas, y phisicas* (Madrid: A. Marin, 1748); Antonio de Ulloa y de la Torre-Giralt, *Noticia del estado actual del comercio y poblacion de la Nueva Orleans y Luisiana espanola y los medios de adelantar aquella privincia que presenta a S.M. Carlos por mano de su ministro de Indias el Ilmo*; Sr. don Joseph de Galvez, Luis de Sales, *Noticias de la Provincia de las Californias en tres cartas de un sacerdote, religioso, hijo del Real convento de Predicadores de Valencia a un amigo suyo* (Valencia: Printed by the Orga brothers, 1794): Antonio de Ulloa y de la Torre-Giralt, *Viaje que hicieron a Lima desde Quito don Jorge Juan I don Antonio de Ulloa el ano de 1740: Travels to Lima from Quito by Don Jorge and Don Antonio de Ulloa*, 1740, and *Viaje a varias cortes europeas y otras ciudades, con varios encargos del Real Servicio: Travels to Several European Courts and Other Cities*. And see *Noticia y descripcion de los paises que median entre la ciudad y puerto de Veracruz, en el reyno de Nueva Espana hasta los asientos de Minas, Guanjuato, Pachuca y Real del Monte*.

47 Andrei Zorin, "Feeling across Borders: The Europeanization of Russian Nobility through Emotional Patterns," in David Adams and Galin Tihanov, eds., *Enlightenment Cosmopolitanism* (London: Legenda, 2011), pp. 32–38.

48 *Herders Reisejournal*, intro. by Elizabeth Blochmann (Weinheim: Julius Beltz, 1961), pp. 58–61.

49 Ibid., pp. 67–68.

50 Ibid., pp. 82–87.

51 Almut and Paul Spalding, "Living in the Enlightenment: The Reimarus Household Accounts of 1728–1780," in Martin Mulsow, ed., *Between Philology and Radical Enlightenment: Hermann Samuel Reimarus (1694–1768)* (Leiden: Brill, 2011), pp. 217–18.

52 *Gespräch über eine-unsichtbar-sichtbare Gesellschaft*, in Ion Contiades, ed., *Gotthold Ephraim Lessing, Ernst und Falk; met den Fortsetzungen Herders und Friedrich Schlegels* (Frankfurt am Main: Insel, 1968), p. 69.

53 Frank Hatje, "Jakobiner, Demokraten, Republikaner? Französische Revolution, Aufklärung und deutsches Bürgertum in den Tagebüchern Ferdinand Benekes," *Aufklärung*, vol. 24, 2012, pp. 29–63.

54 Suzanne Necker, "Sur un nouveau genre de Spectateur," in Catriona Seth, ed., *La Fabrique de l'Intime. Mémoires et journaux de femmes du XVIIIe siecle* (Paris: Editions Robert Laffont, 2013), pp. 253–59.

55 See www.metmuseum.org/art/collection/search/205459 (accessed May 20, 2017).

56 Évariste Désiré de Forges Parny, *Poésies érotiques* (n.p. [Paris] , 1778).

57 Debray, *Oeuvres d'Évariste Parny*, vol. II (Paris: Debray, 1808), pp. 162–63; and pp. 237–38 for his ode to the lodge. And see the discussion by Jacques–Charles Lemaire, ed., *La Guerre des Dieux (1799)* (Paris: Champion, 2002), pp. 22–27. On Parny and slavery, see Catriona Seth, "Évariste Parny (1753–1814)," Ph. D. dissertation, Université de Paris–Sorbonne (Paris IV), 1995, pp. 107–8; and by the same author, *Évariste Parny (1753–1814). Créole, révolutionnaire, académicien* (Paris: Hermann Éditeurs, 2014), pp. 76–81.

58 Lemaire, *Le Guerre*, p. 79.

59 Ibid., p. 87.

Chapter Four. Paris and the Materialist
Alternative: The Widow Stockdorff

1 Raymond Birn, *Royal Censorship of Books in 18th-Century France* (Stanford, CA: Stanford University Press, 2012), pp. 1–20. 另见 "比起其他国家，法国的审查制度更加专横、随意、不讲道理。西班牙和葡萄牙的宗教裁判所至少在恶毒方面一以贯之。相比之下，法国审查员的举措完全无法被预判……发放印刷许可证的官僚机构不仅行事古怪，而且程序复杂、冗余，过程缓慢得令人窒息。因此，一份手稿可能会经过三年的审议才获得批准，但一出版却又被打压。有时，有关部门会发布法令禁绝一本书，但又会私下默许其在巴黎的地下图书市场传播。" From Sue Curry Jansen, *Censorship: The Knot That Binds Power and Knowledge* (New York: Oxford University Press, 1991), p. 79; F. Weil, "Les Livres persecutés en France de 1720 a 1770," *La Lettre clandestine*, vol. 6, 1997, p. 267; and Mogens Larke, "Introduction," in *The Use of Censorship in the Enlightenment* (Leiden: Koninklijke Brill NV, 2009), p. 15.

2 Nicole Hermann–Mascard, *La Censure des livres a la fin de l'Ancien Régime (1750–1789)* (Paris: Presses Universitaires de France, 1968), p. 42. Cf. Catherine Blangonnet, "Recherches sur les censeurs royaux au temps de Malesherbes (1750–1763)," *Ecole Nationale des Chartres, Positions des theses soutenues parles éleves de la promotion de 1975* (Paris: Ecole des Chartres, 1975), p.19. Cf. Anne Goldgar, "The Absolutism of Taste: Journalists as Censors in 18th–Century Paris," in *Censorship & the Control of Print: In England and France 1600–1910,* illustrated ed., ed. Robin Myers and Michael Harris. (New Castle, DE: Oak Knoll Press, 1992), p. 90.

3 Sue Curry Jansen, *Censorship*, p. 79. See also William Hanley, *A Biographical Dictionary of French Censors, 1742–1789 A–B* (Ferney–Voltaire: Centre international d'étude du XVIIIe siecle, 2005), vol. I, p. 386, and Bibliotheque Nationale de France (BnF) Fonds français 21939–21942, 21995–22002, 22014–22016, 22137–22139; and Ernest Coyecque, *Inventaire de la Collection Anisson sur l'histoire de l'imprimerie et la librairie principalement a Paris*, 2 vols. (Paris, 1900; reprint New York: Burt Franklin Bibliography and Reference Series, 1964).

4 Jean–Jacques Rousseau, *Confessions*, trans. by Angela Scholar (Oxford: Oxford University Press, 2008), p. 204. 其法文版于 1762 年首次面世。

5 Daniel Droixhe, *Une histoire des Lumieres au pays de Liege. Livre, idées, société* (Liege: Fondation Universitaire de Belgique, 2007), chs. 1-2.

6　Jonathan Israel, *Radical Enlightenment* (New York: Oxford University Press, 2001), p. 574.

7　For a study of the entire generation of journalist refugees, see Marion Brétéche, *Les Compagnons de Mercure. Journalisme et politique dans l'Europe de Louis XIV* (Ceyzérieu: Champ Vallon, 2015). And for the coterie around Marchand, see Margaret C. Jacob, *The Radical Enlightenment: Pantheists, Freemasons and Republicans* (London: Allen and Unwin, 1981; 2nd ed., Santa Ana, CA: Cornerstone Books, 2006). For an example of the inability of Francophone scholars to integrate the French language press outside their borders, see Suzanne Dumouchel, *Le Journal littéraire en France au dix-huitième siecle: émergence d'une culture virtuelle, preface by Jean-Paul Sermain* (Oxford: Voltaire Foundation, 2016).

8　University Library, Leiden, Marchand MSS 2 Fritsch to Marchand, January 17, 1740.

9　[Anon.], *La vie et l'esprit de Mr. Benoit de Spinosa* ([Amsterdam: Charles le Vier], 1719).《论三个冒名顶替者》最初以此名出版。See library catalogue of UCLA, B3997. L96v 1719 [Barcode: G0000523258], one of the few extant copies. The Toland manuscripts are at the British Library.

10　他们的观点被写入了《波斯人信札》。See Ursula Haskins Gonthier, *Montesquieu and England: Enlightened Exchanges, 1689–1755* (London: Pickering & Chatto, 2010), pp. 17–18.

11　David L. Crosby, ed., *The Complete Antislavery Writings of Anthony Benezet 1754–1783: An Annotated Critical Edition* (Baton Rouge: Louisiana State University Press, 2013).

12　Pierre Bayle, *Nouvelles Lettres*, 2 vols. (The Hague: Van Duren, 1739), vol. II, p. 421, letter of January 1, 1705. 贝尔纳通常会在自己的店铺里摆放他赊购的书籍。For more details about his dealings, see Amsterdam Municipal Archives, notary public J. Hoekebak, No. 5922, December 22, 1711; idem, March 18, 1712, no. 5923.

13　J. F. Bernard, *Réflexions morales satiriques & comiques, sur les Moeurs de notre siecle* (Cologne: Pierre Marteau le Jeune, 1711), ch. 6.

14　Ibid., p. 139.

15　Ibid., ch. 11. And for the identity of Amsterdam, see the 1723 edition, p. 199 and the unpaginated key at the end; and see p. 177 for further praise of the Dutch Republic. See also Jens Häseler and Anthony McKenna, eds., *La vie intellectuelle aux refuges Protestants. Actes de la Table ronde de Münster du 25 juillet 1995* (Paris: Champion, 1999).

16　For a lengthy discussion of *Religious Ceremonies of the World*, see Lynn Hunt, Margaret Jacob, and Wijnand Mijnhardt, *The Book That Changed Europe: Picart and Bernard's Religious Ceremonies of the World* (Cambridge, MA: Harvard University Press, 2010).

17　Montesquieu, *Persian Letters with Related Texts*, trans. with intro and notes by Raymond N. MacKenzie (Indianapolis, IN: Hackett Publishing, 2014), p. 37.

18　Ibid., pp. 83–85, letters 57 and 58.

19　Ibid., p. 87, letter 59.

20　Ibid., p. 41.

21　Montesquieu, *The Spirit of the Laws* (Amherst, NY: Prometheus Books, 2002; text originally published in English ca. 1900, New York: Colonial Press), p. 226; original French edition, 1748.

22　Montesquieu, *Persian Letters*, p. 242, letter 160.

23　Silvia Sebastiani, *The Scottish Enlightenment: Race, Gender, and the Limits of Progress*, trans. by Jeremy Carden (New York: Palgrave-Macmillan, 2013), pp. 26–27.

24　Montesquieu, *Spirit of the Laws*, p. 150.

25　Aurelian Craiutu, *A Virtue for Courageous Minds: Moderation in French Political Thought, 1748–1830* (Princeton, NJ: Princeton University Press, 2012).

26　James Jones Jr., "Montesquieu and Jefferson Revisited: Aspects of a Legacy," *French Review*, Fiftieth Anniversary Issue, vol. 51, no. 4, 1978, pp. 577–85.

27　Annelien de Dijn, "Montesquieu's Controversial Context: *The Spirit of the Laws* as a Monarchist Tract," *History of Political Thought*, vol. 34, 2013, pp. 66–88.

28 Montesquieu, *Spirit of the Laws*, p. 189, and books 11 and 12, in general.

29 Sebastiani, *The Scottish Enlightenment*, p. 34, quoting from Hume's footnote to the 1753–54 edition, "Of National Characters," in *Essays Moral, Political and Literary*, ed. Eugene F. Miller (Indianapolis: Liberty Fund, 1985). For exiting the tunnel, see S. Muthu, *Enlightenment against Empire* (Princeton, NJ: Princeton University Press, 2003).

30 Mr. de Voltaire, *Letters concerning the English Nation* (London: Printed for C. Davis in Pater-Noster-Row, MDCCXLI［1741］). 第二版增补了大量内容。

31 Voltaire, *Letters*, letter 5.

32 Ibid., letter 7.

33 For a more detailed discussion, see J. B. Shank, *The Newton Wars and the Beginning of the French Enlightenment* (Chicago: University of Chicago Press, 2008).

34 Glenn Roe, "A Sheep in Wolff's Clothing: Emilie du Châtelet and the Encyclopédie," *Eighteenth-Century Studies*, vol. 51, no. 2, 2018, pp. 179–96.

35 Brookliss, *French Higher Education*, p. 366.

36 Adam Smith, *Lectures on Rhetoric and Belles Lettres . . . delivered at the University of Glasgow . . . reported by a student in 1762–63*, ed. by John M. Lothian (London: Thomas Nelson and Sons, 1963), p. 140.

37 Shank, *Newton Wars*, pp. 129–32. And see Ann Thomson, "Toland, Dodwell, Swift and the Circulation of Irreligious Ideas in France: What Does the Study of International Networks Tell Us about the 'Radical Enlightenment'?" in Lise Andries, Frédéric Ogé, John Dunkley, and Darach Sanfey, eds., *Intellectual Journeys: The Translation of Ideas in Enlightenment England, France and Ireland* (Oxford: Voltaire Foundation, 2013), pp. 169–73. And see Margaret C. Jacob, "The Radical Enlightenment: A Heavenly City with Many Mansions," in Steffen Ducheyne, ed., *Reassessing the Radical Enlightenment* (New York: Routledge, 2017), pp. 48–60.

38 Shank, *Newton Wars*, pp. 434–40.

39 ［Anon.］, *Thérèse philosophe* (The Hague, 1748), p. 23.

40 Archives of the Prefecture of the Police, Paris, Aa/7/592–97.

41 Paula Bertucci, *Artisanal Enlightenment: Science and the Mechanical Arts in Old Regime France* (New Haven, CT: Yale University Press, 2017).

42 For easy access to a portion of the text, see Margaret C. Jacob, *The Enlightenment, Second Edition* (Boston: Bedford Books, 2017), pp. 81–100; p. 85 for the quotation.

43 Margaret C. Jacob, "The Materialist World of Pornography," in Lynn Hunt, ed., *The Invention of Pornography: Obscenity and the Origins of Modernity, 1500–1800* (New York: Zone Books, 1996), pp.157–202.

44 Laurence Macé-Del Vento, "'Lancer la foudre et retirer la main.' Les stratégies clandestines de Voltaire vues par la censure romaine," *La Lettre clandestine*, no. 16, 2008, pp. 165–77, quoted on p. 166, from Rome, Archivio della Congregazione per la Dottrina della Fede (ACDF), Index, Protocolli 1771–73, dossier 17, f. 66r.

45 For the text, see http://du.laurens.free.fr/epitres/epitr_chandel.htm (accessed September 29, 2016).

46 ［Anon.］, *Nouvelles libertés de Penser* (Amsterdam, 1743); cf. James. O' Higgins, S.J., *Anthony Collins* (The Hague: Nijhoff, 1970), pp. 216–17. Cf. Hans Ulrich Gumbrecht, *Making Sense in Life and Literature, Theory and History of Literature*, vol. 79 (Minneapolis: University of Minnesota Press, 1992), pp. 138–39; 在这里，作者十分笃定地认为，《哲学家》是在法语语境下写就的。 See the discussion in Jacob, *The Radical Enlightenment, Pantheists, Freemasons and Republicans*, p. 217, and see Margaret C. Jacob, *Living the Enlightenment: Freemasonry and Politics in Eighteenth-Century Europe* (New York: Oxford University Press, 1991). 有很多证据指向《哲学家》的作者是杜马尔赛（Dumarsais），但这些证据都不是决定性的；see A. W. Fairbairn, "Dumarsais and *Le Philosophe*," *Studies on Voltaire and the Eighteenth Century*, vol. lxxxvii, 1972, pp. 375–95; and Olivier Bloch, ed., *Le Matérialisme du XVIIIe siecle et la litterature clandestine* (Paris: Librairie Vrin, 1982), pp. 179–81, 在这部专著中，《哲学家》的手稿被重新放入荷兰语语境下解读。

47 Here, I am working from the electronic version of an English translation by Samuel Wilkinson, of 1820, available at www.gutenberg.org/files/8909/8909-h/8909-h.htm#link2H_PREF (accessed July 1, 2018), p. 1. *The System of Nature; Or, the Laws of the Moral and Physical World. Translated from the Original French of M. De Mirabaud* (London: Samuel Davison, 1820).

48 Ibid., ch. 1.

49. Ibid., ch. 4.

50 Bibliotheque Mazarin, Paris, MS 1193, pp. 92–93.

51 〔Voltaire〕, *Sermon des cinquante* (Geneva: Cramer, 1762). See Miguel Benitez, "Voltaire and Clandestine Manuscripts," in *The Cambridge Companion to Voltaire*, ed. Nicholas Cronk (Cambridge: Cambridge University Press, 2009), 71–72.

52 Adam Sutcliffe, "Judaism in the Anti-Religious Thought of the Clandestine French Early Enlightenment," *Journal of the History of Ideas*, vol. 64, no. 1, January 2003, pp. 97–117.

53 David Williams, "Voltaire," in Graham Robert Oppy and Nick Trakakis, eds., *The History of Western Philosophy of Religion: Volume 3, Early Modern Philosophy of Religion*, (Oxford: Oxford University Press, 2009), pp. 203–4.

54 See Laure Marcellesi, "Louis-Sébastien Mercier: Prophet, Abolitionist, Colonialist"; at www. dartmouth.edu/~laurewik/publications/2011-studies/mercier.pdf (accessed September 12, 2016).

55 M. Mercier, *De J. J. Rousseau, considéré comme l'un des premiers auteurs de la revolution* (Paris: Buisson, 1791), pp. 1–47.

56 Jean-Jacques Rousseau, *Profession of Faith of a Savoyard Vicar* (New York: Peter Eckler; reprinted by Leopold Classic Library, 1889), p. 19.

57 Ibid., p. 20. Samuel Clarke, *A demonstration of the being and attributes of God* 〔electronic resource〕: *more particularly in answer to Mr. Hobbs, Spinoza, and their followers: Wherein the notion of liberty is stated, and the possibility and certainty of it proved, in opposition to necessity and fate. Being the substance of eight sermons preach'd at the Cathedral-Church of St. Paul, in the year 1704. at the lecture founded by the honourable Robert Boyle* (London: James Knapton, at the Crown in St. Paul's Church-Yard, 1706). 其法文版于 1717 年面世。

58 Ibid., pp. 31–38.

59 James Miller, *Rousseau: Dreamer of Democracy* (New Haven, CT: Yale University Press, 1984).

60 Rousseau, *Savoyard Vicar*, p. 84.

61 Ibid., pp. 78–79.

62 Ibid., pp. 103–7.

63 C. L. Griswold, "Liberty and Compulsory Civil Religion in Rousseau's *Social Contract*," *Journal of the History of Philosophy*, vol. 53, no. 2, 2015, pp. 271–300.

64 Rousseau, *Confessions*, p. 191. Cf. M. K. McAlpin, "Innocence of Experience: Rousseau on Puberty in the State of Civilization," *Journal of the History of Ideas*, vol. 71, no. 2, 2010, pp. 241–61.

65 McAlpin, "Innocence of Experience," p. 131.

66 Rousseau, *Confessions*, p. 160.

67 Jean-Jacques Rousseau, *The Social Contract*, trans. and intro. by Maurice Cranston (London: Penguin, 1968), p. 49.

68 *Confessions*, p. 168.

69 Rousseau, *The Social Contract*, p. 65.

70 Ibid., p. 68.

71 *Du Contrat social*, in *OEuvres completes*, ed. by B. Gagnebin and M. Raymond (Paris: Gallimard, 1964), vol. 3, p. 429: "钱财这个字眼是奴隶的字眼；在城邦里是不知道有这个字眼的。在一个真正自由的国家里，一切都是公民亲手来做，没有任何事情是要用钱的。"

72 Rousseau, *The Social Contract*, p. 69.

73 Ibid., p. 74. Luc Foisneau, "Governing a Republic: Rousseau's General Will and the Problem of Government," *Republics of Letters: A Journal for the Study of Knowledge, Politics, and the Arts*, vol. 2, no. 1, December 15, 2010; at http://rofl.stan ford.edu/node/70 (accessed January 30, 2017).

74　C. L. Griswold, "Liberty and Compulsory Civil Religion in Rousseau's *Social Contract.*" *Journal of the History of Philosophy*, vol. 53 no. 2, 2015, pp. 271–300.

75　Library of the Grand Lodge, The Hague, MS 191.E.2, f. 60, spoken in 1800.

76　For example, see [Anon.] , *Essai sur la secte des illumines* (Paris, 1789), and repeated almost verbatim in *La Loge rouge devoilée a toutes les tetes couronnées* (new edition, July 1790, probably Paris).

77　See Archives nationales, Paris, MS F 7 6689, documents from the Prefecture of the Police in the 1820s.

78　For a copy of the 1738 encyclical, see www.papalencyclicals.net/Clem12/c12 inemengl.htm (accessed May 16, 2016).

79　See [Anon.] , *Les Francs-Maçons ecrasés* (Amsterdam, 1747). See also Harry Carr, ed., *The Early French Exposures* (London: Quatuor Coronati Lodge, 1971), pp. 282–91. See also Margaret C. Jacob, *Living the Enlightenment: Freemasonry and Politics in Eighteenth-Century Europe* (New York: Oxford University Press, 1991), ch. 1.

80　Archives municipals, Strasbourg, Legs Gerschel, box 34, f. 1, "esquisse de la cérémonie de reinstallation."

81　Lenni Brenner, ed., *Jefferson & Madison on Separation of Church and State* (Fort Lee, NJ: Barricade Books, 2004), p. 75, Jefferson to Marquis de Chastellux, September 2, 1785.

Chapter Five. The Scottish Enlightenment in Edinburgh

1　Michael F. Graham, The Blasphemies of Thomas Aikenhead: Boundaries of Belief on the Eve of the Enlightenment (Edinburgh: Edinburgh University Press, 2008), pp. 70–75. 违禁书籍的清单即使存在，也没有被存入档案中。For banned books almost entirely religious or political in nature, see Appendix 2 in Alastair F. Mann, The Scottish Book Trade, 1500–1720 (East Linton, UK: Tuckwell Press, 2000), pp. 175–77. See manuscript by Thomas Ruddiman, predecessor of Hume, National Library of Scotland MS 20492; "Visitation to universities, National records of Scotland, parliamentary visitation of universities," 1690, MS PA10/4 and CH12/12/210.

2　Richard B. Sher, *Church and University in the Scottish Enlightenment: The Moderate Literati of Edinburgh* (Edinburgh: University of Edinburgh Press, 1985), p. 27.

3　Alasdair Raffe, *The Culture of Controversy: Religious Arguments in Scotland, 1660–1714* (Woodbridge, UK: Boydell Press, 2012), pp. 57–61.

4　Raffe, *The Culture*, ch. 2.

5　See in general, Michael F. Graham, *The Blasphemies of Thomas Aikenhead: Boundaries of Belief on the Eve of the Enlightenment* (Edinburgh: Edinburgh University Press, 2008). For his particular beliefs, see pp. 102–4, 117–20.

6　British Library, ADD. MS 4295.

7　Mungo Craig, *A Satyr against Atheistical Deism with a Genuine Character of a Deist* (Edinburgh: Robert Hutchison, 1696), p. 10.

8　Cited in Graham, *The Blasphemies*, p. 22.

9　See Paul Monod, Murray Pittock, Daniel Szechi, eds., *Loyalty and Identity. Jacobites at Home and Abroad* (Basingstoke, UK: Palgrave Macmillan, 2010); Bruce Lenman, "The Scottish Episcopal Clergy and the Ideology of Jacobitism," in Eveline Cruickshanks, ed., *Ideology and Conspiracy: Aspects of Jacobitism, 1689–1759* (Edinburgh: John Donald, 1982), pp. 36–48.

10　Graham, *The Blasphemies*, 46–47. On toleration, see [Anon.] , *Good News from Scotland: or the Abjuration and the Kirk of Scotland reconcil'd* (n.p., 1712), p. 10, "The Toleration is a hard Chapter."

11　See David D. Wilson, *Seeking Nature's Logic: Natural Philosophy in the Scottish Enlightenment*

(University Park: Pennsylvania State University Press, 2009), ch. 1.

12 For a good overview of Scottish clubs in the period, see Roger L. Emerson, *Neglected Scots: Eighteenth Century Glaswegians and Women* (Edinburgh: Humming Earth, 2015).

13 For example, L. Weber, "Predicting the Bankruptcy of England: David Hume's Political Discourses and the Dutch Debate on National Debt in the Eighteenth Century," *Early Modern Low Countries*, vol. 1, no. 1, 2017, pp. 135–55.

14 Archibald Pitcairne, *Babell; A Satirical Poem, on The Proceedings of the General Assembly in the year 1692* (Edinburgh: Maitland Club, 1830), pp. xii–xiii.

15 Ibid., p. 16.

16 [Anon.] , *A Modest Examination of a Late Pamphlet entitled Apollo Mathematicus* (n.p., 1696).

17 [A. Pitcairne] , *Apollo Mathematicus. Or the Art of curing Diseases by the Mathematics, According to the Principles of Dr. Pitcairne* (n.p., 1695), p. 43.

18 [Anon.] , *A Catalogue of the Graduates in the Faculties of Arts, Divinity and Law, of the University of Edinburgh, since Its Foundation* (Edinburgh: Neill and Company, 1858), pp. 137–38.

19 John P. Wright, *Hume's 'A Treatise of Human Nature': An Introduction* (Cambridge: Cambridge University Press, 2009), pp. 4–5.

20 William Robertson, *Reasons of Dissent from the Judgment and Resolution of the Commission, March 11, 1752* (Edinburgh, 1752), pp. iii–iv. And see Richard Sher, *Church and University*, pp. 50–57.

21 John Witherspoon, *Ecclesiastical characteristics: or, the arcana of church policy. Being an humble attempt to open up the mystery of moderation. Wherein is shewn A plain and easy way of attaining to the character of a moderate man, as at present in repute in the church of Scotland* (Glasgow, 1753), pp. 5–22.

22 Essay 12 in the 1777 edition of Hume, *Essays, Moral and Political* (Edinburgh: Printed by R. Fleming and A. Alison, for A. Kincaid Bookseller, 1741–42), vol. 1, pp. Mil 77–78; at http://davidhume.org/texts/emp.html (accessed June 15, 2018).

23 I am indebted here to Richard Sher, *Church and University*, ch. 2.

24 Ibid., p. 87.

25 Quoted in Sher, pp. 87–88, Hume to Elliot, July 2, 1757, in *The Letters of David Hume*, ed. J.Y.T. Greig, 2 vols. (Oxford: Oxford University Press, 1932), vol. 1, p. 255.

26 National Library of Scotland, MS 23159, ff. 89–96, May 2, 1754–January 1, 1755. 最后四个议题的讨论是在 1758 年。到了 1761 年，学会一心想要恢复以往的兴盛局面。从 1754 年 11 月至 12 月，学会讨论了关于古今风俗与女性的议题，期间，休谟在讨论中的表现非常活跃；他主持了学会 12 月的讨论会议。

27 Ibid., December 18, 1759, p. 149; 在关于女性的议题之后，又提出了修道院和修女院是否 "不利于国家人口增长" 的问题。在同一天，还有一个关于一个 "沉沦于奢侈和享乐的国家能否重新换发生机" 的问题。

28 National Library of Scotland, MS 23159, ff. 89–96.

29 Ibid., p. 137; 所有会议记录都提到了共济会的聚会场所，p. 114 and pp. 163–64.

30 Ibid., f. 187, 问题清单被单独列出，其中有一些问题的后面被标上了 "已辩论"，包括那些已讨论通过的问题。For Hume as satirist, see essay 6, "Of Love and Marriage," in the 1777 edition of Hume, *Essays, Moral and Political* (Edinburgh: Printed by R. Fleming and A. Alison, for A. Kincaid Bookseller, 1741–42), vol. 1; at http://davidhume.org/texts/emp.html (accessed June 18, 2018).

31 László Kontler, "Beauty or Beast, or Monstrous Regiments? Robertson and Burke on Women and the Public Scene," in Ferenc Hörcher and Endre Szécsényi, eds., *Aspects of the Enlightenment: Aesthetics, Politics, and Religion* (Budapest: Akadémiai Kiadó, 2004), pp. 238–74.

32 Paul Bator, "The University of Edinburgh Belles Lettres Society (1759–64) and the Rhetoric of the Novel," *Rhetoric Review*, vol. 14, no. 2, 1996, pp. 280–98.

33 National Library of Scotland, MS Adv. 5.1.6, 1761.

34 The 1777 edition of Hume, *Essays, Moral and Political* (Edinburgh: Printed by R. Fleming and A. Alison, for A. Kincaid Bookseller, 1741–42), vol. 1; at http:// davidhume.org/texts/emp.html, mil 7

(accessed January 24, 2017).

35 David Hume, *Political Discourses* (Edinburgh: R. Fleming for A. Kincaid and A. Donaldson, 1752), quoting here from the 1777 text, essay one, "Of Commerce"；at http://davidhume.org/texts/pd.html (accessed January 25, 2017).

36 Hume, *Essays, Moral and Political*, vol. 1, pp. Mil 89–90.

37 Hume, *Political Discourses*, p. RA 10; at http://davidhume.org/texts/pd.html (accessed May 23, 2018).

38 David Hume, *Dialogues Concerning Natural Religion* (n.p., 1779), p. D 1.14; at http://davidhume. org/texts/dnr.html (accessed May 24, 2018).

39 Ibid., p. D 2.14.

40 On Hume's epistemology, see James A. Harris, *Hume: An Intellectual Biography* (Cambridge: Cambridge University Press, 2015), pp. 85–102, and pp. 78–81 on his time in France.

41 Hume, *Dialogues Concerning Natural Religion*, p. D 2.21, and p. D 3.7 for the argument about the eye.

42 Ibid., p. D 3.12.

43 Thomas A. Apel, *Feverish Bodies: Enlightened Minds. Science and the Yellow Fever Controversy in the Early American Republic* (Stanford, CA: Stanford University Press, 2016), pp. 25–28.

44 ［George Horne］, *A letter to Adam Smith, L.L.D. on the life, death and philosophy of his friend David Hume, Esq. By one of the people called Christians* (Oxford, 1777), p. 11, quoting from the 1804 edition (London: Addinson), found in Early America's Historical Imprints;［Samuel Jackson］ Pratt, *An apology for the life and writings of David Hume, Esq: with a parallel between him and the late Lord Chesterfield: to which is added an address to one of the people called Christians. By way of reply to his letter to Adam Smith, L.L.D.* (London: Printed for Fielding and Walker, D. Prince, Oxford; T. and J. Merrill, Cambridge; and W. Creech, Edinburgh, 1777); at http:// name.umdl.umich. edu/004806357.0001.000 (accessed July 1, 2018).

45 Adam Ferguson, *Analysis of pneumatics and moral philosophy. For the use of students in the College of Edinburgh* (Edinburgh: A. Kincaid and J. Bell, 1766), p. 5.

46 Adam Ferguson, *An essay on the history of civil society* (Edinburgh: A. Kincaid and J. Bell, 1767), Part II, sections 1 and 2.

47 Ibid., p. 355.

48 Iain McDaniel, *Adam Ferguson in the Scottish Enlightenment: The Roman Past and Europe's Future* (Cambridge, MA: Harvard University Press, 2013), ch. 4.

49 James A. Harris, "Religion in Hutcheson's Moral Philosophy," *Journal of the History of Philosophy*, vol. 46, no. 2, April 2008, pp. 205–22.

50 See ［Anthony Benezet］, *A short account of that part of Africa, inhabited by the Negroes. With respect to the fertility of the country; the good disposition of many of the natives, and the manner by which the slave trade is carried on. / Extracted from divers authors, in order to shew the iniquity of that trade, and the falsity of the arguments usually advanced in its vindication. With quotations from the writings of several persons of note, viz. George Wallis* ［that is, Wallace］, *Francis Hutcheson, and James Foster, and a large extract from a pamphlet, lately published in London, on the subject of the slave trade, second edition* (Philadelphia: W. Dunlap, 1762).

51 Francis Hutcheson, *An essay on the nature and conduct of the passions and affections. With illustrations on the moral sense. By the author of the Inquiry into the original of our ideas of beauty and virtue* (London: J. and J. Knapton, 1730). Cf. Stephen Darwall, "Hutcheson on Practical Reason," *Hume Studies*, vol. 23, no. 1, April 1997, pp. 73–89.

52 For an interesting discussion of the limits that Smith set on sympathy or pity, see Adam Potkay, "Pity, Gratitude, and the Poor in Rousseau and Adam Smith," in Eve Tavor Wheeler and Roxann Wheeler, eds., *Studies in Eighteenth-Century Culture*, vol. 46 (Baltimore. MD: Johns Hopkins University Press, 2017), pp. 163–82. And for Cullen, see his *Clinical lectures, delivered in the years 1765 and 1766, by William Cullen, M.D. Taken in short-hand by a gentleman who attended* (London: Printed

for Messrs. Lee and Hurst, Paternoster-Row, 1797), pp. 28–39, and David B. Wilson, *Seeking Nature's Logic: Natural Philosophy in the Scottish Enlightenment* (University Park: Pennsylvania State University Press, 2009), pp. 80–81.

53 Hutcheson, *An essay on the nature . . . of the passions*, pp. 29–30.

54 Adam Smith, *The Whole Works* (London: J. Richardson and Co., 1822), vol. 5, p. 79. From *The Principles That Lead and Direct Philosophical Enquiries: Illustrated by The History of Astronomy*; 这一部分的内容在亚当·斯密生前未被发表。

55 Adam Smith, *The Whole Works* (London: J. Richardson and Co., 1822), vol. 1, p. 142, from *The Theory of Moral Sentiments* (1759).

56 Adam Smith, *An Inquiry into the Nature and Causes of the Wealth of Nations* (Dublin: Printed for Messrs. Whitestone, Chamberlaine [etc.] , 1776), p. 2.

57 Nicholas Phillipson, *Adam Smith: An Enlightened Life* (London: Allen Lane, an imprint of Penguin Books, 2010), p. 201. See E. P. Dennison Torrie and Russel Coleman, *Historic Kirkcaldy: The Archaeological Implications of Development* (Aberdeen: Scottish Cultural Press, 1995), p. 15.

58 For the early innovations, see A. E. Musson and Eric Robinson, *Science and Technology in the Industrial Revolution (with Foreword to the Second Printing, Margaret C. Jacob)* (Reading, UK: Gordon and Breach, 1989; first printing 1969); Margaret C. Jacob, *The Cultural Meaning of the Scientific Revolution* (New York: Alfred Knopf, 1987) and *Scientific Culture and the Making of the Industrial West* (New York: Oxford University Press, 1997); and by the same author, *The First Knowledge Economy* (Cambridge: Cambridge University Press, 2015).

59 Adam Smith, *An Inquiry*, p. 39.

60 Ibid., pp. 158–60.

61 Robert G. W. Anderson and Jean Jones, eds., *The Correspondence of Joseph Black* (Burlington, VT: Ashgate, 2012), pp. 6–15; Phillipson, *Smith*, pp. 279–80.

62 For what Black was teaching, see UCLA, Young Research Library, MS 170/587: *Lectures on Chemistry by Doctor Black and Doctor Hope taken by Lovell Edgeworth*; at http://digital2.library. ucla.edu/viewItem.do?ark=21198/zz0019rp5j (accessed January 19, 2018).

63 Donald Fleming, "Latent Heat and the Invention of the Watt Engine," *Isis*, vol. 43, no. 1, April 1952, pp. 3–5; for an up-to-date account, see Rev. Dr. Richard L.Hills, *James Watt: Volume One, His Time in Scotland, 1736–1774* (Ashbourne, Derbyshire, UK: Landmark, 2002), ch. 2. And from 2012, *Month in Physics History*; at www.aps.org/publications/apsnews/201204/physicshistory.cfm (accessed March 24, 2017).

64 UCLA, Young Research Library, MS 170/587, 1796.

65 Ibid., f. 217.

66 Ibid., ff. 228–29.

67 *Lectures on the elements of chemistry delivered in the University of Edinburgh by the late Joseph Black published from his manuscripts by John Robison* (Philadelphia: M. Carey, 1806), p. xxvii. 应谨慎参考罗比森的叙述内容。基于这些原理，1679 年，波义耳的一位名叫德尼·帕潘（Denis Papin）的同事制造了一台蒸汽蒸煮器，这是一个密闭的容器，容器的盖子密封住蒸汽，直至产生高压。后来的设计则采用了蒸汽释放阀，以防止机器爆炸。

68 I am indebted here to Charles W. J. Withers, "William Cullen's Agricultural Lectures and Writings and the Development of Agricultural Science in Eighteenth-Century Scotland," *Agricultural History Review*, vol. 37, no. 2, 1989, pp. 144–56.

69 For a selection of his writings, see Andreas Rahmatian, ed., *Lord Kames: Selected Writings* (Exeter, UK: Andrews, 2017).

70 James Hutton, *Abstract of a Dissertation read in the Royal Society of Edinburgh . . . 1785 . . . concerning the Sytem of the Earth, its Duration, and Stability*.

71 Anna Plassart, *The Scottish Enlightenment and the French Revolution* (New York: Cambridge University Press, 2015).

72 J. Keir writing to Watt , November 24, 1797, and found in Eric Robinson and Douglas McKie, eds.,

Partners in Science: Letters of James Watt and Joseph Black (Cambridge, MA: Harvard University Press, 1970), pp. 283–84, and 286–87 on response to his book.

73 Robison, *Proofs of a Conspiracy against all the Religions and Governments of Europe, carried on in the Secret Meetings of Free-Masons, Illuminati and Reading Societies, etc., collected from good authorities* (Edinburgh, 1797; 2nd ed. with postscript, London: T. Cadell & W. Davies, 1797; 3rd ed., Philadelphia: T. Dobson & W. Cobbet, 1798; 4th ed., New York and Dublin: G. Forman, 1798); *Proofs of a Conspiracy*, Western Islands, 1900; *The Illuminati*, taken from "Proofs of a World Conspiracy," Elizabeth Knauss [1930] ; *Proof's [sic!] of a Conspiracy*, Ram Reprints, 1964; *Proofs of a Conspiracy*, Boston, Western Islands, "The Americanist Classics," [1967] ; *Proofs of a Conspiracy*, Islands Press, 1978; C. P. Book Pub.; Kessinger Publishing; annotated 5th ed. with foreword by Alex Kurtagic, *Proofs of a Conspiracy*, The Palingenesis Project (Wermod and Wermod Publishing Group), 2014.

74 Eric Robinson and Douglas McKie, eds., *Partners*, pp. 286–87,letter from Robison to Watt, January 14, 1798.

75 Ibid., Robison to Watt, July 17, 1798, pp. 293–94, and torture, p. 299, December 15, 1798.

76 Val Honeyman, "A Very Dangerous Place? Radicalism in Perth in the 1790s," *Scottish Historical Review*, vol. 87, issue 2, no. 224, October 2008, pp. 278–305.

77 Anna Plassart, *The Scottish Enlightenment*, pp. 103–7.

Chapter Six. Berlin and Vienna

1 H. C. Erik Midelfort, *Exorcism and Enlightenment: Johann Joseph Gassner and the Demons of Eighteenth-Century Germany* (New Haven, CT: Yale University Press, 2005). 1775 年是否处决过女巫，还存在一些疑问。

2 F. Andrew Brown, *On Education: John Locke, Christian Wolff, and the "Moral Weeklies"* (Berkeley: University of California Press, 1952).

3 Matthew Kadane, "Original Sin and the Path to the Enlightenment," *Past and Present*, vol. 235, no. 1, 2017, pp. 105–40.

4 Christian Thomasius, *Essays on Church, State, and Politics* (Kindle Edition, Liberty Fund, 2007), Kindle locations 250–254, quoting from *On the History of Natural Law until Grotius*. Christian Thomasius, *Essays on Church, State, and Politics* (Indianapolis, IN: Liberty Fund, 2007), ed. by Ian Hunter, Thomas Ahnert, and Frank Grunert. 这篇讨论自然法历史的论文最早作为格劳秀斯《战争与和平法》(*De jure belli ac pacis*) 首个德译本的前言发表，这个译本在 1707 年以《论战争与和平的三本书》(*Drei Bücher vom Recht des Krieges und des Friedens*) 为题出版。 For a modern edition, see *The Rights of War and Peace*, 3 vols., ed. by Richard Tuck (Indianapolis, IN: Liberty Fund, 2005). Here reproduced with the translation in Thomasius, *Essays on Church, State, and Politics* (Indianapolis, IN: Liberty Fund, 2012).

5 Thomasius, *On the History of Natural Law*, loc. 261.

6 Ibid., loc. 317.

7 Ibid., loc. 492.

8 See Petra Schellenberger, "Sozinianismus und deutsche Frühausfklärung," in Karol Bal, Siegfried Wollgast, and Petra Schellenberger, eds., *Frühaufklärung und Polen* (Berlin: Akademie Verlag, 1991), pp. 113–35.

9 For a fuller discussion of Thomasius and his pupils, see Martin Mulsow, *Enlightenment Underground: Radical Germany, 1680–1720* (Charlottesville: University of Virginia Press, 2015; original German edition, 2002).

10 Ibid., pp. 80–92.

11 Margaret C. Jacob, *The Radical Enlightenment: Pantheists, Freemasons and Republicans* (London: George Allen & Unwin, 1981; second edition, Santa Ana, CA: Cornerstone Books, 2006).

12 Ibid., pp. 277–79, Gaspar Fritsch to Marchand, September 7, 1737.

13 A portion of the text can be found in Margaret C. Jacob, *The Enlightenment: A Brief History with Documents* (Boston: Bedford Books, second edition, 2017), pp. 81–100. 加州大学洛杉矶分校和巴黎的马扎然图书馆（Bibliothèque Mazarin）各藏有一份 1719 年版本的副本。

14 *The Radical Enlightenment*, pp. 184–85.

15 University Library, Leiden, Marchand MSS 2, January 9, 2011, and April 31, 1712; cf. Jacob, *The Radical Enlightenment*, pp. 184–85.

16 Johann Gottfried Herder, *God, Some Conversations*, trans. and ed. by Frederick H. Burkhardt (New York: Bobbs–Merrill, 1940), pp. 112–13.

17 Michiel Wielema, "Abraham van Berkel's Translations as Contributions to the Dutch Radical Enlightenment," in Sonja Lavaert and Winfried Schröder, eds., *The Dutch Legacy: Radical Thinkers of the 17th Century and the Enlightenment* (Leiden: Brill, 2017), pp. 204–26.

18 Mulsow, *Enlightenment Underground*, pp. 154–55.

19 Matteo Favaretti Camposampiero, "Bodies of Inference: Christian Wolff's Epistemology of the Life Sciences and Medicine," *Perspectives on Science*, vol. 24, no. 3, May–June 2016, pp. 362–79. For a list of his major works, see "Siglenverzeichnis Der Zitierten Werke Christian Wolffs," *Aufklärung*, vol. 23, 2011, pp. 6–8.

20 C. I. Gerhardt, ed., *Briefwechsel zwischen Leibniz und Christian Wolff* (Hildesheim: Georg Olms, 1963).

21 John Robert Holloran, "Professors of Enlightenment at the University of Halle, 1690–1730," Ph.D. dissertation, University of Virginia, 2000, pp. 18–19.

22 Moses Mendelssohn, *Morning Hours or Lectures on the Existence of God*, 1785, and found in *Last Works*, trans., intro., and commentary by Bruce Rosenstock (Urbana: University of Illinois Press, 2012), lecture 9, p. 69.

23 Martin Gierl, *Pietismus und Aufklärung. Theologische Polemik und die Kommunikationreform des Wissenschapt am Ende des 17. Jahrhunderts* (Göttingen: Vandenhoeck & Ruprecht, 1997), ch. 11.

24 For an early example of their lexiconic approach to freethinking, see Johann Anton Trinius, *Freydenker Lexicon* (Turin: Bottega d' Erasmo, 1966, with a preface by Franco Venturi), originally published in Leipzig, 1759.

25 Holloran, p. 141. For Lange's assist, see J. Lange, *Modesta disquisitio novi philosophiae systematis de Deo, mundo et homine, et praesertim de harmoni commercii inter animam et corpus praestabilita* (Halle: Waisenhaus, 1723).

26 Derek Beales, "Was Joseph II an Enlightened Despot?" in Ritchie Robertson and Edward Timms, eds., *The Austrian Enlightenment and Its Aftermath*, Austrian Studies 2 (Edinburgh: Edinburgh University Press, 1991), pp. 1–21.

27 Peter Horwath, "The Altar of the Fatherland: Wilhelm Friedrich von Meyern's Utopian Novel *Dya-Na-Sore*," in Robertson and Timms, eds., *Austrian Enlightenment*, pp. 43–58.

28 Thomas Ahnert, "Newtonianism in Early Enlightenment Germany, c. 1720 to 1750: Metaphysics and the Critique of Dogmatic Philosophy," *Studies in History and Philosophy of Science Part A*, vol. 35, no. 3, September 2004, pp. 471–91.

29 Thomas Broman, "Metaphysics for an Enlightened Public: The Controversy over Monads in Germany, 1746–1748," *Isis*, vol. 103, no. 1, 2012, pp. 1–23.

30 Helga Brandes, "The Literary Marketplace and the Journal, Medium of the Enlightenment," in Barbara Becker–Cantarino, ed., *German Literature of the Eighteenth Century: The Enlightenment and Sensibility* (Rochester, NY: Boydell & Brewer, 2005), pp. 79–102.

31 Francis Lamport, "Lessing, Bourgeois Drama, and the National Theater," in Barbara Becker-Cantarino, ed., *German Literature*, pp. 156–82.

32 See [Samuel Formey], *La Belle Wolfienne: avec deux Lettres Philosophiques* (The Hague: Veuve

de Charles Le Vier, 1741). 这部作品由夏尔·勒·维尔 (Charles Le Vier) 的遗孀出版, 维尔是 1710 一代中最初的几位 "弟兄" 之一。

33 ［Anon.］, *Gedichte und Lieder verfasst von den Brüder der Loge zur wahren Eintracht* (Vienna: Wappler, 1783), p. 23, and cited in Ewan West, "Masonic Song and the Development of the *Kunstlied* in Enlightenment Vienna," p. 82 in Robertson and Timms, eds., *Austrian Enlightenment*.

34 Joseph P. Steilka, "Gottlieb von Leon and His *Rabbinische Legenden*," in Robertson and Timms, eds., *Austrian Enlightenment*, pp. 59–87.

35 Johann Pezzl, *Faustin: oder das philosophische Jahrhundert* (Vienna: Neuauflage, 1783). Cf. Ritchie Robertson, "Johann Pezzl (1756–1823): Enlightenment in the Satirical Mode," in Jeffrey D. Bruson and Ulrich L. Lehner, eds., *Enlightenment and Catholicism in Europe: A Transnational History* (Notre Dame, IN: University of Notre Dame Press, 2014), pp. 227–45.

36 Cited in R. William Weisberger, *Speculative Freemasonry and the Enlightenment: A Study of the Craft in London, Paris, Prague, and Vienna* (New York: Columbia University Press, 1993), p. 138, from the *Journal für Freymaurer*, vol. II, 1785, part I, pp. 193–94.

37 ［Anon.］, *Almanach des Francs-Maçons* (The Hague: Van Laak, 1788), p. 32.

38 The best essay on this opera is Dorothy Koenigsberger, "A New Metaphor for *The Magic Flute*," *European Studies Review*, vol. 5, 1975, pp. 229–75. Also useful, but does not acknowledge Koenigsberger's work, see Nicholas Till, *Mozart and the Enlightenment: Truth, Virtue and Beauty in Mozart's Operas* (New York: W. W. Norton, 1992).

39 Jane K. Brown, "Classicism and Secular Humanism: The Sanctification of *Die Zauberflüte* in Goethe's 'Novelle,' " in Elizabeth Krimmer and Patricia Anne Simpson, eds., *Religion, Reason, and Culture in the Age of Goethe* (Rochester, NY: Camden House, 2013), pp. 120–36.

40 For an overview of the period, see Elizabeth Krimmer and Patricia Anne Simpson, eds., *Religion, Reason, and Culture in the Age of Goethe*.

41 Francis Lamport, " 'Solcher Väter giebt es keinen mehr' : Paternal Authority in Lessing's Tragedies," in Ritchie Robertson, ed., *Lessing and the German Enlightenment* (Oxford: Voltaire Foundation, 2013), pp. 139–57. For the Diderot translation, see H. B. Nisbet, *Gotthold Ephraim Lessing: His Life, Works, and Thought* (Oxford: Oxford University Press, 2013), p. 274.

42 For the life of Elise, see Almut Spalding, *Elise Reimarus (1735–1805): The Muse of Hamburg* (Würzburg: Köigshausen & Neumann, 2005).

43 *Third Fragment from the Work of Hermann Samuel Reimarus* (Drittes Fragment; Durchgang der Israeliten durchs Rote Meer, G. Koehn trans.); at www.gkoehn.com/miscellaneous–translations/ (accessed July 16, 2017). Hermann Samuel Reimarus, *Fragments*, ed. by Charles H. Talbert (Philadelphia: Fortress Press, 1970).

44 Henry Chadwick, ed., with intro., *Lessing's Theological Writings* (Stanford, CA: Stanford University Press, 1957), pp. 24–29.

45 Chadwick, ed. "The Religion of Christ," 1780, p. 106.

46 H. B. Nisbet, *Gotthold Ephraim Lessing*, pp. 572–74, 582–83.

47 For an accessible text, see Ion Contiades, ed., *Gotthold Ephraim Lessing, Ernst und Falk; met den Fortsetzungen Herders und Friedrich Schlegels* (Frankfurt am Main: Insel, 1968), p. 48, fifth dialogue "Falk: In des hat freilich die freimaurerei immer und aller Orten sich nach der Bürgerlichen Gesellschaft schmiegen und biegen müssen, den diese war stets die stärkere. So mancherlei die bürgerliche Gesellschaft gewesen, so mancherlei Formen hat auch die Freimaurerei an zunehmen sich nicht entbrechen können."

48 Ibid., p. 193.

49 Ibid., p. 46.

50 David Hill, "Enlightenment as Historical Process: *Ernst und Falk* and *Die Erziehung des Menschengeschlechts*," in R. Robertson, *Lessing and the German Enlightenment*, pp. 227–44. Cf. Nisbet, pp. 594–95.

51 *Gespräch über eine-unsichtbar-sichtbare Gesellschaft*, in Ion Contiades, ed., *Gotthold Ephraim*

Lessing, Ernst und Falk; met den Fortsetzungen Herders und Friedrich Schlegels, p. 69.

52 Johann Gottfried Herder, *God, Some Conversations*, trans. and ed. by Frederick H. Burkhardt (New York: Bobbs–Merrill, 1940), p. 190.

53 Allan Arkush, *Moses Mendelssohn and the Enlightenment* (Albany: State University of New York Press, 1994) pp. 114–121.

54 Moses Mendelssohn, *Jerusalem and Other Jewish Writings*, trans. and ed. By Alfred Jospe (New York: Schocken Books, 1969), p. 61.

55 Moses Mendelssohn, *Morning Hours, or Lectures on the Existence of God*, 1785, and found in *Moses Mendelssohn, Last Works*, trans., intro, commentary by Bruce Rosenstock (Urbana: University of Illinois Press, 2012), p. 4.

56 Schmuel Feiner, "The 'Happy Time' of Moses Mendelsohn and the Transformative Year of 1782," in Richard I. Cohen, Natalie B. Dohrmann, Adam Shear, and Elchanan Reiner, eds., *Jewish Culture in Early Modern Europe: Essays in Honor of David B. Ruderman* (Pittsburgh, PA: University of Pittsburgh Press, 2014), pp. 282–93.

57 Mendelssohn, *Morning Hours*, p. 3.

58 Ibid., p. 22.

59 Ibid., p. 23.

60 Ibid., Lecture 8, p. 61.

61 Bruce Rosenstock, trans., *Moses Mendelssohn, Last Works, To the Friends of Lessing: A Supplement to Mr. Jacobi's Correspondence Concerning the Doctrine of Spinoza*, 1786, p. 148.

62 Johann Gottfried Herder, *God, Some Conversations*, trans. and ed. by Frederick H. Burkhardt (New York: Bobbs–Merrill, 1940), p. 158.

63 Nisbet, *Lessing*, pp. 568, 634–37.

64 Toshimasa Yasukata, *Lessing's Philosophy of Religion and the German Enlightenment: Lessing on Christianity and Reason* (Oxford: Oxford University Press, 2002), pp. 138–39.

65 John H. Zammito, " 'The Most Hidden Conditions of Men of the First Rank' : The Pantheist Current in Eighteenth–Century Germany 'Uncovered' by the Spinoza Controversy," *Eighteenth-Century Thought*, vol. I, 2003, pp. 335–68. Cf. Tom Spencer, "Personal Impersonalism in Herder's Conception of the Afterlife," in Elizabeth Krimmer and Patricia Anne Simpson, eds., *Religion, Reason, and Culture in the Age of Goethe*, pp. 56–78.

66 J. Herder, *Essay on the Origin of Language*, pp. 121–37 in F. M. Barnard, trans., ed., and intro., *J. G. Herder on Social and Political Culture* (Cambridge: Cambridge University Press, 1969), originally, Berlin, 1772.

67 Ibid., p. 141.

68 Ibid., p. 150.

69 Ibid., p. 177.

70 J. Herder, *Ideas for a Philosophy of the History of Mankind* (1784–91) in F. M. Barnard, trans., ed., and intro., *J.G. Herder on Social and Political Culture*, pp. 272–74.

71 Ibid., p. 284.

72 Ibid., p. 275.

73 Ibid., pp. 274–75.

74 Ibid., p. 280.

75 Ibid., p. 281.

76 Ibid., p. 286–87. Cf. Sankar Muthu, *Enlightenment against Empire* (Princeton, NJ: Princeton University Press, 2003), pp. 226–38.

77 Ibid., p. 311.

78 Johann Gottfried Herder, *God, Some Conversations*, trans. and ed. by Frederick H. Burkhardt, pp. 97–105; 第二次对话。See also John Zammito, Karl Menges, and Ernest A. Menze, "Johann Gottfried Herder Revisited: The Revolution in Scholarship in the Last Quarter Century," *Journal of the History of Ideas*, vol. 71, no. 4, 2010, pp. 661–84.

79 Kant, *Werke, Akademie Ausgab* (Berlin: Walter de Gruyter, 1902), vol. 8, pp. 58–66. For an earlier written and equally critical review of the *Ideas*, see ibid., vol. 8, pp. 45–55.

80 Sonia Sikka, "On the Value of Happiness: Herder Contra Kant" *Canadian Journal of Philosophy*, vol. 37, no. 4, December 2007, pp. 515–46.

81 Immanuel Kant, *Idea for a Universal History from a Cosmopolitan Point of View* (1784), trans. by Lewis White Beck, from Immanuel Kant, *On History* (Indianapolis, IN: Bobbs–Merrill, 1963); theses 1–4.

82 Ibid., theses 7–8.

83 Ibid., thesis 8.

84 Cited in Muthu, *Enlightenment against Empire*, p. 183.

85 Peggy Kamuf, ed., *A Derrida Reader: Between the Blinds* (New York: Columbia University Press, 1991), p. 340, translated from *Glas* (Paris: Galilee, 1974).

86 Lea Ypi, "Revolution in Kant and Marx," *Political Theory*, vol. 42, no. 3, 2014, pp. 262–87.

87 Pauline Kleingeld, "Kant's Second Thoughts on Colonialism," in Katrin Flikschuh and Lea Ypi, eds., *Kant and Colonialism: Historical and Critical Perspectives* (Oxford: Oxford University Press, 2014), pp. 43–67. In the same volume, see the essay "Commerce and Colonialism," pp. 99–127.

88 Quoting from Stefan Majetschak, ed., *Vom Magus im Norden und der Verwegenheit des Geistes. Ein Hamann Brevier* (Munich: Deutscher Taschenbuch Verlag, 1988), p. 204, and cited in Manfred Kuehn, "Kant's Critical Philosophy and Its Reception—The First Five Years (1781–86)," p. 633, in Paul Guyer, ed., *The Cambridge Companion to Kant and Modern Philosophy* (Cambridge: Cambridge University Press, 2006), pp. 630–64.

89 Quoted by John Christian Laursen, "From Libertine Idea to Widely Accepted: The Human Right to Sexual Satisfaction: A Research Program for the Study of the Idea from Carl Friedrich Bahrdt to the Present," in Lorenzo Bianchi, Nicole Gengoux, and Gianni Paganini, eds., *Philosophe et Libre Pensée: Philosophy and Free Thought XVIIe et XVIIIe Siecles* (Paris: Honoré Champion, 2017), pp. 492–510.

Chapter Seven. Naples and Milan

1 Vinzenzo Ferrone, *The Intellectual Roots of the Italian Enlightenment: Newtonian Science, Religion, and Politics in the Early Eighteenth Century*, trans. by Sue Brotherton (Amherst, NY: Humanities Press, 1995), first edition in Italian 1982; now Humanity Press, an imprint of Prometheus Books, pp. 1–7; letter cited on p. 279, n. 21.

2 Harold Samuel Stone, "Epicureanism and Historical Writing: A Study of Vico and Giannone," Ph.D. dissertation, University of Chicago, 1981, pp. 39–80; for the Hebrews, pp. 110–12; for Boyle, p. 12.

3 Margaret C. Jacob, *The Newtonians and the English Revolution, 1689–1720* (Ithaca, NY: Cornell University Press, 1976), pp. 187–92.

4 Ferrone, *Intellectual Roots*, p. 11.

5 See Franco Venturi, *Italy and the Enlightenment: Studies in a Cosmopolitan Century*, ed. and intro. by Stuart Woolf, trans. by Susan Corsi (New York: New York University Press, 1971), ch. 10.

6 See Geoffrey Symcox, "From Commune to Capital: The Transformation of Turin, Sixteenth to Eighteenth Centuries," in Robert Oresko, G. Gibbs, and H. M. Scott, eds., *Royal and Republican Sovereignty in Early Modern Europe* (Cambridge: Cambridge University Press, 1997), pp. 242–71.

7 Pietro Giannone, *The civil history of the kingdom of Naples. In two volumes. Vol. I. Wherein is contain'd, The History of that Kingdom (comprizing also the general Affairs of Europe) under the Romans, Goths, Greeks, Dongobakds, Normans, and the Princes of the House of Suevia, 'till the*

Death of the Emperor Frederick II. in the Year 1250. With the History of the Civil, Canon, and Feodal Laws; the Ecclesiastical Polity; the Succession of the Popes, and by what subtle Arts the pontificate gain'd upon the Regale. Where the Author clearly demonstrates, That the Temporal Dominion and Power exercis'd by the Popes, has been altogether owing to the Ignorance, and Connivance of, or Concessions extorted from Secular Princes during the dark Ages, &c. Written in Italian, by Pietro Giannone, Civilian and Advocate in Naples; and publish'd Anno 1723. Translated into English, by Captain James Ogilvie. Vol. 2. Trans. into English by Captain James Ogilvie (London, 1729). *Eighteenth Century Collections Online,* Gale Publishing, University of California, Los Angeles, August 17, 2017. For the academic culture of the 1780s, see Vincenzo Ferrone, "The Accademia Reale delle Scienze: Cultural Sociability and Men of Letters in Turin of the Enlightenment under Vittorio Amedeo III," *Journal of Modern History,* vol. 70, no. 3, September 1998, pp. 519–60.

8   Stone, "Epicureanism," pp. 301–15.

9   Chiara Continisio, "Governing the Passions: Sketches on Lodovico Antonio Muratori's Moral Philosophy," *History of European Ideas,* vol. 32, no. 4, 2006, pp. 367–84. On his impact in the Veneto, see Ferrone, *Intellectual Roots,* pp. 99–105.

10 Till Wahnbaeck, *Luxury and Public Happiness: Political Economy in the Italian Enlightenment* (Oxford, UK: Clarendon Press, 2004), pp. 55–60.

11 Chiara Continisio, "Governing the Passions."

12 Alberto Radicati, *Christianity set in a true light, in XII discourses, political and historical. By a pagan philosopher newly converted* (London: Printed for J. Peele, at Locke's Head, in Pater–Noster–Row; and sold by the booksellers of London and Westminster, 1730), pp. xiv–xvi. *Eighteenth Century Collections Online*: Range 8298.

13 [Anon.] , *A Parallel between Muhamed and Sosem, the great deliverer of the Jews. By Zelim Musulman: in a letter to Nathan Rabby* (London: J. Harbert, 1732). 这里的 "Sosem" 指的是摩西。

14 [Anon.] , *A Philosophical Dissertation upon Death. Composed for the Consolation of the Unhappy. By a Friend to Truth* (London: W. Mears, 1732), back pages. Cf. Sergio Ferrarese, "Whose Life? Whose Body? Sovereignty and the Early Modern Subject in Radicati's Philosophical Dissertation upon Death," *Italian Studies,* vol. 69, no. 3, 2014, pp. 328–39.

15 *A Philosophical Dissertation,* pp. 5, 8–9, 10–11. For more background on Radicati, see Margaret C. Jacob, *The Radical Enlightenment: Pantheists, Freemasons and Republicans* (London: George Allen & Unwin, 1981), pp. 172–81.

16 Franco Venturi, *Italy and the Enlightenment: Studies in a Cosmopolitan Century,* ed. with intro. by Stuart Woolf (New York: New York University Press, 1972), ch. 3.

17 Paola Bertucci, "Designing the House of Knowledge in Eighteenth–Century Naples: The Ephemeral Museum of Ferdinando Spinelli," in Jim Bennett and Sofia Talas, eds., *Cabinets of Experimental Philosophy in Eighteenth-Century Europe* (Leiden: Brill, 2013), pp. 119–36.

18 Albert Meier and Heide Hollmer, eds., *Johann Gottfried Herder. Italienische Reise. Briefe und Tagebuchaufzeichnungen 1788–1789* (Munich: Deutscher Taschenbuch Verlag, 1988), p. 536, Hildebrand to Herder, September 29, 1789.

19 On musical life, see Harold Acton, *The Bourbons of Naples (1734–1825)* (London: Prion Books, 1957), ch. 2.

20 Wahnbaeck, *Luxury and Public Happiness,* pp. 59–62.

21 Elvira Chiosi, "Academicians and Academies in Eighteenth–Century Naples," *Journal of the History of Collections,* vol. 19, no. 2, November 1, 2007, pp. 177–90.

22 David Garrioch, "Lay–Religious Associations, Urban Identities, and Urban Space in Eighteenth–Century Milan," *Journal of Religious History,* vol. 28, no. 1, February 2004, pp. 35–49. For the lodges in the Neapolitan context, see Vinzenzo Ferrone, *The Politics of Enlightenment: Constitutionalism, Republicanism, and the Rights of Man in Gaetano Filangieri,* trans. Sophus A

Reinert (London: Brill, 2012), ch. 4.

23 I have found the following to be particularly helpful: Annalisa Rosselli, "The Role of the Precious Metals in *Della Moneta* by Ferdinando Galiani," in Riccardo Faucci and Nicola Giocoli, eds., *Della Moneta by Ferdinando Galiani: A Quarter Millennium Assessment, History of Economic Ideas*, vol. 9, 2001/3, pp. 43–60.

24 Wahnbaeck, *Luxury and Public Happiness*, pp. 66–69.

25 J. Robertson, "The Enlightenment above National Context: Political Economy in Eighteenth-Century Scotland and Naples," *Historical Journal*, vol. 40, no. 3, 1997, pp. 667–97.

26 Galiani, *On Money*, trans. Peter R. Toscano (Chicago: University of Chicago Press, 1977), pp. 6–7.

27 Quoted in Francis Steegmuller, *A Woman, a Man, and Two Kingdoms, The Story of Madame d'Epinay and the Abbe Galiani* (New York: Knopf, 1991), pp. 86–89.

28 H. Acton, *The Bourbons of Naples* (London, Methuen, 1956), pp. 156–57; 177–80.

29 Paola Bertucci, "The Invisible Woman: Mariangela Ardinghelli and the Circulation of Knowledge between Paris and Naples in the Eighteenth Century," *Isis*, vol. 104, no. 2, June 2013, pp. 226–49.

30 Paula Findlen, "Science as a Career in Enlightenment Italy: The Strategies of Laura Bassi," *Isis*, vol. 84, no. 3, 1993, pp. 441–69; and Gabriella Berti Logan, "The Desire to Contribute: An Eighteenth-Century Italian Woman of Science," *American Historical Review*, vol. 99, no. 3, June 1994, pp. 785–812.

31 Franco Venturi, *The End of the Old Regime in Europe, 1768–1776*, trans. By R. Burr Litchfield (Princeton, NJ: Princeton University Press, 1989, a translation from the Italian of 1979), ch. 4.

32 Ferrone, *The Politics*, pp. 16–19.

33 The letter can be found in E. Lo Sardo, *Il mondo nuovo e le virtu civili. L'epistolario de Gaetano Filangieri (1772–1788)* (Naples: Fridericiana editrice universitaria, 1999), pp. 236–38, and quoted in Vincenzo Ferrone, *The Politics of Enlightenment*, p. 13.

34 Ferrone, *The Politics of Enlightenment*, ch. 4.

35 H. Acton, *The Bourbons*, pp. 178–80.

36 Ibid., pp. 232–34.

37 *The Science of Legislation, from the Italian of Gaetano Filangieri*, trans. by R. Clayton (London: Thomas Ostell, 1806), pp. 94–95.

38 Ibid., p. 304. Cf. Maria Silvia Balzano, Gaetano Vecchione, and Vera Zamagni, "Contemporary of Every Age: Gaetano Filangieri between Public Happiness and Institutional Economics," MPRA Paper No. 84538, February 2018; at https://mpra.ub.uni-muenchen.de/84538 (accessed February 15, 2018).

39 MPRA Paper No. 84538, p. 112.

40 Ibid., p. 156.

41 Ferrone, *The Politics of Enlightenment*, p. 103.

42 Maarten Bosker, Steven Brakman, Harry Garretsen, Herman De Jong, and Marc Schramm, *The Development of Cities in Italy 1300–1861*, CESIFO Working Paper No. 1893, Category 10: Empirical and Theoretical Methods, January 2007; at cesifo1_wp1893.pdf (accessed September 14, 2017).

43 As quoted in Till Wahnbaeck, *Luxury and Public Happiness. Political Economy in the Italian Enlightenment* (Oxford, UK: Clarendon Press, 2004), p. 141, citing Verri, *Pensieri sullo stato politico del Milanese nel 1790.*

44 Philippe Audegean, "La critique des corps intermédiaires a Milan et a Naples. 'Distinguer mes pas des siens,' " *Revue française d'histoire des idées politiques*, no. 35, *Débats et polémiques autour de L'Esprit des lois* (1er semestre 2012), pp. 61–71.

45 See Franco Venturi, *Italy and the Enlightenment: Studies in a Cosmopolitan Century*, ed. and intro. by Stuart Woolf, trans. by Susan Corsi (New York: New York University Press, 1971), pp. 155–57.

46 C. Beccaria, *On Crimes and Punishments*, trans. by David Young (Indianapolis, IN: Hackett, 1986), p. 7.

47 Ibid., p. 14.

48 Ibid., pp. 7–10.

49 Ibid., p. 12.

50 Ibid., pp. 13–18.

51 Franco Venturi, *Italy and the Enlightenment*, pp. 52–62.

52 Beccaria, *On Crimes*, p. 21.

53 Ibid., pp. 21–23; p. 26 for judgment of one's peers; p. 39 for the idea that punishments should be the same.

54 Archives generals du royaume, Brussels, Conseil privé, A124, 576B, April 28, 1781; 在安特卫普，斯托克先生"被判处死刑，负责审问他的法官希望死刑能在关押他的监狱里秘密执行"。当时的布鲁塞尔政府却不这么认为，他们认为应该将他押至边境流放。

55 Beccaria, *On Crimes*, ch. 16.

56 Ibid., pp. 51–53.

57 Ibid., pp. 51–53.

58 Alexander I. Grab, "The Politics of Subsistence: The Liberalization of Grain Commerce in Austrian Lombardy under Enlightened Despotism," *Journal of Modern History*, vol. 57, no. 2, June 1985, pp. 185–210.

59 For a biased account of Beccaria's moderate stance, see Philip Jenkins, "Varieties of Enlightenment Criminology: Beccaria, Godwin, de Sade," *British Journal of Criminology*, vol. 24, no. 2, April 1984, pp. 112–30.

60 Luigi Delia, "La peine de mort dans l'*Encyclopédie* et ses suppléments," *Revue Française d'Histoire des Idées Politiques*, no. 35, *Débats et polémiques autour de "L'Esprit des lois"* (1er semestre 2012), pp. 93–107.

61 Pietro Verri, *Réflexions sur l'économie politique. Ouvrage traduit de l'italien* (Lausanne: J. H. Pott & Co., 1773), pp. 40–43. *The Making of the Modern World*; at http:// find.galegroup.com/mome/ infomark.do?&source=gale&prodId=MOME&userGroupName=uclosangeles&tabID=T001&docId= U3601598879&type=multipage&contentSet=MOMEArticles&version=1.0&docLevel=FASCIMILE (accessed September 23, 2017). Gale Publishing, Document Number: U3601598879.

62 Till Wahnbaeck, *Luxury and Public Happiness*, p. 151; see also Raymond Abbrugiati, Études sur le Café 1764–1766. *Un Périodique des Lumieres* (Aix-en-Provence: Publications de l' Université de Provence, 2006).

63 See the whole of John D. Bessler, *The Birth of American Law: An Italian Philosopher and the American Revolution* (Durham, NC: Carolina Academic Press, 2014). Cf. Lynn Hunt, *Inventing Human Rights* (New York: Norton, 2007), pp. 102–5.

Chapter Eight. The 1790s

1 [Anon.], *Modern Propensities; or, an essay on the Art of Strangling, etc. . . . with Memoirs of Susannah Hill and A Summary of her Trial at the Old-Bailey. . . 1791, On the Charge of Hanging Francis Kotzwarra . . .* (London, ca. 1791); in the possession of the Lewis Walpole Library of Yale University, #791 0 22. The organizing theme in the opening of this chapter first appeared in Lynn Hun and Margaret Jacob, "The Affective Revolution in 1790s Britain," *Eighteenth Century Studies*, vol. 34, 2001, pp. 491–521. 这则材料的使用要感谢林恩·亨特的帮助。

2 Jane Judge, "Provincial *Manifestes*. Belgians Declare Independence, 1789–1790," *De Achttiende Eeuw*, vol. 47, 2015, pp. 127–45.

3 Wayne Franklin, ed., *The Selected Writings of Thomas Jefferson* (New York: W. W. Norton, 2010), TJ

to Joseph Priestley, March 21, 1801, p. 284.

4   John Catanzariti, ed., *The Papers of Thomas Jefferson*, volumes 24–28 of 39 vols. (Princeton, NJ: Princeton University Press, 1950–), vol. 24, p. 761, December 21, 1792. "启蒙运动" 对应的词为 "*les lumières*"。

5   William Hamilton Reid, *The Rise and Dissolution of the Infidel Societies in this Metropolis: including the origin of modern deism and atheism . . . .*, (London: J. Hatchard, 1800), pp. v, 6–8, and found in Victor E. Neuburg, ed., *Literacy and Society* (London: Woburn Books, 1971).

6   For a good summary of approaches currently taken to the history of the Revolution, see Francesco Benigno, "Plus jamais la meme; a propos de quelques interpretations récentes de la Révolution française," *Annales: Histoire sciences socials*, vol. 71, no. 2, 2016, pp. 319–46.

7   As quoted in Mark Storey, *Robert Southey: A Life* (New York: Oxford University Press, 1997), p. 9; 摘自一封 1997 年 10 月 1 日的手写信件, 这封信件目前被收藏在牛津大学图书馆。

8   Richard Price, "A Discourse on the Love of our Country," in D. O. Thomas, ed., *Price, Political Writings* (Cambridge: Cambridge University Press, 1991), p. 195.

9   William Jones, *A Letter to John Bull, Esq. from his second cousin Thomas Bull* (London: Norman and Carpenter, 1793; first edition, 1792), p. 5.

10 On the comings and goings of these circles, see New York Public Library, Phorzheimer Collection, MSS 2164–71, on Dyer and Priestley, the Hays sisters, and Mary Wollstonecraft.

11 Ibid., MSS 2164, 1792 年 12 月 2 日, 戴尔告诫玛丽·海斯不要泄露普里斯特利作为回应埃文森 (Evanson) 的小册子的作者的身份, and Misc 2142; and see Mark L. Reed, *Wordsworth: The Chronology of the Early Years, 1770–1799* (Cambridge, MA: Harvard University Press, 1967), pp. 163–64, 1795 年 2 月 27 日, 华兹华斯、弗伦德、戴尔和葛德文一起出席了茶会。

12 William Godwin, *An Enquiry Concerning Political Justice, and Its Influence on General Virtue and Happiness* (London: G.G.J. and J. Robinson, 1793), vol. 2, pp. 844–52. Cf. Pamela Clemit, "Godwin, Political Justice," in Clemit, ed., *The Cambridge Companion to British Literature of the French Revolution in the 1790s* (Cambridge: Cambridge University Press, 2011), pp. 86–100.

13 British Library, ADD. MS 35 345, George Burnett, Dec 1803 to Thomas Poole, f. 69; "'大同世界' 散发出来的魔力为人生的目标投下了一道绚丽的光柱; 但很快这束光芒就消失了, 让我陷入了无底的黑暗之中!"

14 George Dyer, *A Dissertation on the Theory and Practice of Benevolence* (London, 1795), pp. 3–5. Cf. Kaz Oishi, "Coleridge's Philanthropy: Poverty, Dissenting Radicalism, and the Language of Benevolence," *Coleridge Bulletin*, New Series, no. 15, Spring 2000, pp. 56–70.

15 George Dyer, *Poems* (London, 1800), preface, p. xxxvii; and vol. 2, pp. 88–91, for the ode. 这份副本原为罗伯特·骚塞所有, 现存于加利福尼亚州圣马力诺亨廷顿图书馆。

16 Margaret C. Jacob, *Strangers Nowhere in the World: The Rise of Cosmopolitanism in Early Modern Europe* (Philadelphia: Penn Press, 2006), pp. 139–43.

17 Huntington Library, MS 31 201, 拉尔庞夫人 (Mrs. Larpent) 的日记, 写于 1796 年 12 月 2 日。就在上个月, 她旁听了关于妇女教育问题的讨论。

18 Huntington Library, Southey-Rickman correspondence, Box 10, R to S. January 4, 1800, and January 30, 1800; on Pantisocracy, "a thing never to be ashamed of." Box 11, R to S, November 4, 1809.

19 Huntington Library, HM MS 10836 to Charlotte Smith to Sarah Farr Rose, June 15, 1804. On her being a democrat, see Judith Phillips Stanton, ed., *The Collected Letters of Charlotte Smith* (Bloomington: Indiana University Press, 2003), p. 39.

20 [Anon.], *The Cabinet, by a Society of Gentlemen* (London: J. March, 1795), vol. 1, pp. 178–85; on slavery, pp. 77–80.

21 For her sympathy, see Charlotte Smith, *The Emigrants, a Poem, in Two Books* (London: T. Cadell, 1793). On her politics, see Angela Keane, *Women Writers and the English Nation in the 1790s*

(Cambridge: Cambridge University Press, 2000), ch. 4.

22　Judith Thompson, ed., *John Thelwall: Selected Poetry and Poetics* (New York: Palgrave Macmillan, 2015), p. 89, writing in 1792 for *Universal Magazine*.

23　John Rylands University Library, Deansgate, Manchester, Wedgwood Correspondence (1758–1804), MS 1109, ff. 94–96, 韦奇伍德在 1789 年 7 月致信伊拉斯谟·达尔文："我知道您会和我一样，为法国爆发的那场光辉的革命感到高兴。政客们对我表示，作为一个制造商，如果法国获得了属于自己的自由，我的生意将会受到毁灭性的打击，但是我愿意冒这个险——我也不认为一个国家获得幸福会给它的邻国带来痛苦。"

24　Birmingham City Library, Birmingham Archives and Collections, MS 3219/6/2/W/164, May 15, 1791.

25　Ibid., April 9, 1791.

26　See August von Kotzebue, *The Natural Son* (London: R. Phillips, 1798), p. 21 for the baron, and p. 14 for the Jew.

27　Barry Murnane, "Radical Translations: Dubious Anglo–German Cultural Transfer in the 1790s," in Maike Oergel, ed., *(Re-) Writing the Radical: Enlightenment, Revolution, and Cultural Transfer in 1790s Germany, Britain, and France* (Boston: De Gruyter, 2012), pp. 44–48.

28　Anne Plumptre, *Something New*, ed. by Deborah McLeod (Peterborough, Ont.: Broadview Press, 1966).

29　New York Public Library, Phorzheimer Collection, MS MIS. 2164, August 25, 1793.

30　Gary Kelly, *Women, Writing, and Revolution 1790–1827* (New York: Oxford University Press, 1993), p. 108, citing her articles in *Monthly Magazine*, vol. I, June 1796, pp. 386–87.

31　A. F. Wedd, ed., *The Love-Letters of Mary Hays (1779–80)* (London: Methuen, 1925), p. 238.

32　Judith Thompson, ed., *John Thelwall: Selected Poetry and Poetics*, publishing for the first time, from the Derby MS, comp. 1805–28, "Visions of Philosophy," pp. 168–69.

33　New York Public Library, Phorzheimer Collection, MISC. 921–95, July 25, 1807, Coleridge speaking of Edward Seward.

34　Wayne Franklin, ed., *The Selected Writings of Thomas Jefferson* (New York: W. W. Norton, 2010), TJ to his daughter, Martha, March 28, 1787, pp. 247–48.

35　[Anon.] , *The Cabinet*, vol. 2, pp. 36–49, with excerpts from Helvetius.

36　[William Vaughan] , *The Catechism of Man* (London: D. I. Eaton, 1794), p. 214, and found in Gregory Claeys, ed., *Political Writings of the 1790s*, vol. 4 (London: William Pickering, 1995).

37　F. M Grimm, *Historical and Literary Memoirs and Anecdotes, selected from the Correspondence of Baron de Grimm and Diderot . . . , 1770–1790* (London: H. Colburn, 1814).

38　Henry Yorke, *Thoughts on Civil Government: Addressed to the Disenfranchised Citizens of Sheffield* (London: D. I. Eaton, 1794), p. 244, and found in Gregory Claeys, ed., *Political Writings of the 1790s*, vol. 4.

39　W. Wyn James, "Welsh Ballads and American Slavery," first published in *Welsh Journal of Religious History*, vol. 2, 2007, pp. 59–86; now at http://www.cardiff.ac.uk/special-collections/subject-guides/welsh-ballads/slavery (accessed February 22, 2017). See also Geraint H. Jenkins, ed., *A Rattleskull Genius: The Many Faces of Iolo Morganwg* (Cardiff: University of Wales Press, 2005).

40　William Hamilton Reid, *The Rise and Dissolution of the Infidel Societies in This Metropolis*, p. 26.

41　Jon Mee, *Dangerous Enthusiasm: William Blake and the Culture of Radicalism in the 1790s* (Oxford, UK: Clarendon Press, 1992), pp. 18–23.

42　Jennifer Mori, *Britain in the Age of the French Revolution 1785–1820* (Harlow, UK: Pearson, 2000), ch. 4. And see Cathryn A. Charnell-White, "Networking the Nation: The Bardic and Correspondence Networks of Wales and London in the 1790s," in Mary-Ann Constantine and Dafydd Johnston, eds., *"Footsteps of Liberty and Revolt": Essays on Wales and the French Revolution* (Cardiff: University of Wales Press, 2013), pp. 143–68.

43　Roger L. Emerson, "Politics and the Glasgow Professors, 1690–1800," in Andrew Hook and Richard

B. Sher, eds., *The Glasgow Enlightenment* (East Lothian, Scotland: Tuckwell Press, 1995), pp. 21–39, esp. pp. 32–33.

44 Birmingham City Library, Watt MSS, JWP, C4/C18A, Gregory Watt's exercise book, 1793.

45 Jan Golinski, *The Experimental Self: Humphry Davy and the Making of a Man of Science* (Chicago: University of Chicago Press, 2016), pp. 160–62, and see ch. 3 for dandyism. See Birmingham City Library, JWP MS C2/28, 格雷戈里·瓦特的回忆录中谈到了他在康沃尔游历的经历，当时他与戴维夫人住在一起。For the radicalism of this circle and its being spied upon, see Clive Emsley, "The Home Office and Its Sources of Information and Investigation 1791–1801," *English Historical Review*, vol. XCIV, July 1979, pp. 533–34.

46 See National Library, Ireland, MS 16685, juvenile poetry by Moore.

47 Louis Crompton, *Byron and Greek Love: Homophobia in 19th-Century England* (Berkeley: University of California Press, 1985), pp. 91–93.

48 Jeffery Vial, *Lord Byron and Thomas Moore* (Baltimore, MD: Johns Hopkins University Press, 2001), pp. 6–13. On their view of Southey, see Jonathan David Gross, *Byron: The Erotic Liberal* (Oxford, UK: Rowman & Littlefield, 2001), pp. 162–64.

49 Gross, *Byron*, pp. 127–28.

50 For a recent biography, see Linda Kelly, *Ireland's Minstrel: A Life of Tom Moore: Poet, Patriot and Byron's Friend* (London: I. B. Taurus, 2006), particularly ch. 2.

51 William Hamilton Reid, *The Rise and Dissolution of the Infidel Societies in this Metropolis . . .* (London, 1800), reprinted in Victor E. Neuburg, ed., *Literacy and Society* (London: Woburn Press, 1971), pp. 39 and 79 for the quotations.

52 *The Anti-Jacobin*, January 1, 1798, London, p. 61, 一位"单身汉"在来信中写道："我的一个不起眼的朋友，娶了一个漂亮的寡妇，他经常斥责世道败坏，认为常备军会带来巨大的危害，我总是担心，在某个阴暗的角落，爱尔兰掌旗官在蠢蠢欲动。"掌旗官是骑兵部队中负责持信号旗的军官。

53 [William Drennan], *The Letters of Orellana, an Irish Helot* (Dublin: J. Chambers and T. Heery, 1785), letter one.

54 Ultán Gillen, "Radical Enlightenment and the Revolution in Late Eighteenth-Century Ireland," in Steffen Ducheyne, ed., *Reassessing the Radical Enlightenment* (London: Routledge, 2017), pp. 240–58.

55 Theobald Wolfe Tone, *An Argument on Behalf of the Catholics of Ireland* (Belfast: Reprinted by the order of the Society of United Irishmen, 1791), p. 12.

56 Richard Sher, *The Enlightenment and the Book: Scottish Authors and Their Publishers in Eighteenth-Century Britain, Ireland, & America* (Chicago: University of Chicago Press, 2006). Cf. Matthew Crow, *Thomas Jefferson, Legal History, and the Art of Recollection* (Cambridge: Cambridge University Press, 2017), p. 89.

57 Justin Roberts, *Slavery and the Enlightenment in the British Atlantic, 1750–1807* (New York: Cambridge University Press, 2013).

58 Lenni Brenner, ed., *Jefferson and Madison: On Separation of Church and State* (Fort Lee, NJ: Barricade Books, 2004), Jefferson to Jean Nicholas dé Meunier, June 2, 1786, p. 79.

59 The anecdote about Paine trying to get a drink opens Seth Cotlar, *Tom Paine's America: The Rise and Fall of Transatlantic Radicalism in the Early Republic* (Charlottesville: University of Virginia Press, 2011). See also Margaret C. Jacob, "Sociability and the International Republican Conversation," in Gillian Russell and Clara Tuite, eds., *Romantic Sociability: Social Networks and Literary Culture in Britain, 1770–1840* (Cambridge: Cambridge University Press, 2002), pp. 24–42. For Jefferson's comment, see Wayne Franklin, ed., *Thomas Jefferson* (New York: W. W. Norton, 2010), TJ to Thomas Paine, June 19, 1792, p. 272, writing to Paine in Paris from Philadelphia.

60 Elihu Palmer, *An enquiry relative to the moral & political improvement of the human species. An oration, delivered in the city of New-York on the fourth of July, being the twenty-first anniversary of American independence* (New York, 1797). Eighteenth-Century Collections Online, Gale Publishing, pp.10–11.

61 See Douglas Anderson, *The Radical Enlightenments of Benjamin Franklin* (Baltimore, MD: Johns Hopkins University Press, 1997).

62 James Delbourgo, *A Most Amazing Scene of Wonders: Electricity and Enlightenment in Early America* (Cambridge, MA: Harvard University Press, 2006).

63 For Franklin and freemasonry, see the most recent account in J. A. Leo Lemay, *The Life of Benjamin Franklin: Printer and Publisher 1730–1747* (Philadelphia: Penn Press, 2006), vol. 2, ch. 3. Nicholas Hans, "Franklin, Jefferson, and the English Radicals at the End of the Eighteenth Century," *Proceedings of the American Philosophical Society*, vol. 98, no. 6; *Studies for the Library of the American Philosophical Society*, December 23, 1954, pp. 406–26.

64 Cited in Gordon S. Wood, "The American Enlightenment," in Gary L. Mc- Dowell and Johnathan O' Neill, eds., *America and Enlightenment Constitutionalism* (New York: Palgrave Macmillan, 2006), ch. 6, p. 159.

65 Harry Alonzo Cushing, ed., *The Writings of Samuel Adams* (New York: Octagon Books, 1968), letter to G.W., November 13, 1765.

66 Ibid., letter to John Smith, December 19, 1765, draft version, p. 55.

67 Ibid., vol. 4, 1790, p. 349.

68 Ibid., vol. 4, 1794, pp. 357–58, also citing Montesquieu.

69 Wayne Franklin, ed., *Thomas Jefferson* (New York: W. W. Norton, 2010), TJ to Richard Price, August 1785, writing from Paris, pp. 226–27.

70 Ibid., Thomas Jefferson to John Jay, July 19, 1789, p. 263.

71 Ibid., TF to James Madison, September 6, 1789, pp. 263–67; on the experiment, TJ to John Tyler, June 28, 1804, p. 299.

72 W. Daniel Wilson, "Goethe and Schiller, Peasants and Students, Weimar and the French Revolution," in Maike Oergel, ed., *(Re-) Writing the Radical. Enlightenment, Revolution and Cultural Transfer in 1790s Germany, Britain and France* (Berlin: De Gruyter, 2012), pp. 61–71.

73 Wilson, "Goethe and Schiller," p. 69.

74 Ernst Wangermann, *From Joseph II to the Jacobin Trials: Government Policy and Public Opinion in the Habsburg Dominions in the Period of the French Revolution* (Oxford: Oxford University Press, 1959; reprinted 1979, Westport, CT: Greenwood Press). Cf. R. S. Agin, "The Debate on Judicial Torture in Austrian Lombardy," *Studies in Eighteenth-Century Culture,* vol. 46, 2017, pp. 95–106.

75 Heather Morrison, "Making Degenerates into Men by Doing Shots, Breaking Plates, and Embracing Brothers in Eighteenth–Century Freemasonry," *Journal of Social History*, vol. 46, no. 1, 2012, pp. 48–65.

76 Elena Brambilla, "Entre Eglise et Etat. Les réformes de l' instruction pubique en Lombardie (1765–1790)," in Bruno Bernard, ed., *Lombardie et pays-bas autrichiens. Regards croisés sur les Hapsbourg et leurs Réformes au XVIIIe Siecle, Études sur le 18e siecle*, vol. 36 (Brussels: Éditions de l' Université de Bruxelles, 2008), pp. 111–24.

77 Wangermann, *From Joseph II to the Jacobin Trials*, p. 90.

78 Manjusha Kuruppath, *Staging Asia: The Dutch East India Company and the Amsterdam Theatre, 1650–1780* (Leiden: Leiden University Press, 2016), p. 151.

79 Margaret C. Jacob, *The Radical Enlightenment: Pantheists, Freemasons and Republicans* (London: George Allen & Unwin, 1981). And see also Gert Oostindie, "Dutch Decline during ' The Age of Revolutions,' " in Gert Oostindie and Jessica V. Roitman, eds., *Dutch Atlantic Connections, 1680– 1800: Linking Empires, Bridging Borders* (Leiden: Brill, 2014), pp. 309–38.

80 This is discussed in greater detail in Margaret C. Jacob, *Living the Enlightenment: Freemasonry and Politics in Eighteenth-Century Europe* (New York: Oxford University Press, 1991), ch. 7.

Epilogue

1 Anthony Page, *John Jebb and the Enlightenment Origins of British Radicalism* (Westport, CT: Praeger, 2003), pp. 100–102.

2 Margaret C. Jacob, "In the Aftermath of Revolution: Rousset de Missy, Freemasonry and Locke's *Two Treatises of Government*," in *L'Eta dei Lumi; festschrift in honor of Franco Venturi* (Naples: Jovene, 1985), vol. 1, pp. 487–521. And see Holly Brewer, "Slavery, Sovereignty, and 'Inheritable Blood' : Reconstructing John Locke and the Origins of American Slavery," *American Historical Review*, vol. 122, October 2017, pp. 1038–78.

Note: Page numbers in italic type indicate illustrations.

图书在版编目（CIP）数据

世俗启蒙：启蒙运动如何改变日常生活 /（美）玛
格丽特·雅各布（Margaret Jacob）著；郑植译.--北
京：社会科学文献出版社，2024.2
书名原文：The Secular Enlightenment
ISBN 978-7-5228-2362-1

Ⅰ.①世… Ⅱ.①玛… ②郑… Ⅲ.①启蒙运动-研
究 Ⅳ.①K565.3

中国国家版本馆CIP数据核字（2023）第204265号

世俗启蒙：启蒙运动如何改变日常生活

著　　者 /	〔美〕玛格丽特·雅各布（Margaret Jacob）
译　　者 /	郑　植

出 版 人 /	冀祥德
责任编辑 /	周方茹　樊霖涵
责任印制 /	王京美

出　　版 /	社会科学文献出版社·联合出版中心（010）59367151
	地址：北京市北三环中路甲29号院华龙大厦　邮编：100029
	网址：www.ssap.com.cn
发　　行 /	社会科学文献出版社（010）59367028
印　　装 /	北京盛通印刷股份有限公司

规　　格 /	开　本：889mm×1194mm 1/32
	印　张：10.25　字　数：252千字
版　　次 /	2024年2月第1版　2024年2月第1次印刷
书　　号 /	ISBN 978-7-5228-2362-1
著作权合同 登 记 号 /	图字01-2019-3675号
定　　价 /	79.00元

读者服务电话：4008918866

▲ 版权所有 翻印必究